講説 物権法
〔第2版〕

小野 憲昭　　加藤 輝夫　　後藤 泰一
庄　菊博　　野口 昌宏　　山口 康夫

不磨書房

〔執筆分担〕

野口　昌宏（大東文化大学教授）　第Ⅰ編第1章，第3章第1節～3節

小野　憲昭（北九州市立大学教授）　第Ⅰ編第2章，第5章

山口　康夫（国士舘大学教授）　第Ⅰ編第3章第4節～6節，第4章，
　　　　　　　　　　　　　　　第Ⅱ編第7章第2節

後藤　泰一（信州大学法科大学院教授）　第Ⅰ編第6章～9章，第Ⅱ編第7章第1節

加藤　輝夫（日本文化大学教授）　第Ⅱ編第1章～3章，第6章

庄　菊博（専修大学法科大学院教授／専修大学教授）　第Ⅱ編第4章～5章

（執筆順）

第2版 はしがき

　『講説物権法』の新版が2004年4月に刊行されてから間もない2004年11月には「民法の一部を改正する法律」が成立した。この法律は，民法の文体を平仮名，口語体に改めることを中心的内容とするものであるが，それに際しては，条文の整理・統合および従来の判例・学説理論の条文への挿入等も併せてなされた。また，民法の特別法では，たとえば，登記に関して，登記済権利証を廃止し電子的申請を可能とするなど「不動産登記法」の全面改正，法人による動産の譲渡（とりわけ，動産の譲渡担保設定）を前提とした「動産及び債権の譲渡の対抗要件に関する民法の特例等に関する法律」の成立（2005年秋に施行予定）等も看過することはできない。さらには，新版刊行後，物権法に関する判例や学説の新たな展開も見られる。

　このような状況のもと，利用者の便を図るために，新版を全面的に改訂したのが本書第2版である。

　2005年8月

執筆者一同

はしがき

　民法に関する教科書・解説書はそれぞれの目的に応じて多くのものが出版されているが，講義の目的に応じて使用しやすい教科書・解説書を選択することは重要である。民法を講義する際に，どのような教科書・解説書を使用するかは，担当者にとってはもちろん，学生にとっても重要な関心ごとである。ことに学生にとって，講義には一応ついていって理解しているつもりでも，実際にはその多くが十分に理解していないのが現状であろう。

　そこで，大学の講義に合わせたスタイルとして，最初の段階で具体的事例をあげて問題点と民法の適用の場面を理解させることを目的とした講義用テキストとして企画・刊行されたのが講説民法シリーズである。このシリーズでは，学生が民法を学ぶときに，民法の規定の意義や要件を具体的事例との関連で考えさせながら理解することに重点をおいている。さらには，具体的事例を通じて民法の規定が対象とする問題点を把握し，併せて民法の体系的かつ理論的な思考をも確立できるように工夫されている。

　『講説物権法』は，このシリーズの一環として刊行されたものであり，前シリーズの『講説民法（物権法）』（2000年）を改訂して新しいスタイルで刊行したものである。執筆にあたっては，物権法の分野において，近時多くの重要判例が出現しているために可能な限りそれにも言及するように務めた。また，2003年8月の民法等の一部改正にともない担保物権法を書き換え，さらに民法に規定されていないが，実務によって開発され，それに学説・判例が法的承認を与えることによって法的構成がなされてきた，いわゆる非典型担保についても，できるだけ多く説明するよう心がけた。

　本書は，各執筆者による分担執筆の形式を採用しているが，未だ不十分な点があるかもしれない。この点については読者各位のご寛容を願うものである。執筆者としては，本書をひとつの契機として，今後も民法の教育ならびに研究において研鑽したいと考えている。

ここに本書が上梓されるに至ったことは，執筆者の意図を理解され編集面でも最大限献身して下さった不磨書房の稲葉文彦氏のお蔭である。

　2004年2月

執筆者一同

目　　次

第2版はしがき
はしがき

第Ⅰ編　物権法総論

第1章　序　　説 …………………………………………………………3
第1節　物権の意義と性質 …………………………………………3
1　物権の意義 …………………………………………………3
2　物権の性質——債権との違い ……………………………4
3　物権・債権の区別の相対性 ………………………………6
第2節　物権の種類 …………………………………………………6
1　物権法定主義 ………………………………………………6
2　物権の種類 …………………………………………………8
第3節　物権の客体 …………………………………………………9
1　特定物 ………………………………………………………9
2　一物一権主義 ………………………………………………10

第2章　物権の効力 ………………………………………………………13
第1節　物権の一般的効力 …………………………………………13
第2節　優先的効力 …………………………………………………13
1　債権に対する優先的効力 …………………………………13
2　物権相互間の優先的効力 …………………………………14
第3節　物権的請求権 ………………………………………………15
1　総　　説 ……………………………………………………15
2　法的性質 ……………………………………………………17
3　物権的請求権の行使 ………………………………………17
4　返還請求権者と相手方との利害調整 ……………………21
5　物権的請求権と他の請求権との競合 ……………………22

6　物権的請求権の拡張 ………………………………………… *23*

第3章　物権の変動 ……………………………………………………… *24*
　第1節　序　説 ………………………………………………………… *24*
　　　1　物権変動の意義 ……………………………………………… *24*
　　　2　物権変動と公示の必要 ……………………………………… *24*
　第2節　物権変動を生ずる法律行為 ………………………………… *29*
　　　1　物権行為と債権行為 ………………………………………… *29*
　　　2　意思主義と形式主義 ………………………………………… *30*
　　　3　物権行為の独自性・無因性 ………………………………… *31*
　　　4　所有権の移転の時期 ………………………………………… *33*
　第3節　不動産物権変動における公示 ……………………………… *34*
　　　1　序　説 ………………………………………………………… *34*
　　　2　公示方法としての登記 ……………………………………… *35*
　　　3　不動産物権変動と対抗要件 ………………………………… *39*
　　　4　登記を必要とする物権変動 ………………………………… *42*
　　　5　手続的に瑕疵のある登記の効力 …………………………… *58*
　第4節　動産の物権変動 ……………………………………………… *64*
　　　1　動産物権変動の対抗要件 …………………………………… *64*
　　　2　即時取得制度 ………………………………………………… *66*
　第5節　明認方法 ……………………………………………………… *69*
　　　1　序　説 ………………………………………………………… *69*
　　　2　明認方法による公示方法 …………………………………… *69*
　　　3　明認方法の対抗力 …………………………………………… *70*
　第6節　物権の消滅 …………………………………………………… *70*
　　　1　物権に共通する消滅原因 …………………………………… *70*
　　　2　混同による物権消滅 ………………………………………… *71*

第4章　占　有　権 ……………………………………………………… *73*
　第1節　占有制度の意義 ……………………………………………… *73*

		1	占有権制度 …………………………………………………… *73*
		2	占有権と本権 ………………………………………………… *74*
	第2節	占有の成立と態様 ……………………………………………… *75*
		1	占有の成立 …………………………………………………… *75*
		2	占有の態様 …………………………………………………… *77*
		3	代理占有 ……………………………………………………… *79*
	第3節	占有権の承継 …………………………………………………… *80*
		1	占有権の取得 ………………………………………………… *80*
		2	占有権の譲渡 ………………………………………………… *81*
		3	占有権の相続 ………………………………………………… *82*
		4	占有権承継の効果 …………………………………………… *83*
	第4節	占有権の効力 …………………………………………………… *84*
		1	占有の推定力 ………………………………………………… *84*
		2	占有訴権 ……………………………………………………… *85*
		3	その他の効力 ………………………………………………… *87*
	第5節	占有権の消滅 …………………………………………………… *89*
		1	自己占有の消滅 ……………………………………………… *89*
		2	代理占有の消滅 ……………………………………………… *89*
	第6節	準占有 …………………………………………………………… *90*
		1	準占有の意義 ………………………………………………… *90*
		2	準占有の成立 ………………………………………………… *90*
		3	準占有の効果 ………………………………………………… *90*

第5章　所　有　権 ……………………………………………………………… *91*

　第1節　序　説 ………………………………………………………………… *91*
　　　1　所有権の意義 ………………………………………………………… *91*
　　　2　所有権の性質 ………………………………………………………… *91*
　第2節　所有権の内容 ………………………………………………………… *92*
　　　1　総　説 ………………………………………………………………… *92*
　　　2　所有権の自由とその制限 …………………………………………… *93*

　　　　3　土地所有権の上下に及ぶ範囲 …………………………………… 94
　第3節　相隣関係 ……………………………………………………………… 94
　　　　1　総　説 ………………………………………………………………… 94
　　　　2　相隣関係の内容 ……………………………………………………… 95
　第4節　所有権の取得 ……………………………………………………… 103
　　　　1　所有権の取得原因 ………………………………………………… 103
　　　　2　無主物先占 ………………………………………………………… 104
　　　　3　遺失物拾得 ………………………………………………………… 104
　　　　4　埋蔵物発見 ………………………………………………………… 105
　　　　5　添　付 ……………………………………………………………… 106
　第5節　共　有 ……………………………………………………………… 111
　　　　1　序説――共同所有の諸形態 ……………………………………… 111
　　　　2　共有の性質と持分 ………………………………………………… 113
　　　　3　共有者の権利 ……………………………………………………… 115
　　　　4　共有物の分割 ……………………………………………………… 120
　　　　5　準共有 ……………………………………………………………… 123

第6章　地　上　権 …………………………………………………………… 125
　第1節　序　説 ……………………………………………………………… 125
　　　　1　地上権の意義および性質 ………………………………………… 125
　　　　2　地上権と賃借権との違い ………………………………………… 126
　　　　3　特別法による修正 ………………………………………………… 127
　第2節　地上権の成立と消滅 ……………………………………………… 129
　　　　1　地上権の成立 ……………………………………………………… 129
　　　　2　地上権の消滅 ……………………………………………………… 130
　第3節　地上権の効力 ……………………………………………………… 131
　　　　1　地上権の内容 ……………………………………………………… 131
　　　　2　対抗力 ……………………………………………………………… 131
　　　　3　地上権の存続期間 ………………………………………………… 131
　　　　4　地　代 ……………………………………………………………… 132

5　地上権の処分 ……………………………………………… *133*
　　　6　相隣関係の規定の準用 ……………………………………… *133*
　　　7　収去権および買取権 ………………………………………… *133*
　第4節　地下・空間を目的とする地上権（区分地上権）…………… *134*
　　　1　区分地上権の意義 …………………………………………… *134*
　　　2　区分地上権の設定および対抗要件 ………………………… *134*

第7章　永小作権 …………………………………………………………… *135*
　第1節　永小作権の意義と沿革 …………………………………………… *135*
　　　1　永小作権の意義 ……………………………………………… *135*
　　　2　永小作権と賃借権との違い ………………………………… *135*
　第2節　永小作権の成立および対抗要件 ………………………………… *137*
　第3節　永小作権の効力 …………………………………………………… *137*
　　　1　永小作権の内容と土地使用の制限 ………………………… *137*
　　　2　永小作権の譲渡・賃貸 ……………………………………… *137*
　　　3　賃貸借の規定の準用 ………………………………………… *138*
　　　4　小作料 ………………………………………………………… *138*
　　　5　永小作権の放棄および消滅請求 …………………………… *138*
　　　6　永小作権の存続期間 ………………………………………… *139*
　　　7　収去権および買取権 ………………………………………… *139*
　第4節　永小作権の消滅 …………………………………………………… *139*

第8章　地役権 ……………………………………………………………… *140*
　第1節　地役権の意義および種類など ………………………………… *140*
　　　1　地役権の意義 ………………………………………………… *140*
　　　2　地役権の種類 ………………………………………………… *141*
　第2節　地役権の成立と対抗要件 ………………………………………… *142*
　　　1　地役権の設定 ………………………………………………… *142*
　　　2　地役権の時効取得 …………………………………………… *142*
　　　3　地役権の対抗要件 …………………………………………… *143*

第3節　地役権の効力 ……………………………………………………… *143*
　　1　地役権の内容 ……………………………………………………… *143*
　　2　地役権の存続期間 ………………………………………………… *143*
　　3　地役権の附従性（随伴性）……………………………………… *144*
　　4　地役権の不可分性（土地が共有の場合の地役権の処理）……… *144*
　　5　用水地役権 ………………………………………………………… *145*
　　6　承役地所有者の義務・権利 ……………………………………… *145*
第4節　地役権の消滅 ……………………………………………………… *145*
　　1　承役地の時効取得 ………………………………………………… *146*
　　2　地役権の消滅時効 ………………………………………………… *146*

第9章　入　会　権 …………………………………………………………… *147*
第1節　序　説 ……………………………………………………………… *147*
　　1　入会権の意義とその役割 ………………………………………… *147*
　　2　入会権の法的性質 ………………………………………………… *148*
　　3　入会権の解体と近代化 …………………………………………… *148*
　　4　入会権の諸形態（地盤所有権との関係）……………………… *149*
第2節　入会権の取得・喪失および公示（対抗要件）………………… *151*
　　1　入会権の取得・喪失 ……………………………………………… *151*
　　2　入会権の公示（対抗要件）……………………………………… *151*
第3節　入会権の効力 ……………………………………………………… *152*
　　1　入会権の内容 ……………………………………………………… *152*
　　2　入会権の主張 ……………………………………………………… *152*
　　3　入会権侵害とその救済 …………………………………………… *152*
第4節　入会権の消滅 ……………………………………………………… *152*

第Ⅱ編　担保物権法

第1章　序　　　説 …………………………………………………………… *157*
第1節　担保物権の意義 …………………………………………………… *157*

		1	債権担保制度の意義 …………………………………… *157*
		2	債権担保制度の種類 …………………………………… *158*

第 2 節　担保物権の種類 ……………………………………………… *159*
　　　1　典型担保 …………………………………………………… *159*
　　　2　非典型担保 ………………………………………………… *160*
第 3 節　担保物権の効力 ……………………………………………… *162*
　　　1　優先弁済的効力 …………………………………………… *162*
　　　2　留置的効力 ………………………………………………… *162*
　　　3　収益的効力 ………………………………………………… *163*
第 4 節　担保物権の性質 ……………………………………………… *163*
　　　1　附従性 ……………………………………………………… *163*
　　　2　随伴性 ……………………………………………………… *163*
　　　3　不可分性 …………………………………………………… *163*
　　　4　物上代位性 ………………………………………………… *164*

第 2 章　留　置　権 …………………………………………………… *165*
第 1 節　序　説 ………………………………………………………… *165*
　　　1　留置権の意義 ……………………………………………… *165*
　　　2　留置権と同時履行の抗弁権との関係 …………………… *165*
　　　3　留置権の性質 ……………………………………………… *166*
第 2 節　留置権の成立要件 …………………………………………… *167*
　　　1　「他人の物」を占有すること ……………………………… *167*
　　　2　占有者が「その物に関して生じた債権」を有すること ……… *167*
　　　3　債権が弁済期にあること ………………………………… *169*
　　　4　占有が不法行為にもとづくものでないこと …………… *169*
第 3 節　留置権の効力 ………………………………………………… *170*
　　　1　留置的効力 ………………………………………………… *170*
　　　2　留置権者の義務──目的物の保管義務 ………………… *170*
　　　3　留置権者の権利 …………………………………………… *171*
第 4 節　留置権の消滅 ………………………………………………… *172*

1　共通の消滅事由 …………………………………………………………… 172
　　　2　特有な消滅事由 …………………………………………………………… 172
　　　3　留置権の行使と債権の消滅時効 ……………………………………… 173

第3章　先取特権 …………………………………………………………………… 174
　第1節　序　説 …………………………………………………………………… 174
　　　1　先取特権の意義 …………………………………………………………… 174
　　　2　先取特権の性質 …………………………………………………………… 174
　　　3　先取特権の種類 …………………………………………………………… 176
　第2節　先取特権の順位 ………………………………………………………… 179
　　　1　先取特権が相互に競合する場合 …………………………………… 179
　　　2　先取特権と他の担保物権が競合する場合 ……………………… 180
　第3節　先取特権の効力 ………………………………………………………… 181
　　　1　先取特権の一般的効力 ………………………………………………… 181
　　　2　先取特権の特別の効力 ………………………………………………… 183
　第4節　先取特権の消滅 ………………………………………………………… 184
　　　1　共通の消滅原因 …………………………………………………………… 184
　　　2　特有な消滅原因 …………………………………………………………… 184

第4章　質　　権 …………………………………………………………………… 185
　第1節　序　説 …………………………………………………………………… 185
　　　1　質権の意義 ………………………………………………………………… 185
　　　2　質権の作用 ………………………………………………………………… 185
　　　3　質権の性質 ………………………………………………………………… 186
　第2節　動産質 …………………………………………………………………… 186
　　　1　動産質権の設定 …………………………………………………………… 186
　　　2　動産質権の効力 …………………………………………………………… 187
　　　3　動産質権の消滅 …………………………………………………………… 190
　第3節　不動産質 ………………………………………………………………… 190
　　　1　不動産質権の設定 ………………………………………………………… 190

2　不動産質権の効力 …………………………………………… *191*
　　　3　不動産質権の消滅 …………………………………………… *192*
　第4節　権利質 ………………………………………………………… *192*
　　　1　権利質の意義・性質・作用 ………………………………… *192*
　　　2　債権質 ………………………………………………………… *192*
　　　3　その他の権利を目的とする質権 …………………………… *194*

第5章　抵　当　権 …………………………………………………… *196*
　第1節　序　説 ………………………………………………………… *196*
　　　1　抵当権の意義 ………………………………………………… *196*
　　　2　抵当権の作用 ………………………………………………… *196*
　　　3　抵当権の機能と諸原則 ……………………………………… *196*
　　　4　特別法上の抵当権 …………………………………………… *198*
　　　5　抵当権の法的性質 …………………………………………… *199*
　第2節　抵当権の設定 ………………………………………………… *199*
　　　1　抵当権設定契約 ……………………………………………… *199*
　　　2　対抗要件 ……………………………………………………… *200*
　　　3　抵当権の目的 ………………………………………………… *200*
　　　4　抵当権の被担保債権 ………………………………………… *201*
　第3節　抵当権の効力 ………………………………………………… *202*
　　　1　被担保債権の範囲 …………………………………………… *202*
　　　2　抵当権の効力の及ぶ目的物の範囲 ………………………… *204*
　　　3　抵当権と物上代位 …………………………………………… *206*
　　　4　抵当権の優先弁済的効力 …………………………………… *210*
　　　5　抵当建物引渡猶予制度 ……………………………………… *217*
　　　6　法定地上権 …………………………………………………… *220*
　　　7　抵当不動産の第三者取得者の地位 ………………………… *224*
　　　8　抵当権の侵害 ………………………………………………… *227*
　第4節　抵当権の処分 ………………………………………………… *230*
　　　1　抵当権の処分の意義 ………………………………………… *230*

　　　　2　転抵当 …………………………………………………… *230*
　　　　3　抵当権の譲渡・放棄 …………………………………… *232*
　　　　4　抵当権の順位の譲渡・放棄 …………………………… *233*
　　　　5　抵当権の順位の変更 …………………………………… *234*
　第5節　抵当権の消滅 ………………………………………………… *235*
　第6節　共同抵当 ……………………………………………………… *237*
　　　　1　共同抵当の意義 ………………………………………… *237*
　　　　2　共同抵当の実行 ………………………………………… *237*
　第7節　根抵当 ………………………………………………………… *241*
　　　　1　根抵当権の意義と機能 ………………………………… *241*
　　　　2　根抵当権の設定 ………………………………………… *242*
　　　　3　根抵当権の対抗要件 …………………………………… *243*
　　　　4　根抵当権の変更 ………………………………………… *243*
　　　　5　根抵当権の処分 ………………………………………… *244*
　　　　6　根抵当権の相続・合併 ………………………………… *246*
　　　　7　根抵当権の確定 ………………………………………… *247*
　　　　8　共同根抵当 ……………………………………………… *248*

第6章　仮登記担保 ………………………………………………………… *250*
　第1節　序　説 ………………………………………………………… *250*
　　　　1　仮登記担保の意義 ……………………………………… *250*
　　　　2　仮登記担保の性質 ……………………………………… *251*
　第2節　仮登記担保の設定 …………………………………………… *251*
　　　　1　設定契約 ………………………………………………… *251*
　　　　2　被担保債権 ……………………………………………… *251*
　　　　3　目的物 …………………………………………………… *251*
　　　　4　公示方法 ………………………………………………… *252*
　第3節　仮登記担保の効力 …………………………………………… *252*
　　　　1　所有権取得的効力・優先弁済的効力 ………………… *252*
　　　　2　被担保債権の範囲 ……………………………………… *252*

　　　　3　目的物の範囲 …………………………………………………………… *253*
第4節　仮登記担保の実行 ……………………………………………………… *253*
　　　　1　仮登記担保の私的実行 ………………………………………………… *253*
　　　　2　競売手続による優先弁済 ……………………………………………… *256*
第5節　仮登記担保と用益権 …………………………………………………… *256*
　　　　1　法定借地権 ……………………………………………………………… *256*
　　　　2　短期賃借権 ……………………………………………………………… *257*
第6節　仮登記担保の消滅 ……………………………………………………… *257*
　　　　1　共通の消滅事由 ………………………………………………………… *257*
　　　　2　特有な消滅事由 ………………………………………………………… *257*

第7章　非典型担保 ……………………………………………………………… *258*
第1節　譲渡担保 ………………………………………………………………… *258*
　　　　1　譲渡担保の意義 ………………………………………………………… *258*
　　　　2　譲渡担保の法的構成 …………………………………………………… *259*
　　　　3　譲渡担保と売渡担保 …………………………………………………… *260*
　　　　4　譲渡担保の消滅 ………………………………………………………… *260*
　　　　5　不動産譲渡担保 ………………………………………………………… *261*
　　　　6　動産譲渡担保 …………………………………………………………… *263*
　　　　7　集合物譲渡担保 ………………………………………………………… *265*
　　　　8　債権その他の権利の譲渡担保 ………………………………………… *266*
第2節　所有権留保，ファイナンス・リース ………………………………… *267*
　　　　1　所有権留保 ……………………………………………………………… *267*
　　　　2　ファイナンス・リース ………………………………………………… *270*

事項索引 …………………………………………………………………………… *275*
判例索引 …………………………………………………………………………… *283*

【参考文献】

我妻栄『新訂担保物権法』（民法講義Ⅲ）岩波書店，1969年
柚木馨編『注釈民法（9）物権（4）抵当権・譲渡担保』有斐閣，1970年
林良平編『注釈民法（8）物権（3）留置権・先取特権・質権』有斐閣，1974年
川井健『担保物権法』（現代法律学全集7）青林書院新社，1975年
柚木馨・高木多喜男『担保物権法』［第3版］（法律学全集19）有斐閣，1982年
高木多喜男・曽田厚・伊藤眞・福永有利・生熊長幸・吉田真澄・半田正夫『民法講義3　担保物権』［改訂版］（大学双書）有斐閣，1983年
鈴木禄弥『物権法講義』［三訂版］創文社，1985年
遠藤浩編『基本法コンメンタール物権』［第3編］日本評論社，1988年
高木多喜男『担保物権法』（有斐閣法学叢書2）有斐閣，1989年
川井健編著『判例マニュアル民法Ⅱ　物権』三省堂，1990年
篠塚昭次・前田達明『新・判例コンメンタール民法4　担保物権』三省堂，1991年
山口純夫編『物権法』（民法概説シリーズⅡ）青林書院，1992年
遠藤浩・大塚直・良永和隆・工藤祐巌・鎌野邦樹・花本広志・長谷川貞之『要論物権法』青林書院，1992年
近江幸治『担保物権法』［新版補正版］（法律学講義シリーズ）弘文堂，1998年
良永和隆・長谷川貞之・山田創一『民法レベルアップ講座』辰巳法律研究所，1999年
田山輝明『通説物権法』三省堂，1993年
平野裕之・古積健三郎・田髙寛貴『民法3　担保物権』（有斐閣アルマ）有斐閣，2001年
我妻栄・有泉亨著・川井健補訂『民法1　総則・物権法』勁草書房，2003年
清水元・山野目章夫・良永和隆『新・民法学2　物権法』成文堂，2003年
遠藤浩・川井健・原島重義・広中俊雄・水本浩・山本進一編『民法（2）物権（3）担保物権』［第4版増補版］（有斐閣双書）有斐閣，2003年
古賀政治・志賀剛一・田井雅巳・穂刈俊彦・正木順『ケースでわかる新担保・執行法制』金融財政事情研究会，2003年
山川一陽・山田治男『改正担保法・執行法のすべて』中央経済社，2003年
内田貴『民法Ⅲ　債権総論・担保物権』［第2版］東京大学出版会，2004年
淡路剛久・鎌田薫・原田純孝・生熊長幸『民法Ⅱ　物権』［第3版］（有斐閣Sシリーズ）有斐閣，2005年
伊藤進編『ホーンブック民法Ⅱ　物権法』［改訂版］北樹出版，2005年
内田貴『民法Ⅰ　総則・物権総論』［第3版］東京大学出版会，2005年

第Ⅰ編
物権法総論

第1章 序　　説

第1節　物権の意義と性質

1　物権の意義

　われわれの社会生活では，土地，家屋，車といった多くの商品（物）を利用し，その商品を交換し，または消費する活動をしている。こうした生活が円滑に行われるためには，だれがどのような物を生産・加工し，処分し，利用できるかが確定されなければならない。物権法は，こうした要請に応えるために，物に対する支配権の種類，内容およびその発生，移転，消滅に関する原則を規定することによって，ある物がだれに帰属し，どのような支配に服するかといった秩序を定めている。

　物権とは，われわれの身の回りにある一定の物を「直接的に支配して，その利益を排他的・独占的に受ける権利」である。

　直接的に支配して利益を受けるとは，他人の行為なしに，直接，物から利益を受けることができるという意味である。たとえば，自動車やパソコンを所有する者は，これらの物を日常自由に使用したり（使用），他人に貸して料金をとって収益を得るとか（収益），他人に売ってしまう（処分）ことができることについて，他人の行為を必要としないという意味である。これに対して，債権は，特定の人に対して一定の行為を請求する権利であるから，必ず特定の人の行為を必要とする。たとえば，売買契約の代金に関して，売主（債権者）は，買主（債務者）に対して代金を請求し，また，金銭の貸主（債権者）は借主（債務者）に貸し金の返済を請求する権利を有するというように，債権者が利益を得るためには他人（債務者）の行為を必要とする。しかし，物権は，とくに他人の行為を必要とせずに，一定の物を直接支配して自由に使用・収益・処分を行うことができる権利である。この点が債権と基本的に異なるところであ

る。

　排他的・独占的な権利とは，同一の物の上には同じ内容の物権は成立しえないということである（これを「一物一権主義」という）。たとえば，Aがあるパソコンを所有している場合に，そのパソコンにはA以外の者の所有権は許されないということである。同一の物の上に他人の権利（支配権）を認めることは直接支配に反するからである。しかし，種類の異なる物権（たとえばAの所有するパソコンにBの質権など）は成立する。なお，同一物の上に2個以上の抵当権は成立することができるが，それぞれ順位が異なる（1番抵当権，2番抵当権という）。これに対して，債権は物権と異なり，排他性がないとされる。たとえば，土地の所有者Aは，Bとの間で売買契約を締結し，さらに同じ土地についてCとも売買契約を締結することができる（Aの二重売買）。BとCはそれぞれ，Aに対して土地の引渡請求権（債権）を有するが，現実には土地は一個であるから，AはBに引き渡して所有権移転登記すれば，Cに対しては契約違反となり，債務不履行による損害賠償で処理されることになる。物権には排他性があり，だれに対してでも物権を主張できるから，第三者に与える影響が大きい。そのために，物権の存在を公示して第三者に注意をうながす必要があることから，物権の公示制度を採用した（不動産の場合は登記（177条），動産の場合には引渡し（178条）である）。

　また，物権の対象である物については，どのような物について物権が成立するのかということについて物が特定していなければならないし，物が支配を受けるためにふさわしい独立性を有していなければならないというように，物の「特定性」や「独立性」が要求される。

2　物権の性質——債権との違い

　物権はだれに対してでも権利内容の実現を請求できるのに対して，債権は特定人（債権者）が，他の特定人（債務者）に対して一定の行為（給付）を請求することができる権利である。前者の物権を絶対権（あるいは対世権）といい，後者の債権を相対権（あるいは対人権）という。たとえば，あるパソコンの所有権を有するAは，だれに対してもその所有権を主張できるから，自己のパソコンを無断で持ち去った者があれば，それがだれであっても所有権による返還

請求ができる。しかし，AがBにパソコンを売った場合には，債権者Aは債務者Bに対してだけ代金の支払請求ができ，B以外の者には代金の支払請求はできない。

　物権と債権との主な相違点を整理すると，次のとおりである。
①　物権は物を直接に支配する権利（対物権，直接支配権）であり，債権は債務者に対して一定の行為を請求する権利（対人権，請求権）である。
②　物権は，だれに対してでも権利内容の実現を請求することができるのに対して，債権は債務者に対してしか権利内容の実現を請求できない。
③　物権は同一の物の上に相容れない内容の物権が，同時に2つ以上成立することはできない（排他性）が，債権には排他性がないから，内容的に両立しえない複数の債権を有効に併存することができる。たとえば，Aは自己の所有する一筆の土地を，BとCとにそれぞれ二重に売却する契約をしてしまったときに，土地をB，Cに同時に引き渡すことが不可能であるにもかかわらず，BとCはともにAに対して土地の引渡債権を取得する（この場合，土地は1個であるから，引渡しと移転登記を受けられなかった者が，Aに対して債務不履行（415条）による損害賠償を請求することになる）。
④　内容において両立できない二つ以上の物権が衝突したときは，先に成立した物権が優先し，物権と債権が衝突するときは物権が債権に優先する（物権の優先的効力）。これに対して，債権の場合には，その成立の先後を問わず原則としてすべての債権が平等に扱われる（債権者平等の原則）。ただし，債権でも例外的に公示の原則によって物権に優先するなど大きな修正がある（後述の第2章第2節，優先的効力参照）。
⑤　物権は，目的物が第三者に移転しても，物権者はその名義人あるいは所持者に対して，権利内容の実現を請求できる（追求性）が，債権は債務者に対してしか権利内容の実現を請求できない。たとえば，Aは，貸主Bから土地を借りてA所有の建物を建てて居住していたところ，Bはその土地を第三者Cに売却した場合に，Aが地上権（265条─物権）を有しているときはその権利をCに主張できる。しかし，Aが使用借権（593条─債権）を有している場合にはAと第三者Cとの間に使用貸借契約がないかぎり，CはAに対して建物を収去して土地を明け渡せと請求ができる（この場合，B，C間の売買

3　物権・債権の区別の相対性

このように物権と債権の区別は，その性質からくる区別であるが，現実に存在する物権と債権は，必ずしも典型的な差異がなくなったり，明確ではない部分が見られる。たとえば，土地の売買によって所有権を取得しても，登記（対抗要件）を備えていない買主（所有権者）は，排他性を有せず，土地の移転を請求する債権的権利があるのみで，実質的に債権とほとんど変わらない。また，借地人が建物の所有を目的とする土地賃借権（債権）は，これを登記（605条）することによって第三者に対抗できるから，地上権（物権）との差が実質的になくなっている。さらに，占有を伴っている不動産賃借権は，それを侵害している第三者に対して債権にもとづく妨害排除請求を認めることによって，物権の妨害排除請求権に近づいている（「不動産賃借権の物権化」という）。

このように，登記や占有といった公示の原則によってかなりの修正を受けたり，物権の中にもその性質のすべてを備えていないものもあり，また，債権にも排他性が認められているものなどがあって，実際の適用において，物権と債権の区別は相対化されている。民法を学ぶ上で，物権・債権の区別は重要な前提となるが，近時，理論的にも，この区別を強調することが疑問視されていることに注意しなければならない。

第2節　物権の種類

1　物権法定主義
（1）　物権法定主義の意義と問題点

175条は，「物権は，この法律その他の法律に定めるもののほか，創設することができない」と規定し，物権の種類と内容を法律で限定して，当事者の合意などによって個人的に法律の規定と異なる種類や内容の物権を制定することができないとした。これを物権法定主義という。物権法定主義が採用された理由は，①歴史的に，土地に対する権利・義務について封建的支配の態様がさまざまであったため，そのような権利関係を整理し，物権関係を単純化して取引関

係を円満にする必要があったこと，②物権は債権と異なり，特定の物を直接かつ排他的に支配する権利であるから，物権を当事者が自由に設定できると取引秩序が混乱し，第三者は不測の損害を被ることになりかねないことから，公示の原則を貫徹するために，物権の類型を定めておく必要があったこと，などがあげられる。

しかし，経済取引関係の進展により，物権法定主義を貫徹することは不可能である。すなわち，物権法定主義を貫徹すると，①経済取引関係の進展に伴って新しい種類の物権を要求する社会的需要に応じられないこと，②また，古くから複雑な関係が存在した土地制度（とくに土地の耕作関係）を，民法の認める4個の制限物権（地上権，永小作権，地役権，入会権）に限定することはそれ自体に無理がある，ということが指摘されている。したがって，そこに慣習上の物権が生じる余地が存している。

（2）　慣習法上の物権

175条は，民法その他の法律によるもののほか，物権を創設することができないと規定した（民法施行法35条も同様に規定する）。しかし，実際には，民法施行前から，農業水利権や温泉権などが存在しており，そこで，民法その他の法律に慣習法が含まれるか否かについて議論がある。

学説はかつて慣習法は含まれないとするものが多かったが，175条および民法施行法35条は社会の現実と遊離した規定であるとして，現在では，ほとんどの説が慣習を含むとしている。その理由は，法例2条は「法例ニ規定ナキ事項ニ関スル」慣習は，「法律ト同一ノ効力ヲ有ス」るものと規定するから，法律と同一の効力を有する慣習法は，175条の「法律」に含まれると解している。判例は，慣習上の物権について，「上土権」について否定していたが（大判大正6年2月10日民録23輯138頁），他方では，農業用水利権（大判明治38年10月11日民録11輯1326頁。溜池の水流の利用権は溜池の地盤の所有権と離れた別個の慣習上の物権として問題となる）や温泉権（大判昭和15年9月18日民集19巻1611頁——鷹の湯事件。温泉の利用権（湯口権）は，源泉の地盤の所有権と離れた別個の慣習上の物権として問題となる）について「慣習法上の物権」として一種の物権的権利であるとして認めた。もっとも慣習法上の物権として承認されるためには，なんらかの公示方法が可能でなければならないとされる（いわゆる対抗要件の具

備)。さらに，民法施行後に慣習として行われていた譲渡担保権，根抵当権，仮登記担保権（代物弁済予約などによって仮登記された権利）などを，判例上でその物権性を認められ，後の二つの権利についてはすでに立法化されている（根抵当権は398条の2以下，仮登記担保権は仮登記担保契約に関する法律1条以下）。

2　物権の種類

(1) 民法上の物権

民法は，10種類の物権を認めている。これらの権利を以下のように分類することができる。①物権の最も中心的な権利である所有権（206条），②他人の土地の使用・収益を内容とする用益物権として，地上権（265条）・永小作権（270条）・地役権（280条）・入会権（294条），③債権の弁済の確保を目的とする担保物権として，留置権（295条）・先取特権（303条）・質権（342条）・抵当権（369条），④本権（所有権など）の有無に関係なく物を事実上支配している者に認められる占有権（180条），である。

(2) 物権の分類

(a) 占有権と他の物権　物権は，物を事実上支配（占有）しているか否かとは無関係に，物支配に適法性を与える権利（すなわち所有権などで，これを占有権に対して本権という）であるが，占有権は，本権の有無に関係なく物を事実上支配している状態を保護して，社会秩序を維持するために認められた権利である。民法はこれを物権の中に加えた（占有権について，詳しくは第4章第1節以下）。

(b) 所有権と制限物権　所有権は，物を全面的・包括的に支配しうる権利であり，所有者は法令の制限内において，自由にその所有物の使用・収益・処分をなす権利を有する（206条）。これに対して，制限物権は，他人の物に対する物権で，たとえば地上権は他人の土地について一面的にのみ支配し得る権利であるというように，その内容が制限されていると同時に，他方では所有権の制限として捉えられる。制限物権は，他人の土地を一定の範囲において使用・収益しうる権利（用益物権という。地上権・永小作権・地役権・入会権）と，債務者あるいは第三者の有する所有物を自己の債権の担保のために利用する権利（担保物権という。留置権・先取特権・質権・抵当権）がある。

（3）民法以外の法律上の物権

民法以外の法律によって認められた物権として以下のものがある。

① 商法の認めるもの　　商事留置権（商法521条），商事質権（同法515条），株式質権（同法207条〜209条），船舶抵当権（同法848条）

② 特別法上の物権　　採石権（採石法4条），鉱業権（鉱業法5条・12条），仮登記担保権（仮登記担保契約に関する法1条），漁業権（漁業法6条・23条1項）および工場財団抵当権（工場抵当法8条），鉱業財団抵当権（鉱業抵当法1条），鉄道財団抵当権（鉄道抵当法2条）などの財団抵当権。さらに自動車抵当権（自動車抵当法3条），航空機抵当権（航空機抵当法3条），建設機械抵当権（建設機械抵当法5条）などの動産抵当権。

第3節　物権の客体

1　特定物

（1）物権は，物を直接支配するという構成をとるから，物権の客体は，原則として特定の独立した「物」である。物権の客体としての物は，「有体物」であるとされる（85条）。しかし，排他的支配が可能なもの無体物（電気，熱，光など）にも物権が成立する。また，有体物以外の物に対する物権類似の支配権も存在する（人格権，無体財産権など）。しかし，無体物などは物権とは異なった法技術上の処理が必要である（電気窃盗による電気の返還請求権という構成は意味がない）。私権の対象となりえない物の上には，物権は成立しない（大気，海洋など）。

（2）物権は，排他的な支配権であるから，だれの物権がどの物に及んでいるか明確にされなければならない。そのためには，物権の客体は，現存する特定の物でなければならない。たとえば，Aが酒屋Bとビール10本の売買契約をした場合に，債権（Aのビールの引渡請求権）は成立しても，ビールが特定されなければ，Aにビールの所有権取得はありえない。同様に，物権の客体は，一個の独立した物でなければならず，一個の物の一部分や数個の物の集合体は，原則として，一つの物権の客体となることはできないとされる（**一物一権主義**）。

2　一物一権主義

　一物一権主義は，物権の客体は独立した一個の物でなければならないことであると同時に，一個の物の上には一個の所有権しか成立しないということである。物の一部分に，独立した物権を認めても社会的に実益がないからである。通常，物の独立性，個別性を判断する基準は，原則として外形的，物理的判断だけでなく，社会通念によって決定されるべきことになる（自動車，本，時計など）。今日では，経済の発達により，集合物である各種の財団抵当（工場財団，鉄道財団など）や逆に高層ビルの1室（区分所有）なども一個の物と認められており，一物一権主義の原則は後退あるいは修正されざるをえない方向にある。

（1）　土　　　地

　土地は本来，物理的に連続した物であり，法律上便宜上これを人為的・観念的に区分して，一個の物（土地）として，物権の客体としている。土地とは，人為的に区画された地表を中心として，人の支配および利用の可能な範囲内でその上下に及ぶ立体的な存在である（207条）。物権の客体として一個の独立した物とするためには，地表を人為的に区画し，地番をつけて登記簿上に「一筆の土地」として範囲を決めて，その同一性を識別することによって，一個の土地として扱われ，そこに一個の所有権が成立する。

　一筆の土地の一部に独立の所有権が成立しうるかについて，学説・判例は，今日では肯定的態度をとりほとんど異論がない。一筆の土地の一部に経済的価値がある以上，その部分が当事者間において特定しているかぎり，当事者の関係で土地の一部の取引による所有権移転や取得時効の成立を認めることは可能であるとして，分筆手続完了前の一筆の土地の一部の譲渡も権利の客体となるとした（大連判大正13年10月7日民集3巻476頁。なお最高裁も大審院判例を踏襲する。最判昭和30年6月24日民集9巻7号919頁，最判昭和30年10月4日民集9巻11号1521頁参照）。また，時効取得の場合にもこれを認める（大連判大正13年10月7日民集3巻509頁）。

　しかし，一筆の土地の一部の所有権を第三者に対抗するためには，分筆登記の手続を経て独立の物として所有権登記する必要がある。

（2） 建　　物

　建物は，常に土地とは別個の不動産とされ，建物登記簿が用意されている（不動産登記法2条5号，34条，44条（以下，不登））。一個の建物とは，建物登記簿に記載されている一棟の建物である。一棟の建物が一個の所有権の客体となるのが原則であるが，一棟の建物の一部分を独立の所有権の客体とする（区分所有権）ことが認められている（建物の区分所有等に関する法律1条（以下，建物区分））。

　このことから建築中の建物が独立の不動産とされるためには，建物がどの段階から独立の不動産となるかが問題となる。建築中の建物については，必ずしも物理的構造のみを標準とすべきでなく，建物取引または建物利用の目的によって，社会観念上独立した建物としての効用を有すると認めるべきか否かによって決することになる。判例は，木材を組み立てて地上に定着させ屋根を葺いただけではまだ法律上の建物といえないが（大判大正15年2月22日民集5巻99頁），建物はその使用目的に応じて屋根および囲壁ができれば床や天井を具えなくても建物といえると解している（大判昭和10年10月1日民集14巻1671頁）。

　建物が取り壊されまたは崩壊すると，動産となって建物所有者に帰属し，その上の抵当権も消滅する（大判大正5年6月28日民録22輯1281頁）。なお，建物が焼失した場合になおその残存部分が建物といえるかについて，修復の可能性，取壊し収去が社会経済的に損失であるかによって判断される（大阪地判昭和43年6月26日判タ226号173頁）。

（3） 立木・未分離の果実

　土地に附着したままの立木は，本来，土地とは独立した物ではなく，土地所有権と一体をなすものであるから，当事者がとくに樹木を除外する意思を有しないかぎり，抵当権などの土地に対する処分は樹木にも及ぶことになる（大判大正14年10月26日民集4巻517頁）が，「立木ニ関スル法律」（明治42年）は，一定の樹木の集団を土地とは別個に独立して所有権保存登記ができるものとして，登記した樹木の集団を独立の不動産とした（同法1条・2条）。

　判例は，これ以外の樹木の集団や個々の立木は，明認方法を講ずれば土地と分離して別個の物として扱われ（大判大正5年3月11日民録22輯739頁），他人の所有地上の立木のみの時効取得も認められるとする（最判昭和38年12月13日民集

17巻12号1696頁)。

（4）集　合　物

物の集合物は，原則として一個の物権の客体となることはない。しかし，企業体のように工場や機械設備など各種の物が，個々ばらばらに一個の価値権として担保設定の目的物とすることは，近代企業の相対的な価値を損なうばかりでなく，技術的にも煩雑である。そこで，集合体が有機的に結合しているような場合には，これらの財産を一個の不動産または物とみなして物権の客体として一個の抵当権の成立を認め，近代的・社会的要請に応えるに至った（工場抵当法，企業担保法など）。店舗内の商品のように内容が変動する物を担保とする場合にも便利である。判例は，構成部分の変動する集合動産であっても，その種類，所在場所および量的範囲を指定するなどの方法によって目的物の範囲が特定される場合には，一個の集合物として譲渡担保の目的とすることができるとした（最判昭和62年11月10日民集41巻8号1559頁）。たま，A出版社がB銀行に対して，自社の発行する出版物全部を一括して担保とする契約を有効とした（東京地判昭和32年3月19日下民集8巻3号512頁）。

第2章 物権の効力

第1節 物権の一般的効力

　物権は，物を直接かつ排他的に支配する権利であるから，債権に比べて強力な効力が認められる。それが，以下に述べる物権の優先的効力と物権的請求権である。

　学説の中には，さらに，物権の追及力（追及権），たとえば，盗品の所有者は現在の占有者に対して所有権を主張（＝返還請求）できるという効力も，物権の一般的効力に加えるべきだという主張もある。通説は，こうした追及力は，通常は，所有権にもとづく物権的請求権行使の結果とみることができるから，追及力を独立した物権の効力として取り上げる必要はないとしている。

第2節 優先的効力

　物権の優先的効力には二つの意味がある。一つは，物権は債権に優先するという意味（債権に対する優先的効力）であり，他の一つは，先の物権が後の物権に優先する（物権相互間の優先的効力）という意味である。

1　債権に対する優先的効力

　同一の物について，物権と債権とが競合する場合，その成立の前後にかかわらず，物権は債権に優先する。

　たとえば，AがBに無償で使用させていた土地をCに売却し，Cが所有権を取得すると，AはもはやBにその土地を継続使用させることはできなくなるし，Bは新所有者であるCに対しては使用借権（債権）を主張できない。そのため，CがBの継続使用を望まず土地の明渡を請求すれば，Cの所有権が優先し，B

はこれに応じなければならないことになる。

　この優先関係は，民法が物権を物に対する直接かつ排他的な支配権とし，債権は行為請求権，つまり，特定人に対して一定の給付（行為）を請求する権利であり，物が債権の目的となっている場合でも，債権者は他人の行為を介さなければ物を支配することができないものと構成したことから必然的に生ずる結果である。

　「売買は賃貸借を破る」という原則もこのことをいったものであるし，強制執行または破産の手続において，担保物権を有する者が一般債権者に優先して債務の弁済を受けたり（民事執行法85条5項・133条，破産法92条以下），他人の債権者によって強制執行の対象とされたり，破産者の財産に組み入れられた物の所有者が，第三者異議の訴え（民事執行法38条）を提起したり，取戻権（破産法87条以下）を行使できるというのも，すべて物権が債権に優先する効力を有することの現れである。

　ただし，たとえば，土地所有権の移転を請求する債権のような，不動産の物権変動を目的とする債権は，仮登記を備えることによって，物権に優先する効力が与えられることになっているし（不動産登記法2条2号・7条2項（以下，不登）），不動産賃借権については，登記（605条，借地借家法10条1項）や引渡し（借地借家31条1項，農地法18条）があれば，物権に優先することになっている。

2　物権相互間の優先的効力

　物権は排他性を有するから，物権相互間の優先関係は，物権成立の順序によって決まる。物権相互間の優先的効力とは，同一物上に，物権と物権がかち合った場合は，対抗要件を先に備えた方が優先するということを意味する。先に成立した物権と同じ内容を有する物権は後から成立することはできないし，内容が異なる物権が併存する場合でも，時の先後に従って物権相互の間に必然的に優先劣後の関係が生じる。

　たとえば，Aがすでにある土地の上に所有権や地上権を有していれば，Bはもはや同じ土地に所有権や地上権を取得することはできない（ただし，Bが取得時効によってその土地の所有権を取得することはある。162条参照）。Aのために

抵当権が設定された土地に，Bが地上権を取得したとしても，抵当権実行（競売）によってBの地上権は消滅する。

抵当権は，抵当権相互の間では併存が認められるが，成立の先後に従って順位が付けられて，先に成立した抵当権が優先するから（373条参照），抵当権が実行されて，土地が競売に付された場合には，まず，先順位抵当権者が自己の債権全額について競売代金から優先的に弁済を受け，後順位抵当権者はその残額を取得するにとどまることになる。

もっとも，実際には，対抗要件を具備しなければ完全な排他性が認められない物権（たとえば，上記の不動産所有権，地上権，抵当権）については，未登記のままでは優先的効力が認められないから，物権相互間の優先関係は，登記の先後によって決まることになっている（不登6条1項。なお，民178条参照）。

また，社会政策的理由や公平の理念等にもとづいてあらかじめ順位が法定されている先取特権については，相互間の優劣や他の物権との間に優先関係は，成立や対抗要件具備の先後にかかわらず，法定順位によって決まる（329条〜332条・334条〜339条）。

第3節　物権的請求権

1　総　説

物権的請求権というのは，物権の円満な支配状態が理由なく他人によって妨げられ，あるいは妨げられるおそれがある場合に，物権から派生する妨害排除の効力のことである。

たとえば，A所有の自動車をBが盗んで使用している場合，Aは，Bに対して所有権侵害を理由に不法行為責任（損害賠償責任）を追及することができる。しかし，不法行為の制度（709条）は，金銭賠償主義をとり，原状回復（物の返還）を認めないから，Bの不法行為責任を追及しただけでは，Aが被った損害の賠償を請求することはできても，自動車がAのところに返ってくるわけではない。

そこで，Aは，Bの責任追及とは別の方法によって，Bから自動車を返してもらわなければならないが，Bが返してくれない場合，原則として，いくらA

が所有者だからといっても直接Bから実力で自動車を奪い取ってくることは許されない（自力救済の禁止）から，Aには，裁判所に訴えて，自動車の返還を請求する権利が与えられなければならない。そのために所有権（物権）から派生してくる権利が物権的請求権である。

　物権的請求権は，物権侵害の態様に応じて，返還請求権，妨害排除請求権，妨害予防請求権という三つの請求権からなるが，これらの請求権は，いずれも，相手方に故意過失による物権侵害の責任を追及するというのではなく，物権の円満な支配が妨げられているという客観的状態を正常化するために認められる権利である。

　したがって，物権支配が正当な理由なく妨げられているという客観的な事情があれば当然に発生し，その行使を受ける相手方も純粋に客観的に定まる。他人の物権支配を妨げていることについて故意・過失があることを必要としないし，その者の行為によって妨害が生じたかどうかも問わない。他人の物権支配を妨げる原因を，自分の支配領域内に現に有する者であれば，物権的請求権行使の相手方となる。

　ところで，民法は，占有権については，その救済手段として，占有回収の訴え（200条），占有保持の訴え（198条），占有保全の訴え（199条）という三つの請求権（占有訴権）を認めているが，所有権その他の物権については何らの規定も置いていない。しかし，いわば仮の権利ともいうべき占有権にさえ占有者の支配状態を保護する占有訴権があるのだから，占有権より一層強力な支配力を内容とする所有権その他の物権について物権的請求権があるのは当然であると考えられるし，民法には，物権的請求権を前提とした規定もいくつか存在する（189条2項・191条・202条。なお，302条・333条・353条）。

　そのため，判例は，古くから物権的請求権の存在を認めて問題解決にあたってきたし（大判明治33年10月31日民録6輯9巻111頁，大判大正5年6月23日民録22輯1161頁など），学説もその理論構成に苦心してきた。かくして，今日では，物権的請求権が所有権に限らず，広く物権一般——各物権の性質，内容に応じて多少の程度の差はあるが——について認められるのは自明のことであると考えられている。物権的請求権が物権の一般的効力とされるのはそういう理由による。

2　法的性質

　物権的請求権は，物権の効力として，物権から派生する権利であるが，妨害者（特定人）に対し妨害の原因の除去（一定の行為）を請求する権利であるから，直接かつ排他的な物支配という物権自体の内容をなすものではない。

　それでは，物権的請求権の法的性質はどのように理解すべきであるのか。この問題について学説は分かれ，物権の作用であって独立の権利ではないとする考え，物権から独立した純粋の債権もしくは債権に準ずる特殊の権利であるというものなど，いくつかの見解があるが，通説は，物権的請求権は独立の請求権であるが純粋の債権ではないとする。

　通説によれば，物権的請求権は，特定人に対する請求権であるという点では債権に類似するが，物権から不断に派生する従たる権利であるから，物権自体とは独立に消滅時効にかかることはない（大判大正5年6月23日民録22輯1164頁参照）。しかし，物権が消滅すれば当然物権とともに消滅するし，物権から切り離してこれだけを譲渡その他の処分の対象にすることはできない権利である（大判昭和3年11月8日民集7巻975頁），と説くことになる。

3　物権的請求権の行使

（1）　返還請求権

　(a)　返還請求権は，物に対する支配が全面的に奪われている場合，つまり，占有を侵奪された場合に発生する。冒頭の設例のようにA所有の自動車をBが盗んだ場合や，A所有の土地にBが無権限で建物を建てて所有している場合がこれにあたる。

　(b)　返還請求権を行使できるのは，現に占有すべき権利があるのに，占有を喪失している物権者である。賃貸人である物の所有者（間接占有者）も賃借物の占有侵奪について原告適格がある（大判明治33年10月31日民録6輯9巻111頁，大判昭和13年1月28日民集17巻1頁）。

　(c)　相手方は，正当な理由がないのに現にその物を占有することによって物権者の占有を妨げている者であり，自ら占有を奪った者（占有侵奪者）であることを必要としない（大判大正6年3月23日民録23輯560頁）。

　占有侵奪者が占有代理人（たとえば賃借人や受寄者）によって占有している

場合には，占有侵奪者本人を相手方とすることもできるし（大判昭和13年1月28日民集17巻1頁），占有代理人を相手方とすることもできる（大判大正10年6月22日民録22輯1223頁）。

　現に占有を妨げているかどうかは，事実審の口頭弁論終結の時を基準に判断されるから，占有侵奪者でも，この時までに目的物の占有を他に移転した場合には相手方とならない。したがって，この場合は，現に占有する目的物の譲受人を被告として新たに訴えを提起しなければならないことになる（大判昭和6年12月9日民集10巻1210頁）。最高裁の判例も，たとえば，A所有の土地上に無権限で未登記建物を所有していたBがその建物をCに譲渡した後は，処分禁止の仮処分の前提として当該建物の保存登記がB名義で行われたとしても，Bは返還（明渡し）請求の相手方とはならず，現に建物を占有しているCを相手どって建物収去土地明渡しを請求しなければならないとする（最判昭和35年6月17日民集14巻8号1396頁）。

　もっとも，Aの土地に利用権のない建物の所有権を取得したBが，自らの意思にもとづいて所有権取得の登記を経由した場合には，たとえ建物をCに譲渡した場合であっても，引き続き登記名義を保有する限り，Bに対し，Cへの譲渡による建物所有権の喪失を主張して建物収去，土地明渡しの義務を免れることはできないといっている（最判平成6年2月8日民集48巻2号373頁）。

　なお，学説においては，金銭が侵奪された場合，不当利得ないし不法行為の制度では他の財産の占有侵奪の場合と比較して救済が不十分であることを理由に，金銭喪失者に，物権的請求権に準じた優先的効力（物権的価値返還請求権）を認めるべきだとの主張が有力になりつつある。

　(d)　返還請求の内容は，目的物の占有の移転（引渡しまたは明渡し）を請求することである。その際，相手方に積極的な行為を請求することができるか，それとも相手方に物権者自身のなす排除行為（＝目的物の引取り）を認容する義務を負担させるにとどまるのかという問題があり，この問題は，物権的請求権行使にかかる費用をだれが負担するかという問題と関連して，議論されている。

　判例は，返還請求についてはその態度は明らかでないが，妨害排除請求および妨害予防請求については，相手方に対して相手方の費用で妨害の排除や予防

措置を行うことを請求できるとする（大判昭和5年10月31日民集9巻1009頁，大判昭和7年11月9日民集11巻2277頁など）。

　従来の通説も，物権的請求権を物権の円満な支配状態の回復のために相手方に積極的な行為（作為または不作為）を請求できる権利だと考えて（行為請求権説），物権的請求権実現のために要した費用はつねに相手方の負担になると解してきた。

　ところが，この考えによると，たとえば，A所有の自動車をBが盗んでC所有の倉庫に放置した場合のように，Cが自分の意思で占有を取得したのでない場合でも，Cは返還に要する費用を負担させられるという，はなはだ不公平な結果が生じることになる。

　そこで，近時の学説は，物権的請求権を行為請求権と解しながら，相手方に帰責事由がない場合には，公平の見地から例外的に，物権者自身が自分の費用で円満な支配状態を回復すること（目的物の取戻し）を相手方に認容させるにとどめるべきだと考えたり，あるいは，物権的請求権は行為請求権ではなく，物権者みずからが行う支配回復行為を相手方に受忍させる権利であると構成し（受忍請求権説），その費用は，原則として，請求者の負担になるが，妨害状態が相手方の責めに帰すべき事由によって発生し——相手方に故意過失があり——同時に不法行為が成立している場合には，相手方に不法行為による損害賠償の一部としてその費用を請求できると解するなどして，上に述べた不都合を回避しようとしている。

　なお，相手方が目的物を占有代理人によって占有している場合には，直接占有者を相手方として，物権者自身への返還を求めることもできるし（前掲大判大正10年6月22日），間接占有者への返還を求めることもできる（大判昭和13年1月28日民集17巻1頁）。

　相手方が現実の占有を返還することができない場合には，相手方が占有代理人に対して有する返還請求権の譲渡を求めることになる（大判昭和9年11月6日民集13巻2122頁）。

（2）　妨害排除請求権

(a)　妨害排除請求権は，物の支配が部分的に妨げられている場合，すなわち，占有侵奪以外の方法によって物の支配が妨害されている場合に生ずる。

たとえば，A所有の敷地の一部に，隣人Bが盛土した土砂が，境界線を越えて流入した場合や，A所有の家屋に借家人がBから借り受けて，据えつけた機械を賃貸借契約終了後も，そのまま放置しているという場合がこれにあたる。

妨害行為の性質上，動産についてはほとんど起こりえず，もっぱら不動産についてのみ問題となりうる。

土地所有権の行使が，相隣関係の規定（209条・210条・220条など）および特別法によって一定の制限を加えられている場合には，その範囲では妨害排除請求権は生じないし，妨害排除の請求をすることが権利濫用となる場合にも，この請求は認められない（大判昭和10年10月5日民集14巻1965頁，大判昭和11年7月10日民集15巻1481頁など）。

(b) 妨害排除請求権を行使できるのは，占有侵奪以外の方法で，現に物権支配を妨害されている物権者である。

(c) 相手方は，現に妨害状態を生じさせている事実を自己の支配内に有している者である。現に妨害状態を生じさせているかどうかは客観的に定まるから，相手方に故意・過失，その他帰責事由があることを必要としない。

(d) 妨害排除請求にあっては，妨害の除去を内容とする。その場合，物権者自身による妨害の除去を相手方に認容させるにとどまるのか，それとも相手方に積極的な妨害除去行為まで請求できるのかについて，学説が対立していることは，すでに返還請求のところで述べたが，判例は，行為請求権説の立場に立って，物権者は相手方の費用と労力で妨害除去行為となすことを請求できるとする（前掲大判昭和5年10月31日，大判昭和11年3月13日民集15巻471頁）。

(3) 妨害予防請求権

(a) 妨害予防請求権は，将来物権侵害が生ずるおそれがあるという場合に発生する。

たとえば，隣の工場の煙突が老朽化して倒れてきそうだという場合であるとか，隣地の所有者が境界線に沿って深く掘り下げて砂利を採取したために断崖を生じ，土地が崩れそうだという場合に，妨害予防請求権は発動する。

現実にはいまだ妨害が生じていないのに，現在直ちに予防手段をとることを認めるわけであるから，物権侵害のおそれ，ないし蓋然性は客観的に（だれがみても）極めて強く大きいものでなければならないが，必ずしも過去に一度現

実の侵害が生じそれが再び繰り返されるおそれがあるという場合でなくともよいとされている（大判大正9年5月14日民録26輯704頁）。

(b) 妨害予防請求権を行使できるのは，物権支配を妨げられるおそれのある物権者である。

(c) 相手方は，妨害の危険を生じさせている事実を現在自分の支配領域内に有する者である。

なお，その他当事者適格の問題については，返還請求権，妨害排除請求権の当事者に準じて考えればよい。

(d) この請求権の内容は，妨害を生ずる原因となる状態または行為を未然に除去することである。危険な工事や樹木の伐採の中止（不作為）を相手方に請求することもあれば，倒壊しそうな煙突に支柱をほどこす工事をすること（作為）も請求することができる。

判例は，相手方がその妨害原因発生に全く関与していない場合でも，自分の費用で予防工事をなすべきものとする（前掲大判昭和7年11月9日，大判昭和12年11月19日民集16巻1881頁）。ただし，自然力による土地の崩落危険防止措置については，その費用を共同負担すべきだとした下級審判例がある（東京高判昭和51年4月28日判タ340号172頁，東京高判昭和58年3月17日判タ497号117頁）。

4　返還請求権者と相手方との利害調整

返還請求の相手方が目的物を占有している間に，果実を収取したり，目的物を滅失・損傷したり，あるいはこれに費用を投下した場合には，これを返還請求権者との間でどのように処理すべきかということが問題となる。この問題の解決については，不当利得または不法行為等の一般法理による問題解決にゆだねることも考えられるが，これらの法埋を適用した場合には，返還請求の当事者が純粋に客観的に決まってしまうものであるだけに，当事者にとって酷な結果となる場合も起こりうる。そこで民法は，この問題を占有権の効力の問題として捉えて，189条・190条・191条および196条の規定によって問題を解決することとし，当事者間の利害の調整を図っている。

(a) 善意の占有者はその占有物により生ずる果実を収取することができる（189条1項）。したがって，善意の相手方，つまり果実収取権（＝占有すべき権

利）のないことを知らなかった相手方は，果実の収取によって利得を得ても，これを返還する必要はない。

　これに対して，悪意の相手方，または暴力（強暴）で，もしくは秘かに占有していた者（隠秘の占有者）は，現に有する果実を返還しなければならないし，すでに消費し，過失によって損傷または収取を怠った果実の代価を償還しなければならない（190条1項）。

　(b)　相手方が占有中に目的物を滅失・損傷した場合には，悪意の占有者および所有の意思なき善意の占有者であれば，全損害の賠償義務を負い，善意の占有者である場合については，現存利益の範囲で賠償する責任を負う（191条）。

　(c)　相手方は，目的物の返還に際して，占有中目的物に投下した必要費または有益費の償還を請求することができる（196条）。必要費（保存に要した費用）ならばその全額について，目的物の返還と引換えに請求できる。有益費（改良に要した費用）は，目的物の価格の増加が現存する場合に限るが，返還請求者の選択に従い，占有者が費した金額または増加額のいずれかを請求することができる。この場合には相手方の善意悪意は問題とならない。

5　物権的請求権と他の請求権との競合

　ところで，物権的請求権が生ずる場合には，同一の事実にもとづいて別個の債権的請求権が発生することも少なくない。

　たとえば，①賃貸借契約終了後に賃借人が賃借物の占有を理由なく続ける場合には，契約にもとづく返還請求権とならんで所有権にもとづく返還請求権が成立するようにみえるし，②無効な売買契約にもとづいて，売主が買主に目的物を給付した場合は，それにより売主（所有者）が占有の利益を失い，買主が（占有または登記の）不当利得をしているというのであれば，所有権にもとづく返還請求権とならんで不当利得返還請求権が発生するということになる。

　問題となるのは，このような場合に，物の所有者は二つの請求権を選択的に行使できるのか否かということである。

　通説および判例（大判大正11年8月21日民集1巻493頁，大判昭和12年7月10日民集16巻1177頁）は，①②いずれの場合についても併存を認め，両者を選択的に行使してよいとするが（請求権競合説），①の場合について，契約当事者相

互の間では，契約法が物権法の規定に優先して適用されるべきであるから，契約上の請求権にもとづいて物の返還を請求するのが筋だとする考え（請求権非競合説・法条競合説）が有力に主張されている。また，①②いずれの場合についても，いったん物権的請求権を排除して請求権の競合を避けた上で，契約に媒介された請求権が時効によって消滅した後は物権的請求権の行使が許されるとする見解等もある。学説はしだいに多岐にわかれ，複雑に対立しつつあるようである。難問の一つである。

6　物権的請求権の拡張

判例は，すでに，対抗要件を備えた不動産賃借権についてではあるが，賃借権（債権）にもとづく妨害排除請求権の行使を認めており（最判昭和28年12月18日民集7巻12号1515頁，最判昭和30年4月5日民集9巻4号431頁など），これまで物権特有の効力と考えられてきた物権的請求権の債権への拡張ないし転用が今日では大いに問題となっている。

判例および多数の学説は，対抗力をもたない不動産賃借権については妨害排除請求を認めることに消極的であり（最判昭和29年7月20日民集8巻7号1408頁），この場合には，賃借人に賃貸人である所有者が有する妨害排除請求権の代位行使（423条）を許すことによって問題を解決できると考えている（大判昭和4年12月16日民集8巻944頁等）。しかし，現実の登記経由等対抗要件具備のいかんを問わず，不動産賃借権に妨害排除請求権を認めるべきだという主張も有力である。

なお，物権的請求権は，騒音，振動，日照の遮断などによる生活妨害を排除するための法的構成として利用されることが多い（たとえば，札幌地判平成3年5月10日判時1403号94頁参照）。

第3章 物権の変動

第1節 序　　説

1　物権変動の意義

　物権変動とは，物権を中心として考えれば，物権の発生・変更・消滅ということであり，物権の主体の側から考えれば，物権の取得・変更・喪失ということになる。たとえば，Aが建物を新築すれば建物について所有権が発生し，Aが建物を増築すれば所有権の内容が変更し，さらにその建物をBに売却したり焼失すればAの所有権は消滅する。これを権利主体であるAの側から考えると，所有権の取得・喪失・変更である（一般に得喪変更という）。また，Aは，Bから借金をしてAの建物にその担保として抵当権を設定すれば，Bは抵当権を取得し（抵当権の発生），Bに優先する一番抵当権が弁済によって消滅すれば，Bの抵当権の順位が昇進し（Bの抵当権は第一順位となり内容が変更する），AがBに借金を弁済することによりBの抵当権が消滅する（抵当権の消滅）。

　このように，所有権や抵当権などの物権が，発生したり，変更したり，消滅することを，一般に物権変動という。この物権変動は，債権関係とならんで民法の最も重要な問題の一つであり，学説や判例も多岐にわたっているだけに，学問的にはおもしろいところである。

2　物権変動と公示の必要

　第1章の第1節で説明したように，物権には排他性があるから，物権変動においては，とくに物権取引の安全をはかる必要がある。たとえば，Aは売主Bから土地・建物を購入してBに代金を支払ったので所有権を取得したつもりいでいたが，その土地・建物はすでに第三者Cに売却され移転登記されていたので，Aは所有権を取得できなかった（177条）。また，別の例で，AはBから時

計を購入して引渡しを受けていたので，後でCから自分が先に買った時計だから渡して欲しいといわれたときは，Aは断ることができる（178条）。このように，物権取引の安全を確保するためには，目に見えない観念的な存在である物権について，だれがどのような権利をもっているかということが外部から認識できるように，一定の表象を通じて公示することが必要となる。そのために用いられた方法を公示方法という。不動産物権については登記，動産物権については占有がそれである。前例では，Aが売買契約しようとした土地・建物がすでにC名義に登記されていることを知っていれば，AはBと売買契約をしなかったであろうし，また，AはBから時計の引渡しを受けているので，Cの引渡要求を断ることができる。

　表象をともなわない物権の変動（登記のないAや引渡しを受けていないC）は所有権取得を第三者に主張できない。いいかえると，表象をともなった物権変動の場合のみ，完全な排他的な物権を取得するという結果になる。このように物権取引の安全をはかるために，重要な意義をもつものとして「公示の原則」と「公信の原則」をあげることができる。

（**１**）　**公示の原則と取引の安全**

　公示の原則とは，物権変動においては，外部から認識することができる一定の表象（公示）をともなうことが必要であるという原則である。この原則は，先に示した例のとおり，物権の優先的効力が先に登記（あるいは引渡し）を備えたものが優先するということであり，売買契約を早く締結したかどうかではなく，公示方法を先に備えた者が勝つというように，自由競争社会における物権取引の安全は，自己の権利取得は自己の責任で保護すべきという考えに立っているといえる。

　同時に，公示の要求は，市民間の物権取引（不動産や動産の売買など）の安全をはかるという要請であるから，不動産の場合の登記や動産の場合の引渡しといった公示方法を備えないと，後で紛争が生じたときに不利益な取扱いを受けることになるから，公示の原則は物権変動に関与する者に間接的に公示の手段をとるようにうながす機能も有している（登記手続の当事者申請主義（不登16条１項））。このような法規範の適用から，先に示した例で，Bから土地・建物を購入したが未登記のAは不利益な取扱いを受け，Bから時計を購入して引

渡しを受けたAは法的な保護を与えられるのである。

公示の方法には，登記，登録，占有（引渡し），標識等がある。不動産・船舶は登記であり，動産は占有である。また，自動車・航空機等は登録が認められている。立木・未分離の果実等は明認方法（木にペイントするとか立札等）が認められている。

（2） 公示の原則と対抗関係

公示の原則を実現する方法として，二つの種類がある。一つは，移転登記や引渡し等の公示がなければ物権変動の効力が生じないという方法である。たとえば，AはBから売買契約によって土地・建物を購入したが，Bからの所有権移転登記がなされていないと，Aは所有権を取得できないというように，登記が物権変動の効力発生（Aの所有権取得）の要件となることである。これを物権変動の形式主義または効力要件主義といい，ドイツ民法が採用している。

二つは，移転登記や引渡し等のような公示がなくても当事者の意思表示のみで物権変動は生じるが，ただ公示を備えていなければその物権変動を第三者に対抗できないとする方法である。たとえば，AはBから売買契約によって土地・建物を購入した場合，Bからの所有権移転登記がなくても売買の意思表示のみで所有権がBからAに移転したことになるから，BはAに土地・建物を引き渡すことになる。しかし，Aは移転登記を備えていなければ，その土地・建物が自分の物だとしてその所有権取得を第三者に対抗できないということである。これを物権変動の意思主義または登記の対抗要件主義という。

わが民法は，公示の原則について，不動産については登記（177条），動産については引渡し（178条）を公示方法とする対抗要件主義を規定している。したがって，物権変動は登記・引渡しといった公示がなくても，当事者間では意思表示のみで効力が発生する意思主義を採用している（176条。後述の本章第2節2「意思主義と形式主義」を参照）。

（3） 公示制度の動揺

近年，不動産を利用する権利（とくに不動産賃借権）は，さまざまな形で強化されてきた。この土地利用権の強化あるいは安定化は，同時に近代市民法を前提とした不動産に関する権利の公示の原則にも大きな例外を生じさせた。借地権者は，借地権を登記することによって第三者に対抗できるが（605条），現

実には賃貸人（地主）の承諾が得られないために，登記の共同申請の原則（不登60条）のもとで借地権を登記することが難しかった。そこで利用権の強化として，借地権者が借地権の登記がなくても借地上の建物の登記のみで借地権が対抗力を有し（借地借家10条1項（旧建物保護法1条）），借家権者が建物の引渡しだけで対抗力をもち（同法31条（旧借家1条1項）），農地の賃借人が引渡しのみで賃借権を対抗できる（農地法18条1項）とした。

このことは，所有より利用の重視という思潮のあらわれであるともいえようが，他方では，不動産を利用する者の権利を保護する制度として，その権利の登記をすることなしに第三者に対抗できるとすることによって，公示の原則に対する例外あるいは緩和をもたらした。しかし，それは不動産取引をする者にとっては重大な問題であり，公示の原則と不動産取引の安全をいかに確保するか，また不動産に関する権利の公示の原則とはいかなるものをいうかといった問題を生じさせることとなった。

（4） 公信の原則

公示方法のあり方としての理想は，現実の物権変動を正しく登記簿に反映されていることである。たとえば，不動産の権利関係において，登記簿を見ることによってその不動産には，だれが権利者でどのような種類の権利が存在するかという真実の実体的権利関係を正確に知りうることは，不動産取引の安全を確保するための理想である。しかし，現実には公示と真実の権利関係との間に不一致が生じることが少なくない。不動産物権に関して，わが国の不動産登記制度は，登記官に形式的審査権（登記の申請書類などが形式に適合しているかどうかを審査する権限（不登25条））のみが認められ，実質的審査権（申請された登記が実体的権利関係と一致しているかどうかを審査する権限）が認められていないために，不実の登記を防止することが難しい（ただし，不登22条（登記識別情報の提供），24条（登記官による本人確認）参照）。また動産物権の場合は，現実の引渡しは不安定であり，さらに近代の商品取引は商品の存在をそのままにして売買するという簡便な引渡方法である簡易の引渡し（182条2項），占有改定（183条），指図による占有移転（184条）を認めているために公示方法としては不十分なものである。そこで，誤った公示や真実の権利関係を反映していない公示を信頼して，取引関係に入った者を保護すべきか否か問題となる。

「公信の原則」とは，物権の存在の公示（登記・登録・占有など）を信頼して取引関係に入った者は，たとえそれが真実の権利関係と一致していなくとも，公示が真実であったときと同じような法律効果を与え，法律上保護されるという原則である。公示方法のこのような効力を「公信力」という。

そこで，わが民法は，不動産物権にあっては登記を，動産物権にあっては引渡しを備えることによって，物権変動を第三者に対抗しうるという公示の原則を採用しているが，不動産物権変動に関しては公信の原則を採用せず，動産物権変動についてのみ公信の原則を採用した（192条）。

登記や占有に対抗力が与えられるのは，その物権に関して，公示された物権変動や権利の存在を信頼して取引関係に入った第三者の信頼を保護するためである。したがって，公示の原則で保護される信頼とは，①表象のないところには物権変動はないであろう，という信頼を消極的に保護するもの，たとえば，登記簿上でAの所有名義にとなっている建物は，Aから他の第三者への物権変動はないであろうという消極的信頼と，逆に，②表象に対応する権利状態が存在するであろうという信頼を積極的に保護するもの，たとえば，その建物は登記簿上でAの所有名義になっているから，Aが真実の権利者であろうという積極的信頼を保護するものとがある。②は公信の原則といわれる。

わが民法は，不動産物権変動の公示方法である登記には，公信の原則を採用していない。したがって，不動産物権変動においては前記②の例のような積極的信頼は保護されず，BがA名義の登記を信頼してAから家屋を買い受けたとしても，A名義の登記が不実の登記で，Aは家屋の真実の所有者でなかった場合には，Bの信頼は保護されず家屋の所有権を取得することはできない。

しかし，動産物権変動について公信の原則を採用し，占有に公信力を与えているので（192条），たとえば，Aは，Bから借りて占有しているB所有の自転車を，Bに無断でCに売却した場合に，Aが所有権者でなかったとしてもAの占有を信頼したCは，その自転車の所有権取得を認められる。

このように，公信の原則が認められるということは，公示を信頼したことによる物権取引の安全は保護されるが，その反面真実の権利者が犠牲になる。したがって，公信の原則を認めるかどうかの問題は，いったん権利を取得した者の権利はみだりに奪われないという静的安全の犠牲において，公示を信頼して

取引関係に入った者を保護するという動的安全をはかるべきかどうかの問題である。わが民法は，動産取引は頻繁にかつ迅速に行われなければならないとして公信の原則を採用したが，不動産取引については必ずしもそうでないとしてこれを採用しなかった。とくに，不動産については，わが国の登記制度が，真実の権利関係を公示するに十分な機能を果たす仕組みになっていないために（たとえば，登記官に表示の登記（不登29条）を除いて実質的審査権が認められていないために不実の登記を阻止できないなど），登記に公信力を認めると真実の権利者を犠牲にする場合が多くなることになるから（それにともなう国家賠償もふえる），公信の原則を採用していない。

第2節　物権変動を生ずる法律行為

1　物権行為と債権行為

われわれは，物権変動によって不動産や動産の所有権を取得するときは，売買契約や贈与契約などの法律行為にもとづき，また所有権以外の地上権や抵当権などの制限物権も設定契約という法律行為によって創設する。このように物権変動を生ずる原因のうちもっとも重要なものは，法律行為である。

ここにいう法律行為とは，二つの意味に分けることができる。

第一は，売買とか贈与の場合，たとえば，売買契約で売主の「この家を売ります」という意思表示と買主の「その家を買います」という意思表示の合致によって契約が成立する。そうすると，債権として売主の代金請求権と買主の建物所有権移転請求権が発生する。この売買契約のように債権・債務を発生させる行為を，債権行為とか債権契約という。

第二は，地上権や抵当権の設定契約のように債権・債務の発生をともなわずに，物権の設定や移転といった物権変動だけを目的とする法律行為である。このように物権の発生や移転のみを目的とする法律行為を，物権行為とか物権契約という。

そこで，物権変動を生じる法律行為について，どのような法律要件を備えれば，いつ物権変動が生ずるのか，理論的に以下のことが問題となる。①物権変動が法律行為にもとづく場合に，物権変動の効果の発生について，当事者の意

思表示だけで足りるとするか，それとも第三者の取引の安全との関係で公示方法の具備（登記や引渡しなど）まで要求するかという，意思主義か形式主義かの問題である。②物権変動が生ずるためには，売買や贈与のように債権契約による場合についても，債権契約とは別に物権契約だけを目的とする行為（物権行為）がなされなければならないかという，物権行為の独自性の問題である。この問題はさらに，債権行為が無効になったり取り消された場合に，物権行為が有効になされた以上所有権移転の効果が認められるのかという，物権行為の無因性の問題でもある。さらに③物権変動の時期の問題がある。以下これらの問題を検討する。

2　意思主義と形式主義

　法律行為によって物権変動を生じさせるには，意思表示だけで足りるか（意思主義），それとも登記・引渡しといった形式が必要か（形式主義）という問題である。

　意思主義は，物権変動が生ずるためには意思表示のみで足り，登記や引渡しなどの形式を必要としないとする立法例で，フランス民法の採用するところである。これによれば，たとえば，ＡがＢ所有の土地の所有権を取得するには，ＡＢ間の売買の意思表示の合致のみで足りるし，また，債権者Ａが債務者Ｂの土地の上に抵当権を取得するには，ＡＢ間の抵当権設定契約のみで足り，所有権移転登記や抵当権設定登記は必要ないということである（前述したように登記は単なる第三者に対する対抗要件であるから，当事者間では登記は不要である）。

　これに対して，形式主義は，物権変動が生ずるためには意思表示のほかに，登記や引渡しなどの一定の形式を必要とする立法例で，ドイツ民法の採用するところである。これによると，当事者間に意思表示があっても登記や引渡しがないかぎり，物権変動の効果は発生しない。たとえば，Ｂの土地の所有権が売買によってＡに移転するためには，売買契約による意思表示のほかにＢからの所有権移転登記が必要であり，また，ＡがＢの土地の上に抵当権を取得するためには抵当権設定登記が必要であるということである（この場合の登記は物権変動の効力発生の要件となる）。

わが民法は，物権変動は「当事者の意思表示のみによって，その効力を生ずる」（176条）と規定し，意思主義を採用しており，登記・引渡しは対抗要件にすぎないとしている（177条・178条）。

3　物権行為の独自性・無因性

　物権変動を生ずるためには，債権行為とは別に物権変動だけを目的とする物権行為が必要かの問題である。物権行為と債権行為については，前述したとおりであるが（本章第2節1「物権行為と債権行為」参照），これを整理すると，①売買や贈与のような場合には，契約の結果，当事者間に債権関係が発生する。たとえば，AはBから土地を買う契約をした場合，その売買契約（債権契約）の結果，売主Bには土地を引き渡す義務が発生し，買主Aには土地の引渡請求権が発生する。これは債権契約の結果である。そして当事者では，最終的にAは土地の所有権を取得する。すなわち，この土地の売買契約は，債権契約であるがその結果，土地所有権の移転という物権変動が生ずる。②もう一つは，地上権や抵当権の設定のような場合には，地上権や抵当権という物権の発生を直接目的とする契約（物権契約）である。たとえば，債権者Aは債務者Bに金銭を貸してその担保としてBの土地の上に抵当権の設定を受ける契約をした場合，物権契約の結果，物権行為としてAに抵当権の取得という物権変動が生ずる。

　この場合に問題となるのは，前記の①の売買や贈与の場合である。すなわち，所有権移転という物権変動が生ずるためには，売買契約という債権契約だけで生じるのか，それとも債権契約とは別に，BからAに土地所有権を移転するための行為（物権契約）がなされてはじめて物権変動が生じるのか，という問題である。これが物権行為の独自性の問題である。

　この問題は，物権行為の独自性が肯定された場合，債権行為である売買契約が無効となったり，取り消された場合でも，物権行為が有効になされた以上，所有権移転の効果が保持されるかどうかである。これが物権行為の無因性の問題である（債権行為が無効・取消しなどによって効力が失われたとき，物権行為の効力は失効しないことを無因といい，そうでないことを有因という）。この物権行為の独自性・無因性を認めるかどうかが，物権変動を生ずる法律行為に関する第二の問題である。

わが民法は，176条で，物権変動は「意思表示」のみによって生ずると規定していることから，176条にいう「意思表示」とは，債権債務を生じさせる債権的意思表示で足りるのか，それとも所有権を移転させる物権的意思表示がなされることが必要なのか，その解釈をめぐって学説が対立した。

すなわち，①物権の移転を目的とする債権契約がなされれば，あらためて物権行為がなされなくても物権変動が生ずると解釈する説と，②債権契約のほかに物権行為（代金支払，引渡し・登記などがあったときに，当事者に物権的合意があったとみる）がなされなければならないとする説である。これを肯定する説（後者の②）を物権行為の独自性肯定説という。学説の傾向は，民法制定以後明治末期頃までは，フランス民法の影響で①の説をとり，物権行為の独自性・無因性を主張する説は見られなかったが，明治末期からドイツ法の影響を受けて②の物権行為の独自性肯定説が支配的となった。しかし，大正10年になって，物権変動について登記は単に対抗要件であって効力発生の要件ではないというように，ドイツ法のような形式主義をとらないわが民法の下では，物権行為の独自性を認めたとしても物権行為があったか否かを識別する外形（物権行為の発生が分かるような公示方法）を欠くから実益がないとする説が台頭し，①の説が今日の通説となっている。

判例は，一貫して物権行為の独自性・無因性を否定している（リーディングケースとして，大判大正2年10月25日民録19輯857頁）。

これに対して，債権行為である売買契約が無効となったり，取り消された場合，物権行為が有効になされた以上，所有権移転の効果が保持されるかについては，物権行為の独自性を肯定する説では，債権行為の効力がなくても物権行為およびその効力である物権変動は有効であるが，反対の特約のある場合は有因であり，債権行為の効力がなければ物権変動も生じないと説くものがある（相対的無因説）。この説の利点は，債権契約が無効あるいは取り消されても物権変動の効力には影響しないから，取引の安全が保護されることになる。しかし，無因説をとらなければ物権行為の安全が全くはかられないかというとそうでもなく，両説はそれほど大きな違いをもたらすわけではない。

4　所有権の移転の時期

　売買や贈与など物権変動を目的とした債権契約が行われたとき，物権変動はいつ生じるかの問題である。この問題は，とくに売買契約における所有権移転の時期の問題を中心に論じられる。たとえば，Aは，Bとの間でB所有の建物を購入する売買契約を4月1日に締結し，代金は4月20日に全額支払と同時に所有権移転登記もなされた場合に，所有権はいつAに移転したかという問題である。所有権移転の時期について，当事者間の特約で定めている時（契約の時あるいは移転登記の時など）はその特約の時期に物権変動が生じるが，明示の特約のない場合に問題となる。

　かつては物権行為の独自性を肯定するかどうかの問題と関連して考えられていた。物権行為の独自性を否定する説は，原則として売買契約などの債権契約が成立したときに物権変動が生ずる（所有権が移転する）と解した（前例では4月1日）。これに対して物権行為の独自性を肯定する説は，登記・引渡しあるいは代金の支払などの形式がなされたときに，物権変動が生ずる（所有権が移転する）と解する（前例では4月20日）。

　判例は，原則として債権契約が成立したときに物権変動が生じるとする。特定物を目的とする売買では，売買契約が成立したときに所有権が移転する（大判大正2年10月25日民録9輯857頁），売主の所有である特定物の売買においては，その所有権の移転が将来になされるべき特約がないかぎり，買主への所有権移転の効力は直ちに生ずる（最判昭和33年6月20日民集12巻10号1585頁），と判示した。なお，特約があれば特約で定めた時期に所有権は移転する（最判昭和35年3月22日民集14巻4号501頁）。

　これまでの通説は，判例を支持して不動産の売買契約の成立時に所有権が移転するとする。

　しかし，これに対して最近の有力説は，この解釈を批判して，不動産の売買契約の成立時に所有権が移転することになると，現実の不動産取引慣行（不動産業者が使用する売買契約書など）では代金支払や移転登記のときに所有権が移転するとしていることや代金を支払った時に所有権が移転するという法意識に合致せず，また未履行のまま長年月が経過した場合に，売主の代金請求権が時効により消滅しても，買主は自己の所有権を理由に引渡しを請求できるとい

う不公平な結果になるという。有力説は，不動産の売買については，契約のときに所有権が移転するとする特約がないかぎり，代金支払，引渡しまたは登記のいずれかがなされたときに所有権が移転するとする（代金支払，引渡し・登記時説）。少数説は，売買契約のプロセスは，契約締結，代金支払，引渡し・移転登記などの過程を通じて所有権の各権能が売主から買主に移転するのであり，ある一つの時点で一挙に移転するものではないとして，いわばなし崩し的に移転するとする（なし崩し的移転説あるいは時期不確定説）。しかし，この少数説に対しては，所有権移転の時期を一点に画することは可能であり，かつ必要であるとの批判がなされている。

第3節　不動産物権変動における公示

1　序説（不動産物権変動と177条）

　不動産の物権変動は，登記をしなければ，これをもって第三者に対抗できない（177条）。物権は排他的性質をもつから，どの物についてだれがどのような権利をもっているかを明らかにしておかなければならない。そのための方法を公示方法という。近代法のもとでは原則として，登記が不動産物権変動の公示方法とされている。

　売買や相続などによって物の所有者が変更した場合（所有権の移転）や抵当権の設定（物権の設定）のように物権変動があった場合には，その権利関係は当然，登記に反映されなければならない。その登記の果たす役割については，登記が物権変動の要件となるかどうかについては，意思主義と形式主義の対立があることはすでに述べたとおりである（本章第2節2参照）。わが民法は，176条で意思主義をとった上で，177条で「不動産に関する物権の得喪及び変更は不動産登記法その他の登記に関する法律の定めるところに従いその登記をしなければ第三者に対抗することができない」と規定して，登記を物権変動の対抗要件とした。したがって，登記の本来の効力は，「対抗力」であり，この効力は登記が有効要件（形式的有効要件と実質的有効要件がある）を備えている場合に生ずる。

　たとえば，Aは，Bから土地を買って代金を支払ったが，まだBから所有権

移転登記を受けていなかったところ、Bはその土地を同じくCに二重に売り、Cに移転登記してしまった。この場合に、①Aは、売主Bに対してAに所有権があるとの確認と、②Cに対して移転登記の抹消を請求できるかという問題である。この問題について、①買主Aは、売主Bから移転登記を受けていなくても、ABの当事者間では登記がなくても、Aは所有権を取得する（176条の意思主義）。②しかし、Aと第二の買主Cとの関係は、第三者の関係であるから、Aは登記がないから所有権をCに対抗することはできない。したがって、AのCに対する登記の抹消請求は認められないことになる（Aは敗訴する）。

このように、不動産の物権変動に関する争いは、177条によって、登記をしなければこれをもって第三者に対抗できないとして、物権の取得者はその権利取得を第三者に主張できず、逆に第三者は物権取得者（A）の権利取得を否定できるとして、これらの問題を解決することにした。このAとCの関係を「対抗関係」という。

2　公示方法としての登記
（1）　登記の意義

物権は物に対する直接排他的な支配権であるから、物権の存否、帰属、変動については外部から認識できるなんらかの表象が必要である。公示方法としては、物権の対象である不動産を単位として、個々の土地、建物ごとにそれぞれの権利関係を公簿である登記簿に記載して公示する方法である（物的編成主義。不登15条）。したがって、物権の公示方法としてもっとも望ましいのは、真実の権利関係を正しく反映していることであり、登記の記載を見れば、だれが権利者であるかを誤りなく知ることができることが理想である。

公示の原則が、不動産取引の安全を図るためには、第一に、取引の客体となるすべての不動産を登記簿に記載し、未登記不動産の存在や二重登記を避けること、第二にすべての物権変動は正確に登記簿に反映されること、第三に、その登記を信頼して取引をした者は、登記が誤っていても国家によってなんらかの保護が与えられること（公信力が認められること）、が必要である。すなわち、登記簿を見ることによってその不動産の権利関係（所有権移転の状況やその他の物権の設定関係）が正確にわかるという、いわば登記簿は個々の不動産

の権利関係の履歴書であることが理想とされる。しかし，現実の登記簿の記載は，公示と真実の権利関係とが食い違っている場合が少なくないために（本章第1節2（4）「公信の原則」参照），公信力は認められていない。

　登記簿の誤りを知っていたか，知らなかったことに過失があった場合を除いて，登記簿を信頼して取引をした者を保護しようとする主義を公信の原則というが，わが民法は，登記に公信力を認めていない。そこで，不実の登記を信頼して取引をした者をどのように保護するかが，重要な問題となる。これについて近時の判例・学説は，真実の所有者が関与して不実の登記を作出し，それを信頼して取引をした第三者を，民法94条2項の類推適用によって保護することによって，公信の原則を採用したと同様の機能をある程度は果たそうとしている（最判昭和45年9月22日民集24巻10号1424頁など）。

（2）　不動産登記簿

　登記とは，国が作成・管理する登記簿に，物権変動の事実およびその内容を記載することまたは記載された内容をいう。登記事務は，不動産の所在を管轄する法務局，地方法務局またはその支局，出張所（登記所と呼ばれる）が行う（不登6条1項）。

　国家が，登記簿という一定の帳簿を用いて，不動産の権利関係を管理することにしたのは，一つは，不動産は国家存立の基礎をなすものであるから，その権利関係の混乱や紛争を防止して，不動産取引の安全と円滑を図ること，二つは国家の全域にわたる不動産について，その権利関係を正確に公示する帳簿を維持，保管するためには莫大な費用を要するために，国家がこれを管理することが妥当だと考えたからである（一定の国家機関が法定の手続でなさなければならないことになっている（不登9条））。しかし，登記は物権変動の効力発生要件ではなく，単に第三者への対抗要件にすぎないから，個々の物権変動を登記するかどうかは，当事者の登記意思によるしかなく（同16条），すべての物権変動を登記させることは不可能なのが現状である。

　不動産登記簿は，土地についての登記簿である土地登記簿と，建物についての登記簿である建物登記簿がある（同34条・44条）。その他，立木法にもとづく立木登記簿がある。それぞれ一筆の土地，一個の建物に着いて一用紙を用いて記載する。これを「一不動産一用紙主義」というが，物理的に必ずしも一枚の

用紙を意味するのではなく，独立した数枚の用紙の束，あるいは電磁的記録をいう（同2条5号）。これを物的編成主義という。

登記記録は，①表題部，②権利部に分かれているが，この二つをあわせて一用紙とする（同12条）。

表題部は，表示の登記とも呼ばれ，土地または建物の表示に関する事項を記載する（同27条）。これは，土地または建物の物理的現況を記載して，その不動産の同一性を特定するための表示であり，しかもこの土地，建物の表示の登記は，新たに土地が生じたときや建物を新築したとき，土地の所在・地目・地積など，建物の所在・家屋番号・種類・構造などを登記する。表示の登記は，登記官吏が職権をもって行う（同29条）が，原則として対抗力を認められない（ただし，借地借家法10条（旧建物保護法1条）による対抗力は認められる（最判昭和50年2月13日民集29巻2号83頁））。

権利部には，所有権に関する事項（同74条，すなわち所有権の保存，移転，変更，処分の制限または消滅などの事項を記載する），用益権に関する事項（同78条以下，すなわち地上権，永小作権，地役権，賃借権，採石権），および担保権に関する事項（83条以下，すなわち先取特権，質権，抵当権）の設定，保存，移転，変更，処分の制限，消滅などの事項を記載する。

（3）登記できる権利

このように，登記簿に登記できる権利は，不動産登記法3条に規定する権利であるが，すべての物権が登記できるわけではない。不動産に関しては前述した権利は登記できるが，建物については，所有権，先取特権，質権，抵当権に限られる。その他，不動産賃借権（605条）や不動産買戻権も登記できる（581条）。物権のうちでも，占有権は占有という事実にもとづくものであるから登記は必要ないし，留置権，入会権も登記は不要である（大判大正10年11月28日民録27輯2045頁は，入会権は登記なくして第三者に対抗できるとした）。なお，立木については，所有権と抵当権のみが登記できる権利である。

（4）登記の種類・申請手続

(a) 登記の種類　(イ) 本登記（終局登記）と予備登記　登記は，その効力から本登記（終局登記）と予備登記に区別される。本登記は，登記本来の効力である物権変動の対抗力を生ぜしめる登記であり，予備登記は，①本登記を

申請するための必要な条件が具備しないときに将来の本登記の順位を保全するための仮登記（不登105条，後述(ハ)参照）と，②登記原因の無効または取消による登記の抹消または回復の訴えの提起があった場合に，これを第三者に警告するためになされる予告登記（同111条参照）とがある。

また，登記の順位に従って独立に順位番号がつけられる主登記と，既存の主登記の順位番号に枝番号を付記して行われる付記登記がある。

(ロ)　記入登記，変更登記・更正登記，抹消登記，回復登記　①　記入登記は，所有権の保存登記等，新たな登記原因にもとづいて新たになされた登記。

②　変更登記とは，既存の登記の一部を変更する登記であるが，狭義の変更登記（たとえば建物の増築による床面積の変更など，その後に発生した事由により登記と実質が相違した場合に一致させる登記）と更正登記（所有権移転登記の原因が売買であるのを贈与と登記した場合等，もともと実質関係と一致していなかった登記を本来の登記に合致させる登記），がある。

③　抹消登記とは，既存の登記と一致する実質関係が消滅した場合に，その登記を抹消する目的の登記（もともと実質関係をともなわない無効の所有権移転登記を抹消するための登記等）。

④　回復登記とは，いったん消滅した登記または抹消された登記が，もともと抹消，消滅されるべきでなかった場合に回復する登記。

(ハ)　仮登記　仮登記とは，本登記（終局登記）ができるだけの手続法上の要件，あるいは実体上の要件が備わっていない場合に，将来その要件が具備されたときになされる本登記の順位をあらかじめ確保しておく目的でなされる登記である。

仮登記ができる場合は二つある。①一つは，物権変動はすでに行われているが，本登記の申請に必要な手続上の条件が備わっていない場合の仮登記で（不登105条1号），「1号仮登記」と呼ばれる。たとえば，不動産の売主である登記義務者が所有権移転登記の申請に協力しない，あるいは登記義務者の登記済権利証が滅失して申請に必要な書類が整わない，などの場合である。②二つは，本登記をすることができる実体法上の要件が備わっていない場合の仮登記であり（同105条2号），「2号仮登記」と呼ばれる。たとえば，売買予約をしてその予約によって将来所有権が移転した場合に発生する所有権移転請求権を保全す

るためとか，停止条件付売買契約をして将来条件が成就して所有権が移転した場合に発生する所有権移転請求権を保全するため，などの場合である。

ただし，仮登記は，予備登記の一種にすぎないから仮登記はあくまでも本登記の順位を保全する効力のみで，第三者に対する対抗力はない。これを「順位保全の効力」という（同106条）。したがって，仮登記権者は，177条の第三者に対して自己の権利を対抗することはできない。しかし，仮登記を本登記に改めた場合の本登記の効力は，①1号仮登記では，仮登記のときに遡って対抗力を取得し，②2号仮登記では，請求権は履行期まで遡る。

なお，担保仮登記の場合には，優先弁済権が認められる（仮登記担保契約に関する法律13条）。

(b) 申請手続　また，登記は，原則として当事者の申請によってなされるが（不登16条。当事者申請主義。ただし，平成16年の不登法の改正により，出頭主義は廃止された。），例外として，当事者の申請がなくても，裁判所または官公署の嘱託によってなされる場合（同16条），登記官が職権で行う場合（同28条）がある。権利に関する登記の申請は，当事者の共同申請でしなければならないが（同60条。共同申請主義），実際には当事者の代理人（司法書士など）によってなされる。

当事者のうち，登記がなされることによって利益を受ける者を「登記権利者」といい，その登記によって不利益を受ける者を「登記義務者」という（同2条12号，13号）。売買を原因とする所有権移転登記の場合は，買主が登記権利者で，売主が登記義務者となり，抵当権設定登記の場合は，抵当権者が登記権利者で，抵当権設定者が登記義務者である。

3　不動産物権変動と対抗要件

(1)　対抗の意義

前述のとおり，わが民法では，物権変動は意思主義の立場をとっているから，当事者間においては登記を備えていなくても物権変動の効力は発生する。ただ，登記を備えていなければ第三者に対抗できないということになる。そこで，第三者に対抗するとはどういう意味か問題となる。

たとえば，Aは，Bに土地を売買によって譲渡したが，Bが未登記の間に，

Aがその土地をCに売買により譲渡して移転登記をしてしまった場合（Aの二重譲渡）が民法177条の典型的な事例である。この場合には，登記を備えているCが勝つことに異論はない。しかし，意思主義の立場から，仮にBがAに代金をすでに支払っていたとしたら，Bが未登記でもすでにAB間に物権変動が生じていると解することもできる（176条参照）。そうするとAはすでに無権利者でありCはAから所有権を取得できないはずであるから，Cの登記は無効の登記であるという疑問も生ずる。そこでこのような疑問を回避して，Cが所有権を取得できる根拠についての対抗とはいかなる意味であるか学説が争われている。

(a) 債権的効果説　AB間においても所有権移転の効果が生ずるが，Bが未登記であるかぎり，単に債権的効果が発生するにすぎないから（BのAに対する引渡請求権が発生するにすぎない），AはCに対する関係では無権利者ではないと説く。これに対して，不法行為やAB間の物権変動を承認した第三者について，説明が困難であるとの批判がある。

(b) 相対的無効説　AB間では完全に物権変動の効果が生じているが，第三者Cに対する関係ではAは無権利者になっていないから，Cへの譲渡は可能と説く。第三者に対する関係で登記のない物権変動が否定されるのは，177条によるものであり，第三者の側からその効力を認めるのは差し支えないとする。これに対して，第三者に対して無効なものが，第三者の承認によって有効となるのはおかしいとの批判がある。

(c) 不完全物権変動説　物権変動は登記がなくてもAB間およびAC間で効力を生ずるが，登記がなされるまでは完全に排他性のある効力を有せず，Aも完全に無権利者とならず，二重譲渡が可能であると説く。これに対して，意思主義的なわが民法の構成に反し，Cがどうして登記とともに完全な物権を取得するのかという批判がある。

(d) 優先的効力説　物の価値に対する観念的支配権としての物権が意思表示によって移転されるのであり，この観念的物権は，物権として完全なものであるが，二重譲渡によって成立しているB，Cの物権相互間では，Cの登記によって順位が決定されると両立しえない他の物権（Bの物権）が排除されるとすると説く。これに対して，観念的物権という発想，なぜ意思表示による物権

変動のみに限定するのかという批判がある。

　(e)　第三者主張説　　登記がなくても完全に物権変動の効果を生じるが，第三者の側からの一定の主張がなされると，その第三者との関係では効力がなかったものとされると説く。これに対して，Cが未登記の場合にはCもBに対抗できないのであるが，これをどのように説明するかについて疑問があるとされる。

　(f)　公信力説　　二重譲渡において，Aから第一の譲受人Bへの譲渡により，Aは完全に無権利者になるが，第二の譲受人CがA名義の登記を信頼してAと取引した場合に，Cが善意・無過失の場合にのみCの所有権取得を認め，Bは所有権を失うと説く。これに対して177条は公信力を認めた規定と解する根拠が弱いこと，特殊な公信力概念を用いていること，などについて批判がある。

（2）　対抗力の発生と存続

　登記による対抗力はいつ発生するか，また，適法になされた登記がその後なんらかの事情によって消滅しても，対抗力は存続するかの問題である。

　(a)　対抗力の発生　　登記の対抗力は，登記官が登記簿に物権の変動を記載したときに発生する。したがって，登記官が登記の申請を受理して登記済証（いわゆる登記済権利証）を交付しても，登記簿への記載がないかぎり対抗力は発生しない（ただし，平成16年の不登法の改正により，オンライン指定庁になってからは，登記済証制度は廃止され，英数字12桁のパスワード（登記識別情報）が交付される）。同一不動産について登記された権利の優劣は原則として登記の先後で決まる（事実上は登記所での受付順ということになる）。また，登記は，物権変動の時まで遡って対抗力が生ずるわけではない。

　(b)　登記の存続　　適法になされた登記が，その後なんらかの事情によって消滅した場合，対抗力の存続には登記の存続が必要かという問題である。判例は，次の原因で登記が抹消された場合には対抗力の存続を認めている。

　①　新登記用紙への移記や分筆による転写の際に，登記官吏の過誤によって登記が落ちた場合（大判昭和10年4月4日民集14巻437頁），

　②　登記官の過誤によって，当事者の申請と異なった抹消登記がなされた場合（大連判大正12年7月7日民集2巻448頁），

　③　登記名義人でない第三者が，偽造文書によって申請し，登記を抹消した

場合（大判明治31年5月20日民録4輯59頁），

④　火災などによって登記簿が焼失し，滅失回復期間内に，当事者が回復の登記申請をしなかった場合（最判昭和34年7月24日民集13巻8号1196頁）。

　学説は，登記に公信力があるかないかにかかわりなく，登記は第三者の信頼を前提として不動産の権利状態を公示するものであるから，登記が抹消すれば対抗力も抹消するとするものが多い。しかし，このような対抗力の否定は，登記の消滅を防止することは現状では困難であるから，登記名義人（真実の権利者）に酷であるともいえる。そこで上記の①と②の場合には対抗力を否定するとするとしても，③と④については対抗力を認めるべきであるとする主張も多い。

4　登記を必要とする物権変動
（1）　登記すべき物権変動

　物権変動は，売買や贈与，抵当権設定のように意思表示に基づく法律行為によって生ずる場合と，相続や時効のように法律行為によらずに生ずるものとがある。対抗要件として登記が必要とされるのは，これらのすべての物権変動についてか問題となる。売買，贈与や抵当権設定のように意思表示に基づいて物権変動が生じる場合に，第三者に対抗するために登記が必要とすることに異論はない。しかし，意思表示に基づかない相続や時効による物権変動も第三者に対抗するために登記を必要とするかをめぐる争いの問題である。

　この問題は，176条が，物権変動は「当事者の意思表示のみによって，その効力を生ずる」と規定し，177条が不動産の物権変動は「登記をしなければ，第三者に対抗することができない」と規定したことから，177条により登記を必要とする物権変動は176条の意思表示に基づく場合だけか，あるいは意思表示に基づかない物権変動（時効や相続）も含むすべての場合か，両者の規定をめぐる理解の仕方からくる論争である。この点につき，初期の判例（明治時代）は，177条は176条の意思表示を原因とする物権変動を前提とする規定であるとして，相続など意思表示に基づかない物権変動は，登記なくして第三者に対抗できるとして（大判明治38年12月11日民録11輯1736頁），物権変動の範囲を制限した（制限説）。しかし，その後，判例は大連判明治41年12月15日民録14

輯1301頁以降，不動産に関する物権の設定，保存，変更，処分の制限，消滅などは，物権変動の原因のいかん（法律行為に基づくか否か）を問わずすべての物権変動を含むとした（無制限説）。

したがって，売買，贈与，法律行為の取消し・解除など意思表示に基づくものはもちろん，相続，時効，添付，競売および公用徴収など意思表示に基づかない物権変動でも，登記をしなければ第三者に対抗することはできないのが原則である。

(2) 法 律 行 為

(a) 法律行為に基づく物権変動　(イ) 売買，贈与，死因贈与（大判昭和13年9月28日民集17巻1879頁）または地上権，抵当権の設定など，法律行為による物権変動には対抗要件として登記が必要とされることはいうまでもない。しかし，包括遺贈については，包括受遺者は相続人と同一の地位をもつとされるから（990条），登記は不要とされる（大判昭和9年9月29日法律評論24巻民法150頁）。特定遺贈については，判例は登記がない以上共同相続人の持分を差し押さえた債権者に対抗できないとしたが（最判昭和39年3月6日民集18巻3号437頁），学説の一部は，遺贈の場合は死因贈与などの生前処分と異なり，受遺者は遺贈の事実を知らない場合あるから，登記を必要とすれば相続人の債権者に優先されることが多いから，登記は不要と主張する。

(ロ) 物権変動が停止条件付であるときは，まだ条件が成就せず物権変動の効果を生じていなくても，仮登記によって順位を保全できる（大判昭和11年8月4日民集15巻1616頁）。解除条件付であるときは（127条2項），遡及効の特約がるときにはその旨の登記が必要である。買戻の特約については登記が必要であるのは当然である（581条）。

(ハ) 合意解除の場合は，合意解除による物権変動の効果の遡及的消滅も，第三者に対抗するためには，所有権移転などの登記を必要とする。判例は，法定解除や約定解除に関する545条1項ただし書を適用して，第三者が保護を受けるためには登記を必要とする（最判昭和33年6月14日民集12巻9号1449頁）。

(b) 法律行為の取消し　不動産の売買などが，制限能力，詐欺・強迫を理由として取り消された場合，その取消しによって物権は，取消権者（表意者）に遡及的に復帰するが，その不動産がさらに譲渡され，すでに利害関係を有す

る第三者が存在する場合，表意者と第三者の対抗関係はどうなるかという問題である。たとえば，AはBに土地を売却したが，その売買契約がBの強迫あるいは詐欺により，Aによって取り消されたが，Bがその土地をすでに第三者Cに売却してしまった場合，Aはその土地の所有権をCに主張できるかという問題である。この問題について判例・学説は，第三者の出現が，Aによる法律行為の取消しの前後に分けて考えている。

　(イ) **取消前の第三者**　売買などの法律行為が，制限能力（未成年や成年後見など），詐欺・強迫を理由として取り消され，物権変動の効力が法律行為の時までに遡及的に消滅した場合には，取消権者（表意者）は取消前に利害関係を有するにいたった第三者に対しては，登記なくして当然に消滅をもって対抗しうるとするのが，通説・判例（大判昭和4年2月20日民集8巻59頁）である。取消しの遡及効は絶対的であること，取消しの意思表示をする者には，登記がないのが普通であるから，取消権者に登記を要求すると取消しを認めた趣旨が失われることになる。

　たとえば，Aは，土地をBに売却し移転登記をしたが，Bはその土地をC（取消前の第三者）に売却した。その後，AはBの強迫を理由にAB間の契約を取り消した場合に，Aは登記なくして所有権の復帰をCに対抗でき，他方，Cは最初から無権利者であったBからは権利を取得することができないとする。

　ただし，詐欺による取消しの場合には，善意の第三者を犠牲にしてまで取消権者を保護する必要はないから，96条3項により，取消権者は登記がなければ保護されないとしている（遡及効の制限）。この場合，逆に善意の第三者が保護されるためには登記が必要か否かが争われているが，判例は登記不要と解することができるようなものがあり（最判昭和49年9月26日民集28巻6号1213頁），学説も登記不要説がある。

　(ロ) **取消後の第三者**　取消後の第三者については，通説・判例は対抗要件の問題だとしている。たとえば，Aは，Bの強迫によって土地をBに売却し移転登記をしたが，Aはその後，Bの強迫を理由にAB間の契約を取り消した。しかし，Aの取消後にBはその土地をC（取消後の第三者）に売却し登記も移転した場合に，Aは取消しによる所有権復帰をCに対抗できない。つまり，取消後に第三者が取引関係に入った場合には，あたかもBを中心にして取消権者

A（取消しによりAに所有権が復帰する）と第三者Cへの譲渡という二重譲渡があったように考え，登記で優劣を決すべきとした。判例も，AはX所有の本件土地につき，Xに対して購入資力があるように装ってXとの間で売買契約を締結し，登記済権利証の交付も受けた。その後，XはAの詐欺を理由に本件契約を取り消すと意思表示をしたが，Aはさらに本件土地を，自己の債権者Yのために抵当権設定登記などをした。そこでXはYに対して右登記の抹消を求めた。これに対してYは取消後の第三者も96条3項により保護されるべきと主張した事案で，大審院は，96条3項によって，取消しの遡及効を制限する趣旨は，取消前からすでに利害関係を有する第三者に限定して解すべきで，取消後に初めて利害関係を有した第三者は，たとえその利害関係の発生当時に詐欺による取消しの事実を知らなかったとしても同条の適用を受けず，取消後はいずれか先に登記を経由したかで判断すべきである，とした（大判昭和17年9月30日民集21巻911頁）。

　その理由は，前例のXのように，取消しの意思表示さえしておけば，登記などを放置しておいても対抗できるとするのは，取引の安全をそこなうから取消後に取引関係に入った第三者を保護するために，二重売買があったように対抗問題と考えようとした。学説の多くもこれを支持した。

　しかしこれに対して，これでは取消前の第三者には取消しの遡及効を認めておきながら，取消後の第三者には遡及効を認めないというのは論理が一貫しないし，また，取消後の第三者は，悪意でも保護されるのに，取消前の第三者は善意でも保護されないという不都合が生じる。そこで近時，登記さえ経由すれば，取り消されたことを知っている者も保護されるのはおかしいとして，取消後の第三者についても96条3項により，登記の有無に関係なく，善意者を保護すべきであるとする学説がある。また，94条2項を類推適用して，取消権者は取消しによる登記を回復できる状態にありながら他人名義の登記を除去せず放置することは，虚偽表示に準ずる行為であるから，その登記を信頼して善意無過失で取引関係に入り登記を経由した第三者は，保護されるとする説もある。

　(ハ)　無効の場合　　法律行為が，心裡留保，虚偽表示，錯誤によって無効になった場合には，もともと物権が移転していなかったことになり，権利の復帰ということがありえないから，無効主張の時期に関係なく，登記なしに対抗で

きることになる（ただし，94条2項により虚偽表示の無効は善意の第三者に主張できない）。しかし，錯誤と詐欺・強迫の場合を区別すべき必要があるか疑問とされ，無効も取消と同じように解して，無効の主張をした後は，登記をしないと対抗できないと解すべきであるという考え方もある。

(a) 法律行為の解除　(イ) 解除前の第三者　解除の場合にも，取消と類似した問題が生ずる。たとえば，AはBに土地を売却し引き渡し，Bはさらに土地をCに売却した。しかし，Aはその後，Bの代金の未払を理由に売買契約を解除したが，AはCに土地の返還を求めることができるか，という問題である。解除前に取引関係に立つ第三者が生じているときは，545条1項ただし書により，解除によって権利義務は遡及的に消滅するが，第三者の権利を害することはできないから，解除権者は解除による物権の復帰を第三者に対抗できないことになる。しかし，この場合に，第三者が対抗要件（この場合は登記）を具備していなければならないか，問題となる。判例は，この場合の第三者とは，解除前の第三者であることを要するとし，さらに対抗要件を具備した者であることを要するとする（大判大正10年5月17日民録27輯929頁）。その後，最高裁も，合意解除の場合も第三者には対抗要件が必要だとしている（最判昭和33年6月14日民集12巻9号1449頁）。

学説は以下のように分かれているが，通説・判例と同様に登記必要説をとる。

① 登記不要説は，解除の遡及効により物権は最初から移転していなかったことになるので，第三者が権利を取得することはありえない。545条1項ただし書が設けられているのは，とくに解除前の第三者を保護するためであるから（直接効果説），登記の有無は問題にならないとする。

② 登記必要説は，解除は当事者間に現状回復の債権債務関係を生ぜしめるにすぎないから，この関係に基づいて間接的に解除による物権の復帰が生ずるのであるから（間接効果説），解除による物権復帰と第三者への所有権移転とが対抗関係に立つから，先に登記を得た者が勝つとする。

(ロ) 解除後の第三者　解除の意思表示後に利害関係を有するにいたった第三者と解除者との関係は，二重譲渡の場合と類似する（解除後の第三者には545条1項ただし書の適用はない）。この場合には，解除前の登記不要説も登記必要説も，解除後の第三者を対抗関係と見ている。判例は，Xが自己の土地を

Aに売却して所有権移転登記を経由したが，買主Aの代金未払を理由に売買契約を解除したが，Aから第三者Yらに譲渡され移転登記された事案で，売買契約が解除され不動産の所有権が売主Xに復帰した場合でも，Xはその所有権取得の登記を経なければ，解除後に買主Aから所有権を取得した第三者Yらに所有権の復帰を対抗できないとした（最判昭和35年11月29日民集14巻13号2869頁）。

このように解除の場合は，解除の遡及効と絡んで545条1項ただし書をどう理解するか問題であり，96条3項の場合と同じ性格のものと理解するか問題となっている。

（3） 相続と登記

相続により相続財産の所有権を取得した相続人は，これを登記しなければその権利を第三者に対抗できないかの問題である。旧法時代には，隠居や入夫婚姻による生前相続が認められていたので，生前相続開始後，相続人に登記が移転されない間に，被相続人が相続をすませたはずの財産を他人に処分するということが生じ，そのために相続による物権変動も登記が必要か否か問題となった。この問題は，177条は，登記がなければ対抗できない物権変動について単に「不動産に関する物権の得喪及び変更」とだけ規定し，物権変動の原因の種類になんらの制限を設けていないこと，さらに，176条が物権変動は「当事者の意思表示のみによって，その効力を生ずる」と規定し，両規定が並んで置かれていることから，177条にいう物権変動は，176条の意思表示を原因とするものに制限され，意思表示にもとづかない相続や時効取得に関しては，177条の規定が適用されないと解釈することもできることからくる問題である。

この問題について，判例・学説は，不動産物権変動は，原因のいかんを問わずすべて登記をしなければ第三者に対抗できないのか（無制限説），あるいは意思表示による物権変動に限定されるのか（制限説），が争われた。初期の判例は，制限説をとり177条は176条の意思表示を原因とする物権変動を前提とする規定であると解した（大判明治38年12月11日民録11輯1736頁など）。しかし，その後，明治41年の大審院民事連合部判決は，XはAの隠居による家督相続により本件土地を取得したが（明治38年3月），翌年Aは右土地をYらに贈与し登記を経由した，そこでXはYらに対し右登記の抹消を請求した事案で，「不動産ニ関スル物権ノ得喪及ヒ変更ハ其登記ノ原因ノ如何ヲ問ハス総テ登記法ノ定ム

ル所ニ従ヒ其登記ヲ為スニ非サレハ之ヲ以テ第三者ニ対抗スルヲ得サルコトヲ規定シタルモノニシテ右両規定ハ全ク別異ノ関係ヲ規定シタルモノナリ」として，無制限説をとることによって生前相続制度から生ずる弊害を解消した（大連判明治41年12月15日民録14輯1301頁）。すなわち，176条と177条は直接関係がなく，相続人と第三者は相互に二重譲渡の対抗関係に立つとした。

また，表見相続人が第三者に相続不動産を処分することもありうるが，表見相続人は無権利者であるから，相続人は登記なくして第三者に対抗できる（大判昭和2年4月22日民集6巻260頁）。さらに，被相続人Aが生存中に不動産をすでにBに売却し未登記である場合に，その後売主Aが死亡してその不動産を相続した相続人Cと買主Bとの関係では，相続人Cは第三者ではなく売主Aの地位を承継した者であるから，買主Bに対して移転登記義務がある。

(a) 共同相続と登記　昭和22年の民法改正により，相続は共同相続が原則となり，生前相続が廃止された結果，相続開始後に第三者が被相続人から不動産を譲渡されることはなくなった。今日の問題は，共同相続人の一人が，自己の相続分以上の（もしくは全部の）財産を相続したとして登記し，これを第三者に譲渡し移転登記もなした場合，他の共同相続人は自己の持分を登記なくして対抗できるかという問題である。たとえば，Aの不動産を相続した共同相続人B，C（法定相続分は各2分の1）のうち，Bがこの不動産を単独相続したとしてB名義に登記し，さらにこれを第三者Dに売却し移転登記した場合，Cは登記なくして自己の持分（2分の1）をDに対抗できるか，という問題である。

判例は，被相続人Aの相続人である妻X_1と子X_2，X_3，Y_1が法定相続分により共同相続したが，Y_1は，本件不動産をY_1名義に単独相続の登記をなし，自己の債権者Y_2，Y_3のために担保としてなした売買の予約にもとづく所有権移転請求権保全の仮登記をした。そこで，XらがY1に対して相続登記抹消，Y_2らに対して仮登記の抹消を求めた事案で，Xらは自己の持分を登記なくして第三者に対抗できるとし，さらにYらの登記はXらの持分に関するかぎり無権利の登記であり，登記に公信力がない結果，Y_2らもXらの持分に関するかぎり権利を取得しないとした（最判昭和38年2月22日民集17巻1号235頁）。登記不要説をとることを明言した意義は大きい。

学説の多数説は，判例と同様に登記不要説をとるが，不実の登記を信頼して

(b) 遺産分割と登記　たとえば，Aの不動産を相続した共同相続人B，C（法定相続分は各2分の1）のうち，遺産分割協議によって共同相続人の一人Bがこれを単独相続したが登記をしていなかった。その後，他の共同相続人Cがこの不動産の法定相続分2分の1を第三者Dに譲渡した場合，Bは単独相続した不動産の所有権を登記なくしてDに対抗できるか，という問題である。909条本文は，遺産分割の遡及効を規定し，遺産分割の結果による相続人の所有権取得は，相続開始の時に遡って取得するとしている。しかし，909条ただし書は，第三者の権利を害することはできないと規定することから，遺産分割によって法定相続分と異なる割合で不動産を相続した相続人は，その所有権を第三者に対抗するためには登記を必要とするかという問題である。

　判例は，被相続人Aの相続人は，妻X_1と子X_2ら（10人）であったが，遺産分割調停により妻X_1と子X_2〜X_7の7人が，各7分の1ずつ取得する旨を決めたが登記は経由していなかった。ところがX_1の債権者Yらが本件相続財産につき相続人全員の法定相続分に応じた持分による所有権保存登記をして，X_1の持分（改正前の900条では，X_1（妻）の法定相続分は30分の10（＝3分の1）となる）について仮差押えの登記をしたので，X_2らは遺産分割調停による実体関係（各7分の1）と付合するよう登記の更正手続をYらに承諾を求めた事案で，遺産分割による不動産の得喪変更は，177条の適用があるから，分割により法定相続分と異なる権利を取得した相続人は，その旨の登記をしなければ第三者に対抗できないとした（最判昭和46年1月26日民集25巻1号90頁）。したがって，前述の例では，Bが法定相続分と異なる所有権取得（単独相続）を第三者Dに対抗するためには登記が必要である。

　遺産分割も遡及効を有するが，登記をしなければ第三者に対抗できないとされるのは，遺産分割の宣言主義が実質的には移転主義に移りつつあり，学説も一般に判例の考え方を支持する。しかし，遺産分割の遡及効から，遺産分割についてのみ94条2項の類推適用により保護をはかる見解がある。

(c) 相続放棄と登記　遺産分割と登記の問題と同様の問題として，相続放棄と登記の問題がある。たとえば，Aの不動産を相続した共同相続人B，C

（法定相続分は各2分の1）のうち，共同相続人Bが相続を放棄して，他の共同相続人Cが相続不動産を単独で承継したが，その後Bが放棄前に有していた相続分を第三者Dに譲渡した場合，Cが自己の所有権取得（単独相続分）をDに対抗するためには登記が必要かという問題である。

判例は，放棄によって相続人は相続開始の時に遡って相続がなかったと同じ地位におかれる。しかし，遺産分割と違ってこの効力は絶対的で何人に対しても登記なくして対抗できるとして，登記を不要としている（最判昭和42年1月20日民集21巻1号16頁）。学説も，放棄によってはまだ個々の財産の帰属は確定しないこと，放棄の有無は家庭裁判所で確認できること，放棄できる期間は3カ月（915条1項）という制限があるから短期に決着し，登記懈怠の非難の可能性が低い，などを理由に，ほぼ異論なく判例の考えを支持する。

（4）　時効取得と登記

時効による所有権取得は原始取得とされる。しかし，現実には，時効取得される不動産に関して，時効の完成によって権利を失う原所有者と権利を取得する者（時効取得者），あるいはその不動産を譲り受けた第三者などの間で対抗問題が生じる。たとえば，A所有の土地をBが占有し時効期間（10年間または20年間）が満了した場合，①Bは登記をしなければ時効取得をAに対抗できないか，②Bの時効完成前にAが土地をCに譲渡し，その後Bは引き続き占有してBの時効期間が満了した場合に，Bは所有権をCに対抗するために登記が必要か，③Bの時効期間が満了して時効完成後に，Aが土地をCに譲渡した場合に，BはCに対抗するために登記が必要か，④Bが長期間（たとえば25年間）Aの土地を占有している場合に，Bは時効完成に必要な期間（10年間または20年間）を任意に選択できるか，など時効に関する対抗問題がある。さらに⑤Bの時効完成後にAが土地をCに譲渡し，その後Cの土地についてあらためてBの時効期間が満了した場合にBとCは対抗関係に立つか。

（a）　判例・学説の態度　　不動産の時効取得と177条との関係について判例は，時効取得者が当該不動産の譲受人（第三者）に時効取得を主張するためには登記が必要か否かについて，時効完成時を基準に判断するとしている。

(イ)　A所有の土地をBが占有し取得時効の期間が満了した場合，時効取得者Bがその所有権を原権利者Aに主張するには登記を必要とするか。判例（大判

大正7年3月2日民録24輯423頁)・学説は，時効取得者と時効完成時の原所有者との関係は，物権変動の当事者と同視し，登記を必要としないとする。したがって，前例①で，Bは登記なくして時効取得をAに主張できる。

(ロ)　A所有の土地をBが占有し，Bの取得時効完成前（たとえば，善意占有で7年目など）に原所有者Aが当該不動産を譲受人Cに譲渡し，その後引き続きBが占有して（上の例では3年間），時効の要件（10年間）を満たして時効が完成した場合，Bは自己の所有権取得をCに主張するために登記を必要とするか。判例は，取得時効の進行中に原権利者から当該不動産の譲渡を受けその登記を経由した第三者に対しては，時効取得者は登記がなくても所有権取得を対抗できるとする（最判昭和41年11月22日民集20巻7号1091頁)。さらに，判例は，時効取得前に原所有者から所有権を取得し，時効完成後に移転登記を経由した者に対しても，時効取得者は登記なくして所有権を対抗することができるとした（最判昭和42年7月21日民集21巻6号1653頁)。前例②でBは登記なくしてCに所有権を対抗できることになる。通説も同様の考え方をとる。

これに対して，有力説は，時効完成前の譲受人は，この段階で時効が完成していないから，譲受人は適法な権利者となり，したがって，登記が譲受人に移転したとき時効が中断すると主張する。この考え方によると，CがBの時効完成前にAから移転登記を受けると，Bの時効が中断して，Bはこの時からあらためて10年または20年の時効期間占有しなければ時効取得しないことになる。しかし，判例（大判大正13年10月29日新聞2331号21頁)，多数説は，登記を中断事由とみない。

(ハ)　A所有の土地につき，Bの時効完成後に，AがCに譲渡した場合に，Bが自己の所有権をCに主張するためには登記を必要とするか。判例は，この場合には，Aを中心にしてBの時効による所有権の取得とAからCへの譲渡を，二重譲渡と同視して対抗問題とみて，時効によって所有権を取得したとしても，その登記を受けない者は，時効完成後に所有権を譲受け登記を経由した第三者に対しては，時効による所有権取得を対抗できないとした（大連判大正14年7月8日民集4巻412頁。最高裁判例も同様)。前例③では，Bは登記なくしてCに対抗できないことになる。

学説は，判例を支持するものが多いが，この判例の対抗要件主義の考え方に

対して有力説は，①取消しと登記の場合と同様に，時効取得の遡及効を前提にすれば，時効完成後の原所有者は無権利者となるから時効完成後に対抗問題とするのは理論が首尾一貫しない，②時効制度は占有が長くなるほど保護されるべきであるのに，時効取得者は時効完成後直ちに登記しないと保護されないことになる，③時効取得者の多くはいつ時効が完成したか知らないことが多く時効完成後ただちに登記するのは不可能に近いこと，④占有が善意（10年間）であると第三者の出現（たとえば15年目）が時効完成後になる場合でも（この場合には登記が必要である），占有者が悪意（20年）を主張すれば第三者の出現が時効完成前になり（登記なくして権利を主張できる），悪意者は保護されるが，善意者が保護されないのは不当である，など批判的である。

　学説は，種々の主張がなされている。①登記不要説は，わが民法は占有の継続のみを取得時効制度の基礎とし，登記を要件としていないから，時効の効果を優先させ，時効が争われている時から逆算して時効期間を満たしているかを問題にすべきとし（占有尊重説），占有のみを取得時効の要件として時効による原始取得は登記なしに第三者に対抗しうるとする主張（対抗問題限定説）。②登記に一種の時効中断的効力を認めようとする考え方（登記尊重説）。③さらに近時は，抽象的な占有尊重か登記尊重かで解決すべきでなく，二重譲渡型は177条の問題とし，境界線争いの越境型は177条の問題としないというように類型事案に応じて解決すべきとの主張がある（類型事案型）。

　(ニ)　なお，判例は，登記不要説のいう，時効期間を逆算して第三者の譲り受けた時期が時効完成前になるように，時効の起算点を選択したり，逆算することはできないとした（最判昭和35年7月27日民集14巻10号1871頁）。

　(ホ)　Bの時効完成後にAが土地をCに譲渡した場合には，この段階でCは時効完成後の第三者であるから，Bは登記なくして時効による所有権取得を対抗できないが，その後Cの土地についてあらためてBの時効期間が満了した場合にBとCは対抗関係に立つか。判例は，時効完成後に第三者に所有権移転登記がなされた時点から，あらためて時効期間が経過すればさらに時効取得するとする（最判昭和36年7月20日民集15巻7号1903頁）。この考え方に対して，これは登記を時効の中断事由とする考えの影響を受けているといえるが，時効の起算点は，あくまでも占有開始時であるとする大前提をくずしているとの批判がある。

（5） 第三者の範囲

　民法177条は，不動産物権は，その登記がないと「第三者」に対抗できないと規定している。登記がないと対抗できない物権変動の範囲についてはすでに述べた（第3章第3節4（1））。そこで，登記がなければ当事者以外の「すべての者」に対して，物権変動を対抗できないのか，この「第三者」とはいかなる範囲の者をいうのか，ということが問題となる。177条は「第三者」の範囲について規定していないために，物権変動における第三者というと，契約の当事者およびその包括承継人以外のすべての者と解することができる。しかし，そう解すると，たとえば，Aから建物を買い受けたBは，移転登記を経由していない間は，その建物の不法占拠者に対して所有権を対抗できないから明渡請求できないことになる。そこで第三者の範囲について，制限されない範囲の者をいうのか（無制限説），もっと制限された者をいうのか（制限説），という問題である。

　(a) 無制限説と制限説　　当初の学説・判例は，177条が単に「第三者」と規定し，これに制限をもうけていなかったことから，当事者以外のすべての者が177条の第三者にあたるとし，物権変動は登記なくしてはすべての第三者に対抗できないと解して，無制限説を採用した（大判明治40年12月6日民録13輯1174頁）。しかし，無制限説によれば，前述の不法占拠者や建物を損傷した不法行為者が，未登記の所有権者から明渡請求や損害賠償を請求されたとき，所有権者の未登記を理由に請求を退けるという不当な結果を認めることになる。

　そこで，この説に批判が生じて，判例・学説は，制限説を採用するようになった。判例は，大審院民事連合部判決明治41年12月15日民録14輯1276頁において，Xは，本件家屋をAから買い受けたと主張し，他方Yはこれを自分で建てて所有しているとして争った（おそらくAにもX，Yにも登記がない未登記建物であったようである（詳細は不明））という事案で，「本条ニ所謂第三者トハ当事者若クハ其包括承継人ニ非スシテ不動産ニ関スル物権ノ得喪及ヒ変更ノ登記欠缺ヲ主張スル正当ノ権利ヲ有スル者ヲ指称スト論定スルコト得ヘシ……同一ノ不動産ニ関シ正当ノ権原ニ因ラスシテ権利ヲ主張シ或ハ不法行為ニ因リテ損害ヲ加ヘタル者ノ類ハ皆第三者ト称スルコトヲ得ス」として，第三者の範囲をその物権変動に関して，当事者およびその包括承継人以外のものでその

「登記の欠缺を主張する正当の利益を有する者」に制限する見解を打ち出した。具体的には，無権利者および不法行為者などは，177条の保護に値する利害関係を有していないとして，第三者から除外すべきであると明言した。そして，この判決の示した「登記の欠缺を主張する正当の利益を有する者」が，第三者の範囲を限定する基準となり，その後の判例も制限説をとっている。しかし，第三者の具体的範囲について必ずしも明確でなく必ずしも一致しているわけではない。

(b) 第三者の具体的範囲　　登記がなければ対抗できない第三者として以下の者がある。

(イ) 物権取得者　　Aから不動産の所有権を譲受けた物権取得者Bは，登記をしなければ，同一不動産の第二の譲受人Cに対抗できず，あるいは同一不動産に地上権の設定を受けたDが登記するとDの地上権の負担がついた所有権を取得したことになり，また同一不動産にEが抵当権の設定を受け登記するとEの抵当権の実行により，Bは所有権を失う。

(ロ) 賃借人　　同一不動産の賃借人は，第三者にあたる。しかし，不動産の賃借権と登記の関係について問題がある。たとえば，Aは，Bに賃貸している不動産をCに売却した場合，賃借人Bは賃借権の対抗要件を備えていれば（民法605条の賃借権の登記，または土地の場合は借地借家法10の建物登記，建物の場合は借地借家法31条1項の建物の引渡し），Bは賃借権をCに対抗できるのは当然である。判例は，賃借人Bが登記を備えていない場合でも，Cの賃料請求についてCに登記を必要とした（大判昭和8年5月9日民集12巻1123頁）。また，解約申入（最判昭和25年11月30日民集4巻11号607頁），賃料不払による賃貸借契約解除（最判昭和49年3月19日民集28巻2号325頁）にも，Cの登記が必要とした。

学説の多数説は，判例と同様に登記必要説をとる。その理由は，Aの二重売買により買主C，Dが未登記である場合，賃借人Bに賃料二重払の危険があること，最終的にCに登記されたが登記を経由しなかったDによりBの賃貸借を解除されたり解約されたりして妥当性を欠くとする。

(ハ) 差押債権者など　　不動産を差し押えた差押債権者や配当加入を申し立てた配当加入申立債権者（大連判明治41年12月15日民録14輯1276頁），破産債権者（大判昭和8年11月30日民集12巻2781頁）などは，第三者にあたる。たとえば，

Aの土地を買い受けたBは，登記がなければ，債権にもとづいてBの土地を差押えたAの債権者Cに対して第三者異議の訴え（民事執行法38条1項）を提起できない。

(c) 第三者に該当しない者　　177条の「第三者」に該当しない者に対しては，物権取得者は登記なくして対抗できる。

(イ) 不法占拠者・不法行為者　　たとえば，Aから建物を譲り受けたBは，その登記がなくてもその建物の不法占拠者Cに対して明渡請求ができる。判例は，Aから家屋の贈与を受けたAの養女Bは，家屋をY_1に賃貸し内縁の夫Y_2にも使用させた。その後Bから家屋を買い受けたXはY_1と合意解除して，Yらは立退いたがまた占有したので家屋明渡しを請求した事案で，YらはXに対抗要件が欠けているから所有者であることを対抗できないと主張したが，最高裁はYらはなんら権原なくしてXの家屋を占有する不法占拠者であるとした（最判昭和25年12月19日民集4巻12号660頁）。また，Aから建物を譲り受けたBは，その登記がなくてもその建物を不法に壊した不法行為者Cにも損害賠償を請求できる（大判昭和2年2月21日新聞2680号8頁）。

(ロ) 実質的な無権利者およびその者からの譲受人・転得者　　無効の登記名義人，たとえば，Aの土地について，Bが偽造の登記申請書類を用いてB名義に移転登記するか，あるいはCに売却して移転登記した場合に，真実の所有権者Aは登記なくして無効の登記名義である第三者およびその者からの譲受人・転得者に対抗できる。錯誤（大判昭和6年4月2日新聞3262号15頁）や虚偽表示（最判昭和34年2月12日判時180号35頁），およびこれらの者からの譲受人・転得者も同様である。

(ハ) 一般債権者　　単なる一般債権者については，いまだ物権を争う者といえないから，第三者としないとするのが，多数説である。しかし，一般債権者も差押え，配当加入はできる以上，第三者に該当するとする有力説がある。

(d) 悪意の第三者・背信的悪意者　　(イ) 悪意の第三者　　177条は，物権変動において登記をしなければ対抗できない「第三者」について，善意を要件としていない。そこで，177条の第三者には，悪意者も含まれ，物権取得者は登記がなければ悪意の第三者にも対抗できないかが問題となる。

判例は当初から，第三者の善意・悪意は問わないとする態度を一貫してとっ

ていた（大判明治45年6月1日民録18輯569頁）。学説も通説は，善意・悪意を問わず登記がなければ第三者に対抗できないとした（善意悪意不問説あるいは無差別説）。したがって，たとえば，Aが土地をBに売却したがBが未登記であることを知っているC（悪意者）が，Aからその土地を二重に買い受けて登記を経由した場合に，第一の買主Bは登記なくしてCに所有権を対抗できないということになる。これに対して，学説の少数説は，登記は取引の安全を保護することを目的とするから，悪意の第三者まで保護する必要はないとして，登記がなくても対抗できると主張する（悪意者排除説）。

　㋺　背信的悪意者　　善意悪意不問説は，悪意の第三者も自由競争の範囲内にあるから，その行動が信義誠実の原則に反せず社会生活上許容されるかぎり第三者に該当するとする。しかし，その後，不動産登記法が，詐欺または強迫によって登記の申請を妨げた第三者（不登4条），法定代理人のように他人のために登記を申請する義務がある者（同5条）に対しては，登記なくして対抗できると規定していることから，物権取得者に登記がないことを知っている第三者が，登記のないことを理由として物権所得者（第一の買主）の権利を否定することが信義則に反する場合には，第三者に該当しないとする背信的悪意者排除説が主張されるようになった。最高裁判所は，昭和30年代後半になって背信的悪意者に対しては，物権取得者は登記なくして対抗できるとする判例法を形成するにいたり，学説も現在の通説となっている。

　判例が認める事例を類型化するとおおよそ次のとおりである。

　①　第三者がいったん未登記の建物の物権変動を承認するとみられる行為にでながら，後にこれと矛盾する態度をとって登記の欠缺を主張することは信義則に反して認めがたいとされる。判例は，AはBに山林を贈与したが，その後AB間で権利の争いになりCの仲介で和解したが，Cは共有林の配当金をAに払い過ぎたとして不当利得返還請求の訴えの勝訴にもとづき右山林を差し押えた。そこでBは第三者異議の訴えを提起した事案で，和解の立会人であるCがBの登記欠缺を主張することは著しく信義に反するとした（最判昭和43年11月15日民集22巻12号2671頁）。

　②　第二の買主が，不当な利益を得るために売主と共謀したり，第一の買主に高価で売りつけようとして売主から不動産を買い受けたときは，第二の買主

の第一買主に対する登記欠缺の主張は著しく社会的正義に反し信義にもとるものとして，正当の利益を有する第三者とはいえないとされる。判例は，Yは，Aから山林を買い受け，未登記のまま23年間これを占有していたところ，その事実を知ったXは未登記であることを奇貨として，Yに高価で売りつけようとしてAから山林を買い登記を経由し，所有権確認の訴えを提起した事案で，登記の欠缺を主張することが信義に反するものと認められる事情がある場合には，かかる背信的悪意者は，登記の欠缺を主張するについて正当な利益を有しないとした（最判昭和43年8月2日民集22巻8号1571頁，同旨最判昭和32年6月11日裁判集民26号859頁）。

③ 第二の買主が第一の買主に対する害意をもって，積極的に売主を教唆して同一不動産を自己に売らせた場合には，第一の買主の所有権を積極的に侵害するもので第二の買主を公序良俗違反で無効（90条）であるとした（最判昭和36年4月27日民集15巻4号901頁）。

(ハ) 背信的悪意者からの転得者　このように背信的悪意者が，登記欠缺を主張できないとされた場合，背信的悪意者からの転得者の地位はどうなるか，という問題がある。AはBに土地を売却したが，Bに悪意を持つCはAをそそのかして同一不動産をCに二重に売却させてCに移転登記した。その後CはDに転売し移転登記したが，Cが背信的悪意者であるとき未登記のBはDに対してその所有権を対抗できるかである。

判例は，第一の買主X（市）は，道路を作るためにAから土地を買い受けた後，道路法に基づいて供用を開始したが，手違いでX名義に移転登記されなかった。第二の買主B（背信的悪意者）は，その事実を知って，Aから本件土地を廉価で買い受け移転登記を経由し，その後これをYに転売して移転登記を行った。そこでXは所有権に基づき転得者Yに対して真正な登記名義の回復を原因とする所有権登記手続等を請求した事案で，背信的悪意者からの転得者は，その者自身が背信的悪意者と評価されるのでない限り，当該不動産の所有権をもって未登記権利者に対抗することができるとした（最判平成8年10月29日民集50巻9号2506頁。「相対的構成」を宣言した）。

学説の多数も，前例の第二の買主Cが背信的悪意者とされた場合には，Cは第一の買主Bに所有権を対抗できないこととなるためAC間の売買契約は有効

であるから（契約が公序良俗違反でない限り），Cからの譲受人Dは背信的悪意者でない限り所有権を取得するものであるから，Bとふたたび対抗関係に立つと解して，Bは未登記で転得者に対抗できないとしている。

5 手続的に瑕疵のある登記の効力

（1） 登記の申請と問題

不動産登記は，第三者に対抗すべき物権変動を公示することを目的として，不動産登記法の規定に従ってなされることになるが，わが国の登記官には，登記の申請があった場合に，登記申請書類の審査によって正確な登記を確保するための形式的審査権が認められている（不登25条）。しかし，権利に関する登記申請に関しては，申請に符合する実体的権利関係（たとえば，売買を原因とする所有権移転登記の申請があった場合に，現実に売買が行われたことなど）を調査する実質的審査権を有さないために，申請と一致する物権変動があったかどうかを審査することができない。そのために，現実には形式的に申請書類が整っている限り登記申請は受理されて，登記官による形式的審査を経て登記簿に記載される（ただし，不登21条，22条，23条，24条参照）。

本来，真実の権利者が関与しない架空名義の登記は，当然に無効である。しかし，その登記が実体的権利変動の過程を正確に反映していない場合，あるいは申請手続に瑕疵がある場合でもすでに登記された場合には，取引の相手方保護を目的として一定の要件の下で，本来の効力（したがって民法177条の対抗力）を有するものとして扱ってよいかが問題となる。

（2） 中間省略登記

不動産の所有権がAからB，BからCへと順次移転した場合に，物権変動の過程を登記簿に忠実に反映させようとすると，登記をAからBに移転させ，次いでBからCに順次移転させなければならない。しかし，現実の不動産取引では，中間者Bへの移転登記を省略して，AからCに直接に移転登記することがあり，これを中間省略登記という。

不動産登記制度の建前からいえば，物権変動の課程は忠実に登記簿に反映されるべきであるから，中間省略登記は無効とされるべきであるとも考えられる。しかし，現実には，登記に要する手続の煩雑さの回避と登記費用（登録免許

税）の節約，あるいは中間者Bの存在を隠蔽して不動産取得税や固定資産税などを免脱するなどの理由によって，中間省略登記が行われている。わが国の登記官には，実質的審査権が認められていないことから，登記の申請書類が整っている限り中間者を省略した登記申請があっても現実にはこれを阻止することは難しい。そこで中間省略登記の効力が問題となる。

中間省略登記の問題は，大きく分けて二つある。

一つは，すでになされた中間省略登記は有効として，第三者に対して対抗力を有するかという登記の効力の問題である。当初，判例はこのような中間者Bを省略した登記は，AからCへの売買を仮装して登記申請されるものであるから（実際には，AC間では売買をしていないのであるから），このような登記の効力を否定していた（たとえば，大判明治44年5月4日民録17輯260頁）。

しかし，判例は，その後中間者Bの同意を前提として有効説に転じた。初めて中間省略登記を有効とした大判大正5年9月12日民録22輯1702頁は，不動産がA→X→Yと転売されたが，移転登記はA→Yとする合意がなされた。YがXに代金を約束の期日・場所で支払わなかったので，XがYに違約金の支払を請求した事案で，判決は，たとえば所有権が甲→乙→丙と移転した場合に「所有者乙ヨリ丙ニ不動産ヲ譲渡シタルモ其登記名義ハ旧所有者甲ナル場合ニ於テ当事者間ノ特約ニ基キ甲ヨリ直接ニ丙ニ不動産ヲ譲渡シタル旨ノ所有権移転ノ登記ヲ為スモ其登記ハ真実ノ事実ニ適合セサル登記ナリトシテ之ヲ無効ナリト云フコトヲ得ス蓋シ斯ル登記ト雖モ不動産ニ関スル現在ノ真実ナル権利状態ヲ公示シ登記ノ立法上ノ目的ヲ達スルニ足ルヲ以テ法律ノ許ス所ナルコト明瞭」であるとした。

すなわち，判例は，当事者の特約に基づきAから直接にYに不動産を譲渡した旨の中間省略登記をしても，その登記は現在の真実の権利状態を公示している（現在の所有権者はYであり，結果的にYに登記されている）から，これを有効とするとした。学説もこれを支持する。判例は，これをきっかけとして，登記の有効性を緩和する方向に歩み始めている。

二つは，最初の例で，不動産の所有権がAからB，BからCへと順次移転したが，登記がまだAにある場合に，Cは中間者Bを省略して直接Aに対して，Cに移転登記するように登記請求権を行使できるかという問題である。

当初，判例は，すでになされた中間省略登記の場合と同様にこれを否定していたが（たとえば大判明治44年12月22日民録17輯877頁），その後，判例は，ＡＣ間の特約による中間省略登記請求権を認め（大判大正８年５月16日民録25輯776頁），さらに中間者Ｂの同意あることを要件として登記請求権を認めるにいたった。リーディングケースとして，大判大正11年３月25日民集１巻130頁は，土地がＸ→Ａ→Ｙと売買されたが，登記名義は依然Ｘにあったので，ＹとＸが交渉した結果，直接ＸからＹに所有権移転登記をなす旨の特約が成立した。Ｙは特約にもとづいてＸに対してその履行を請求したが，Ｘは，ＸＹ間に売買関係がないので特約は登記官に対して虚偽の申立をなし登記簿の原本に不実の記載をなさしめることを目的とするから公の秩序に反して無効であると主張した事案について，判決は，たとえば所有権が甲→乙→丙と移転した場合に「其ノ登記名義ハ依然甲ナル場合ニ於テ乙ガ更ニ其ノ不動産ヲ丙ニ譲渡シタルトキハ，甲乙丙ノ三名合意ノ上甲ヨリ直接ニ丙ニ不動産ヲ譲渡シタル旨ノ所有権移転登記ヲ為スモ其ノ登記ハ不動産ニ関スル現在ノ真実ナル権利状態ヲ公示シ登記ノ目的ヲ達スルニ足ルヲ以テ無効ニ非ザル……」として，ただし中間者乙の同意について「従テ乙ノ同意ヲ得ズシテ為シタル甲丙間ノ所有権移転登記ノ契約ハ無効ナリ」として，関係者全員の合意がある場合にはＣからの登記請求権を認めた（本件は，中間者の同意が明らかでないために破棄差戻の判決を下した）。

　学説もこれを支持する。すなわち，中間省略登記を無効としてあらためて移転登記をＡ→Ｂ→Ｃと順次行ったとしても，結果的に現在の権利者Ｃに移転登記されるわけであるから，中間省略登記をなしても現在の真実の権利状態を反映するものであるからである。ここで，中間者Ｂの同意を必要とする理由は，ＢがＣから売買代金の支払を受けていないなどの場合にＢが不利益を被るからである（Ｂの移転登記義務とＣの代金支払義務は同時履行の関係に立つ）。

（３）　滅失建物の登記の流用

　登記がなされている建物を取り壊した後に，同一敷地内に同様の建物が新築された場合には，旧建物の登記簿は滅失登記によって閉鎖され，新建物について新たに建物所有権保存登記がなされなければならない。しかし，登記手続の煩雑さと登録免許税の免脱のために，旧建物の登記を閉鎖せずにそのまま新建

物のその後の権利変動に流用する（登記簿の建物の構造や床面積などは新建物に合致するように表示の変更登記をする）ことを，滅失建物の登記の流用という。旧建物の登記をもって新建物の権利関係を第三者に対抗できるかという問題である。

判例は，Xは，Aに金銭を貸し付け，その担保としてAの所有建物（新築建物）について設定した抵当権設定登記と停止条件付代物弁済契約に基づく仮登記は，すでに取り壊したが滅失登記をしていないAの旧建物登記簿に登記した。その後Aが弁済を怠ったので，その仮登記に基づく本登記を経て，同じく旧建物登記簿に後順位抵当権などの登記を受けているYに対して，それらの登記の抹消を請求した事案で，「旧建物の既存の登記を新建物の右保存登記に流用することは許されず，かかる流用された登記は，新建物の登記としては無効と解するを相当とする。けだし，旧建物が滅失した以上，その後の登記は真実に符合しないだけでなく，新建物についてその後新たな保存登記がなされて，一個の不動産に二重の登記が存在するに至るとか，その他登記簿上の権利関係の錯雑・不明確をきたす等不動産登記の公示性をみだすおそれがあり，制度の本質に反するからである」として，流用された登記は，当事者の事情のいかんにかかわらずその効力を否定すべきとし，したがってこのような登記は対抗力を有さないとした（最判昭和40年5月4日民集19巻4号797頁，同旨最判昭和62年7月9日民集41巻5号1145頁）。

この問題について，判例は古くから流用を否定しており（大判大正6年10月27日民録23輯1860頁），流用について当事者間に合意があった場合についても同様であり（大判昭和7年6月7日新聞3447号11頁），最高裁（前出判例）もこれを否定する。判例が，滅失建物の登記を新建物について流用することは許されないと明言することから判例の姿勢は確立しているといえよう。

登記の流用は，単に当事者間の利害の調整の問題ではなく公示制度の問題であるとして，学説の多くもほぼ判例を支持している。

(4) 偽造文書による登記

売買による所有権の移転がないのに自己の不動産が偽造文書によって（何者かが登記済権利証や委任状，印鑑証明書などを偽造する），無断で他人名義に移転登記されているなど，実体的権利変動が存在しない登記は実体的有効要件

を備えていないために当然に無効である。登記が有効であるためには，その登記の申請が不動産登記法26条（共同申請の原則），同35条（登記申請に必要な書面），同49条（形式的有効要件）などの手続的有効要件を備えているだけではなく，登記に符合する実体的権利関係（たとえば，所有権の移転など）の存在という実体的有効要件を備えていることが必要である。

しかし，現実に物権変動があり実体的有効要件は備えているが，申請書類上の形式的有効要件を欠く登記申請（たとえば，登記義務者の委任状が偽造されたなど）が登記官の審査（この場合は形式的審査）を経て登記簿に記載された場合に，その登記は第三者に対して対抗力を有するか問題となる。たとえば，Aは，自己が所有する土地をBに売却し，Bの代金の支払と引換えに移転登記申請に必要な書面（平成16年改正前の不登35条の登記原因書，登記済証など）をBに交付した。しかし，Bは登記申請に必要なAの委任状（平成16年改正前の不登35条1項5号）を受け取っていなかったために，BはAに無断でAの委任状を作成し司法書士に依頼して移転登記を行った。このような場合，実体的権利変動を欠く本来の偽造文書による登記と異なり，実体的権利変動は伴うが形式的有効要件を欠く登記は有効か問題となる。

判例は，当初これを無効としていた（大判明治45年2月2日民録18輯97頁）。たとえば，AはBに欺罔されCに対してBを代理人とする旨を通知したところ，B（表見代理人）はAに無断で金銭を借り受けて，Aの登記原因書と委任状を偽造してAの不動産に抵当権と地上権の設定登記をした事案について，判決は，Bの表見代理を認めて抵当権などの設定は有効としたが（ACの当事者間では抵当権設定契約などは有効），委任状などの偽造文書による登記については，「登記法ニ定ムル形式上ノ要件ヲ充タスコトヲ必要トシ之ヲ缺ク所ノ登記ハ不適法ナルヲ以テ登記法上抹消ヲ請求スルノ権利ヲ有スル者ハ其登記ヲ抹消シテ之ヲ登記ヲ為シタル以前ノ原状ニ復セシムルヲ得ヘク」とし，その理由として「斯クスルニ於テハ法律カ登記ニ付キ形式上ノ要件ヲ設定シ登記申請者ヲシテ之ヲ遵守セシムル所以ノ公益上ノ目的ハ之ヲ貫徹スルコト能ハサルニ至ルヘケレハナリ」として，登記を無効としてAの登記抹消請求を認めた（前出，大判明治45年2月2日）。

これに対して近時の判例は，登記が実体的権利関係に符合するがなんらの

形式的有効要件を欠く登記の効力は，①登記義務者（不動産の売主など）に登記意思がある場合，②あるいは登記義務者に登記の無効主張の正当事由がない場合（たとえば，不動産を売却し代金を全額受領しているので移転登記されても売主になんらの不利益がないなど）には，登記を有効とするに至っている。
　判例は，YはAから借金してその担保としてYの土地建物を譲渡担保としてAに所有権移転登記したが，AはYの弁済の申出を拒否して本件不動産をBに無断でB名義に移転登記したがこれを知ったBから抹消請求を受けたので，AはBから抹消のために受領したBの委任状を流用して抹消登記をせずにその委任状でB→Cに移転登記した。さらにCから抹消請求されるとC→Xに移転登記した。そこでXはYに本件不動産の明渡しを請求したところ，YはB→Cへの移転登記はB名義の抹消のための文書を流用したものであるとして登記の無効を主張した事案で，「本来AはBの押印を得た書面で抹消登記し更にCに移転登記するのが筋道であるが右のように抹消登記を省略して直接BからCに移転登記をした場合でも，その登記は，Bが抹消登記する限度においてはAに登記申請の代理権を与えたことに基づくものであり，しかもCに対する所有権の移転登記をしたことは実体上の権利関係と一致するのであるから，かかる登記をもって偽造の申請書による登記と同視しこれを無効とすることはできない」として，登記を有効とした（最判昭和29年6月25日民集8巻6号1311頁）。
　さらにその後の判例は，XはBから借金の担保としてBに売渡担保として所有権移転登記し，Bはさらに本件不動産をY売却したが，Yへの移転登記の際にXから受領していたXの印鑑証明書の日付が「昭和23年」であったものを「昭和25年」に変造したものを使用した。そこでXはYに対して偽装文書による登記として登記抹消を請求した事案で，判決は，本件の登記申請は，登記義務者Xの意思に基づいているとして「本件では登記申請の際に添付された印鑑証明書の日附が昭和二三年を二五年と変造されたものであるというのであるから，右登記申請が瑕疵のあるものであることは疑いないが，印鑑証明書は，文書に押した印影が本人のであること，……本件登記申請が上告人（X）の意思に基づくものであることに変わりはないのである。されば，その瑕疵は比較的軽微な方式に違反する場合として，よってなされた登記の効力を妨げない」とした（最判昭和34年7月14日民集13巻7号1005頁。印鑑証明書変造事件）。

学説も，判例と同様にこれを有効としているが，その判断基準や理論構成は流動的であるが，有力説は①意思説（権利義務者の登記意思があれば有効），②正当事由説（登記義務者の登記意思がなくても登記無効主張の正当事由がない場合には有効。最判昭和41年11月18日民集20巻9号1827頁）である。

第4節　動産の物権変動

1　動産物権変動の対抗要件

(1) 序　説

AからBがパソコンを買い代金を支払ったが，引渡しを受けないうちに，AがCに二重に売り，引き渡してしまった。この場合，BはCに自分がパソコンの所有者であると主張してその引渡しを求めることができるか。

民法は，パソコンのような動産の物権変動においては，引渡しを対抗要件として規定するから（178条），この場合，Bの請求は認められない。先にパソコンを買ったBがなぜ保護されないのであろうか。これが「対抗要件」の問題である。

動産は，社会のなかに多数存在しており，登記のような公示方法をとるのは事実上無理である。また，動産は頻繁かつ大量に取り引きされる。そこで，動産の場合は引渡し（占有移転）を公示方法とするのである。しかし，引渡しは登記と比べると，物権変動の内容やその過程を公示できない欠点がある。このため，当事者以外の者からは物権変動の有無が分かりにくく，取引の安全が害される可能性が強い。また，引渡しには，簡易の引渡し（182条2項）や，占有改定（183条），指図による占有移転（184条）なども認められるから，さらに公示の手段としては不明確である。そこで，①一定種類の重要な動産には，登記・登録を必要としたり（商法684条・686条，道路運送車両法5条等），②貨物引換証などのように，動産を証券に表示し証券の記載・占有を公示方法として解決を図っている。そして，①②以外の多数を占める動産の物権変動については，③引渡しに公信力を認める（即時取得制度＝192条）ことで利益調整を行っている。③の結果，先の事例ではCが権利を取得するのである。

（2） 引渡しを必要とする物権変動

引渡しを必要とする物権変動は，動産所有権の譲渡およびこれと同視できるものである。これに対して，動産に関する占有権，留置権，質権は，占有を成立要件ないし存続要件とするし，先取特権は占有と無関係に保護されるから，例外となる。

対抗要件としての引渡しを必要とする物権変動について，178条は「物権の譲渡」としている。譲渡は，契約などの法律行為による場合が典型的である。したがって，Aからカメラを買ったBがまだ引渡しを受けないうちに，AがCにそのカメラを売却して，引渡しをしてしまった場合，BはCに対抗できない。先の（1）の事例も同じ結論となる。また，不動産の場合と同様に，取消しや解除による復帰的物権変動の場合でも引渡しが必要である。このように，引渡しは不動産物権変動における登記と同様の働きをする。

判例では，占有改定による場合も引渡しとみて，第三者に対抗できるとしている（最判昭和30年6月2日民集9巻6号855頁）。

（3） 第三者の範囲

民法178条の「第三者」の範囲については，不動産物権変動の場合と同様に，当事者以外のすべての第三者に対して引渡しがないと対抗できないのか，あるいは一定の者に対しては，引渡しがなくても対抗できるのかが問題となる。この点については，不動産物権変動の場合と同様に考えてよい。問題は，間接占有している物を譲渡する場合に生ずる。たとえば，Aが所有するカメラをBが占有していて，これをCがAから譲り受けた場合，CはBに対して権利主張できるか，という問題である。

判例は，Bが賃借人である場合と受寄者である場合とを分けて判断している。判例は，まず，Bが賃借人である場合には，CはAから指図による占有移転による引渡しを受けない限り対抗できないとした（大判大正8年10月16日民録25輯1824頁）。これに対し，Bが受寄者である場合には，受寄者は，請求次第いつでも受寄物を返還する義務を負っていることを根拠（662条）として，Bは引渡しのないことを主張する正当な利益を有する第三者とはいえないとした（最判昭和29年8月31日民集8巻8号1567頁）。学説は，賃借人であっても受寄者であってもだれに返還すべきかについて重大な利害関係があるから，区別する必

また、判例は、A所有の動産をBが占有している間に、Bの債権者Cから仮差押がなされた場合、CはAから所有権を譲り受けたDに対して、引渡しの欠缺を主張する正当の利益を有しないとしている（最判昭和33年3月14日民集12巻4号570頁）。

2 即時取得制度

(1) 序　説

AはBに古書を貸していたが、BがこれをAに無断でCに売却してしまった場合、AはCに対して古書の返還を請求できるだろうか。この場合、もともとAの古書なのだから返還請求を認めるべきであるともいえる。反対にCはA・B間の事情は知らないし、Bが本を占有していれば権利者らしくみえるのであるから、Cのその信頼を保護すべきであって、Aの返還請求は認められないともいえるであろう。

民法は、動産の占有者を権利者と信じて善意・無過失で取引を行い、占有を取得した者は、前主が無権利であっても権利を取得できるとしている（192条）。したがって、192条の要件をみたしていれば、Cは即時取得制度により保護されることになる。つまり、Cは古書を正当に取得できるのである。その結果、AはBに対して古書の返還および損害賠償を求めることができる（実際には、同じ古書が手に入らない限り損害賠償の問題となるであろう）。

即時取得制度は、動産は不動産と比較して取引が日常的に大量に行われており、権利関係の判別も難しいことから、引渡しに公信力を認める制度である。このように、即時取得は、動産取引の安全を確保するための制度であるが、その反面では、真実の権利者（先の例ではAの権利）の利益を害することにもなるので、その間の利益調整が必要である。そこで、即時取得が認められるためには以下のような要件が必要となる。

(2) 即時取得の要件

(a) 動産であること　即時取得が認められるのは動産に限られる。しかし、動産でも、登記（船舶等）・登録（自動車等）制度が導入されている場合には、登記・登録が対抗要件となる。

判例は，自動車について192条の適用がないことを明言する（最判昭和62年4月24日判時1243号24頁）が，未登録の自動車については適用があるとしている（最判昭和45年12月4日民集24巻13号1987頁。事案は，登録が抹消された自動車の事例）。また，工場財団に属しその財団目録に記載された工場の動産には抵当権の効力が及ぶが（譲渡は禁止される），財団から分離されて譲渡された場合には，即時取得の適用がある（工場抵当法5条2項）。判例は，工場財団に属する動産を譲り受けその引渡しを受けた者については，たとえその処分が譲渡禁止のため不当であっても即時取得は認められるとする（最判昭和36年9月15日民集15巻8号2172頁）。

　立木の場合について，判例は，伐採前の立木を非所有者から譲り受けて自ら伐採した場合は，即時取得が認められないとしている（大判昭和4年2月27日新聞2957号9頁）。これに対して，無権利者が伐採した木材を譲り受けた場合には，即時取得が認められる。

　なお，金銭については192条の適用はない（最判昭和39年1月24日判時365号26頁）。

(b)　取引行為によること　　即時取得は，取引の安全を図るものであるから，取引による動産物権変動の場合に限定される。判例は，競売の場合も含むと解している（最判昭和42年5月30日民集21巻4号1011頁）。

(c)　相手方に処分権限がないこと　　即時取得は，相手方が無権利者または無権限者である場合に限定される。相手方に処分権限があれば，通常の取引関係として処理すれば足りるからである。賃借人や受寄者のような処分権限のない者が，所有者として動産を処分する場合が典型的例である。しかし，制限能力者や無権代理人が処分した場合には，即時取得の適用はないと解されている。これに即時取得を認めると，制限能力制度や無権代理制度が無意味となるからである。たとえば，未成年者Aが法定代理人の同意を得ないで自分のステレオをBに売却した場合，Bに即時取得を認めると，取消しができなくなり，結局，制限能力制度の意味がなくなってしまうであろう。

(d)　占有者自らが占有を取得したこと（判例）　　占有の取得が，占有改定による場合には，譲渡人に現実の占有があるので，この場合にも即時取得が認められるか問題となる。たとえば，AがBにカメラを売り，Bは占有改定によ

り引渡しを受けてAがそのままカメラを占有している場合，Aがさらにこのカメラをこに売り，Cも占有改定により引渡しを受けた場合，Cは即時取得するであろうか。

判例は，Aの占有状態に変化がなく，安心しているBの利害関係を省みないことになるとして，Cの即時取得を否定する（最判昭和32年12月27日民集11巻14号2485頁，最判昭和35年2月11日民集14巻2号168頁）。ただし，指図による占有移転は即時取得の要件をみたすと解されている（最判昭和57年9月7日民集36巻8号1527頁）。

(e) 取得が平穏・公然・善意・無過失に行われたこと　これらは占有開始時に備えていれば足りる。占有者は，平穏・公然・善意について，186条により「推定」を受ける。無過失は推定されない。しかし，188条により前主の権利推定があるので，これを根拠として取得者の無過失を推定する判例がある（最判昭和41年6月9日民集20巻5号1011頁，最判昭和45年12月4日民集24巻13号1987頁）。

(3) 盗品・遺失物の場合

盗品や遺失物の場合には，所有者の意思によらないでその占有を離れたものであるので，賃貸や寄託のようにその意思にもとづいて占有を離れた場合と同じように考えることは妥当ではない。そこで，民法は，盗品・遺失物については，特則を設けている。

(a) 盗品・遺失物の特則Ⅰ（193条）　目的物が盗品や遺失物である場合には，第三者が即時取得の要件をみたしていても，被害者または遺失主は，盗難または遺失の時から2年間は，占有者に対して返還請求ができる。たとえば，Aがカメラを盗まれBがそれを占有していた場合には，Bに対して2年間は無償で返還請求ができる。この場合，Bが有償で買い受けた場合であっても無償で請求できる。

(b) 盗品・遺失物の特則Ⅱ（194条）　しかし，前例でBがそのカメラを競売や公の市場，同種の物を販売する商人から買い受けた場合は，占有者Bが支払った代価を弁償しなければ返還請求できない。

(c) 古物商等の場合　回復請求を受ける者が，古物商，質屋（公益質屋を含む）である場合には，被害者または遺失主は，無償で1年間は古物商などに

対して回復の請求ができる（古物営業法20条，質屋営業法22条，公益質屋法15条1項）。古物商などは，盗品・遺失物であるかどうかを専門的に判断できる者であるから，通常よりも重い注意義務を課するのである。また，本条によって，盗人や拾得者と通謀して即時取得をすることを防止しようとするのである。

第5節　明認方法

1　序　説

　わが国では，伝統的に建物，立木（りゅうぼく），稲立毛（いなだちげ）などの地上物を土地に付着したまま，土地とは別に取引をする慣行がある。このうち，建物は建物登記簿により解決され，立木も「立木ニ関スル法律」によって登記が承認された。しかし，実際には立木登記は，手続きの煩雑さなどがあり，あまり利用されてこなかった。また，稲立毛のように登記手段が認められないものがある。そこで，わが国では，現実には，登記・引渡し以外の公示方法がとられてきた。樹木の集団や稲立毛（大判昭和13年9月28日民集17巻1927頁），ミカン（大判大正5年9月20日民録22輯1440頁），桑葉（大判大正9年5月5日民録26輯622頁），湯口権などで利用されている「明認方法」がそれである。

2　明認方法による公示方法

　明認方法の公示方法は，慣習にまかされているが，概して次のようである。
　①　立木の場合には，その皮を削って所有者の氏名を墨書（大判大正10年4月14日民録27輯732頁），ないし焼印を押すのが普通である（刻印と標札を明認方法とした判決・大判昭和3年8月1日新聞2904号12頁）。判例には，薪炭用の立木取引の場合，その山林中に炭焼小屋をつくり炭をつくっている場合に，これを明認方法として認めた事例がある（大判大正4年12月8日民録21輯2028頁）。稲立毛やミカンなどの場合には，立札による公示が行われている。
　②　明認方法は，第三者が利害関係をもった段階で存続していなければ，対抗力が認められない（大判昭和6年7月22日民集10巻593頁）。
　③　明認方法による表示事項は，地上物の所有者名だけでよい。取得原因などを表示する必要はない。

3 明認方法の対抗力

明認方法がなされると，次のような効力が認められる。

① 地上物の第二譲受人に対して，自分が譲り受けたという事実を主張できる。たとえば，Aから樹木に生育中のミカンを購入し，これに明認方法をとったBは，AがCに目的物を二重売買したとしてもCに対抗できる。

② 土地の第二譲受人に対して，第一譲受人は，相手方が立木を土地の定着物として土地とともに譲り受けたと主張しても，立木所有権を主張できる（最判昭和35年3月1日民集14巻3号307頁）。

③ 明認方法と土地に関する登記の間に優劣関係はなく，優劣はその先後関係で決定される。

第6節 物権の消滅

1 物権に共通する消滅原因

物権の消滅については，個別の物権に特有な消滅原因がそれぞれの箇所で規定されている。たとえば，地上権や永小作権の設定契約においてその存続期間が定められた場合に，存続期間が満了すれば地上権，永小作権は消滅する。抵当権は，その担保する債権が弁済等によって消滅すれば，附従して消滅する。このような個別の物権に特有な消滅原因については，それぞれの箇所で述べられるので，以下では，物権に共通の消滅原因について概説する。

(a) 目的物の滅失　建物が焼失すれば建物所有権などの物権は消滅する。このように目的物が滅失した場合，物権は消滅する。

しかし，建物が滅失した場合，木材や石材などが残存していれば，建物所有権はそのうえに存続すると解されている。担保物権において担保目的物が滅失した場合でも同様である。たとえば，建物を担保目的物としていたところ，火災により焼失してしまったという場合，その建物に火災保険が付保されていれば，その上に担保物権の効力が及ぶ（「物上代位」という）。304条・350条・372条）。

(b) 消滅時効　所有権以外の物権は，原則として20年の消滅時効により消滅する（167条）。所有権は，消滅時効にかからないが，他人が取得時効などによって目的物を原始取得すれば，その反射効として消滅する場合がある。占有

権は，事実的支配そのものと離れて存在しないから，消滅時効は問題とならない。

(c) 放棄　放棄の意思表示によって物権消滅の効果を生ずる。しかし，不動産物権の場合には，第三者に対抗するために登記の抹消が必要である（大決大正10年3月4日民録27輯404頁）。放棄の意思表示は，所有権，占有権以外の物権では，放棄によって直接利益を受ける者に対してなされる必要がある（大判明治44年4月26日民録17輯234頁）。

(d) 公用徴収　公共事業の必要性から，所有権などの財産権が強制的に取得される場合にも，物権は消滅する（土地収用法2条，都市計画法56条以下）。一般に徴収者は，公用徴収により原始的に権利を取得すると解されているからである。

2　混同による物権消滅

物権総論では，とくに混同による物権消滅について規定している（179条）。

混同とは，二つの法律上の地位が同一人に帰することである。混同によって，その実益がなくなれば，双方もしくは一方の法律上の地位を消滅させるのである。二つの物権が混同すれば，一方が消滅する（179条）。以下に分説する。

(a) 所有権と制限物権が混同した場合，制限物権は消滅する（179条1項）。たとえば，Aが土地を所有し，Bがその上に地上権を有していた場合，Aが死亡しBがその土地を相続したとすれば，地上権を存続させる実益はないであろう。したがって，地上権は消滅する。

制限物権とこれを目的とする制限物権が同一人に帰した場合はどうなるだろうか。たとえば，Aの有する地上権がBの抵当権の目的となっていた場合，Aが死亡しBが相続したとすれば，双方が存続する実益はないが，いずれを消滅させるべきであろうか。民法は，制限物権とこれを目的とする制限物権の混同では，後者を消滅させるとしている（179条2項）。したがって，上の例では，抵当権が消滅する。

(b) しかし，相対立した権利の保存に意味がある場合には，混同によっても物権は消滅しない。

たとえば，Aの土地所有権とBの一番抵当権が混同をした場合，Cの二番抵

当権があればBの一番抵当権は消滅しない（大判昭和8年3月18日民集12巻987頁）。また，Aの土地所有権とBの地上権が混同した場合，Bの地上権にCが抵当権を有していれば，混同により消滅しない。民法は，同一物につき所有権と制限物権が混同を生ずるときに，その物，またはその制限物権が第三者の権利の目的となっている場合には，混同によって消滅しないとしている（179条1項ただし書）。

　判例には，特定の土地について所有権と賃借権が混同しても，その賃借権が対抗要件を備えており，かつ，その対抗要件を備えたあとにその土地に抵当権が設定されていたときは，179条1項ただし書を準用して，賃借権は消滅しないとするものがある（最判昭和46年10月14日民集25巻7号933頁）。

　制限物権とこれを目的とする他の制限物権が混同を生じても，制限物権，またはこれを目的とする他の制限物権のいずれかが第三者の権利の目的となっている場合，混同によって他の制限物権は消滅しない。たとえば，Aの地上権にBが一番抵当権を有し，Cが二番抵当権を有するときは，Aの地上権とBの抵当権が混同しても，Bの抵当権は消滅しない。

　(c)　占有権は，本権と混同を生じても消滅しない（179条3項）。占有権は，事実的支配を保護するという，本権とは別個のカテゴリーに属する権利だからである。

第4章 占　有　権

第1節　占有制度の意義

1　占有権制度

（1）　占有・占有権とは

　Aがある土地を利用する，あるいはカバンをもっている，または家に住んでいるという場合，これを二つの面から観察することができる。

　一つは，その利用や所持や居住などの状態を正当とする権利がAにあることを述べる場合である。ここでは，事実的な支配を正当づける権利（これを「本権」という）がAにあるかどうかが問題となる。つまり，法律的支配権の有無が問題となる。そこで，Aが土地の所有権や地上権をもっているかどうか，カバンの所有権があるかどうか，家屋の所有権があるかどうかが問題となるのである。

　他の一つは，利用している，もっている，住んでいるというかたちで，Aの事実的支配が外観上あることを認める場合である。ここでは，Aの支配が外観上その物に及んでいることを問題としている。このように，Aが自分のために物を事実上支配している状態を「占有」という。そして，占有権は，物を占有しているという事実にもとづいて生ずる権利（物権）である。

　そこで，Aがカバンをもっている状態があると，そのカバンについてAに占有権があるかどうか外観からわかる。しかし，本権があるかどうかは，外観からはわからない。それでは，なぜこのような権利を認める必要があるのだろうか。

（2）　占有権制度の根拠

　所有権などの本権（法律的支配権）とはべつに，事実的な支配である占有をなぜ保護する必要があるのだろうか。その根拠として，次のような点があげら

れている。

　(a)　近代社会では「自力救済」が禁止されるので、占有権制度によって各主体の現状を保護する必要がある。

　(b)　占有があれば人はその状態を維持しようとするし、その状態を基礎に社会関係もできあがるため、この状態を維持する必要がある（社会秩序の維持）。

　(c)　物を事実的に支配する者は、通常、本権を有していることが普通であり、事実的支配に一定の法的効果を認めてこれを保護することは、本権を保護することにもなる（本権保護の一方法）。

（3）　占有権制度の沿革

　占有権制度は、沿革的にみるとローマ法とゲルマン法に由来しており、民法の占有権制度は、両法の制度の混在的な構成となっている。

　(a)　ローマ法では、物の事実的支配と法律的支配が完全に切り離され、両者がそれぞれ個別に保護されていた。物の事実的支配をポセッシオ（possessio）といい、所有権その他の本権の有無とは無関係に保護され、これにもとづく訴権（占有訴権）が認められていた。

　民法の占有訴権、占有者の果実取得権・費用償還請求権、占有物に対する占有者の損害賠償責任などは、ポセッシオに由来すると考えられている。

　(b)　ゲルマン法では、物権の表象として認められた物の現実的支配の状態をゲヴェーレ（Gewere）といった。物の現実的支配とは、動産は所持、不動産は使用・収益とされ、物の事実的支配状態は物権の外装、物権の表現形式と考えられ、その基礎に本権たる物権の存在が予定されていた。

　民法の権利推定、即時取得は、ゲヴェーレに由来すると考えられている。

2　占有権と本権

　占有している状態には、占有することが法律上正当な権利にもとづく場合とそうでない場合がある。所有権や地上権のように、占有することを法律上正当とする権利を本権という。あるいは「占有をなしうる権利」、「占有すべき権利」などという。本権のない占有もある。たとえば、Aがカバンを盗まれた場合、Aには本権はあるが、占有権をもたない。Aからカバンを盗んだBは、占有権はあるが、本権はないのである。

第2節　占有の成立と態様

1　占有の成立

(1)　占　有　と　は

　たとえば，Aに時計の占有を認める場合に，Aが時計をもっていること（所持）を重視するのか，Aが自分の時計であるとする意思の存在を重視するのか問題となる。つまり，占有の成立を考える場合に，最初に問題としなければならないのは，すべての所持を占有と認めるべきか，それとも，所持のうちで，所持している者の特定の意思がある場合にのみ占有とすべきかの点である。

　すべての所持を占有と認める立場を「客観主義」，所持のうちで，所持している者の特定の意思がある場合にのみ占有を認める立場を「主観主義」という。この両説（客観説・主観説）は，ドイツ普通法時代に占有理論として激しく対立していたが，現在ドイツでは，客観主義をとるにいたっている（ドイツ民法854条）。主観主義の立場をとると，訴訟となった場合，相手方に意思の不存在の反証を許す余地を残し，占有意思の放棄は占有の消滅原因となり，また，意思無能力者は占有を取得できないことになる。Aがカバンをもっている場合に，A以外の者がAがカバンを「自己のためにする意思」をもって支配しているかどうかを判断するのは難しく，結局，取引も不安定になるので，最近では，客観主義の立場が有力である（スイス民法915条）。

(2)　民法の占有

　民法は，占有とは自己のためにする意思（主観的要件）をもって，物を所持する（客観的要件）ことであるとしている（180条）。したがって，条文の上からは，主観主義の立場をとっていると考えられる。しかし，主観的要件は解釈によって緩和されてきており，実質的には客観主義の立場にあるといってよい。

(a)　所　　持

(イ)　物に対する事実的支配を所持という。物を現実に支配する物理的支配だけではなく，社会観念上ある人の支配のもとにあると見られる関係があれば所持である。たとえば，建物にカギをかけてそのカギを所持していれば，建物の所持が認められる。

判例は，建物はその敷地と別個に存在することはないから，建物を占有して使用する者はこれを通じてその敷地も占有するとし（最判昭和34年4月15日訟務月報5巻6号733頁），古い判例も震災で建物が焼失し，その家屋所有者が一時行方不明になったからといって，そのことだけで敷地に対する所持を失ったとはいえない（大判昭和5年5月6日新聞3126号16頁）とするなど，物理的支配を必要としない場合を認めている。また，使用人が雇主の家屋に居住している場合には，原則として，その占有は雇主の占有の範囲内で行われているものと解される（最判昭和35年4月7日民集14巻5号751頁）。

　これに対し，Aが会議のとき出されたコーヒーカップを使った場合などのように，物の支配が一時的，仮のものである場合には，所持は成立しない。所持を否定した判例として次のようなものがある。

　ある店の経営者Aが，店の前の私道を毎日清掃したり，看板や空き瓶・空き箱をおいていたとしても，Aにはその私道について排他的な占有権は認められない（東京地判昭和36年3月24日判時255号27頁）。建物の壁の柱にボルトでとりつけられた広告用の看板所有者が，壁面の占有を主張した事案について，判例は，不動産の非独立的な構成部分ついて占有が認められるには「その部分が特定しているだけでなく，その部分につき客観的外部的な事実的支配があることを要する」として，これを否定する（最判昭和59年1月27日判時1113号63頁）。

　(ロ)　物の所持は，本人が必ずしなければならないものではなく，他人を介してすることができる。これは二つの場合に分かれる。

　第一に，他人が所持していても，所持は本人にのみ認められる場合がある。家族や使用人のように，本人と従属的関係にある者が，本人の物を事実上支配している場合である。家族や使用人は，占有補助者，占有機関であり，独立の所持者としての地位には立たないので，本人にのみ所持が認められるのである。

　第二に，所持が二つ認められる場合がある。たとえば，家主と借家人が家屋を所持する関係である。家主と借家人は従属的関係にあるものではないから，借家人は独立の所持者である。それと同時に，借家人を通じて家主も間接的に所持する者といえる。そこで，この場合は，所持は二つある（代理占有として後述する）。

　(ハ)　所持の客体は，物である。物の一部，公用物にも所持は成立する。

(b) 意　　思

(イ)　占有の成立には，自己のためにする意思が必要である。

　自己のためにする意思とは，所持による事実上の利益を自分に帰属させようとする意思をいう。意思があるかどうかは，客観的に解するべきであるとされている。通説は，占有を生ぜしめた原因（「権原」という）の性質により決めるべきであるとしている。たとえば，所有権を譲り受けた者，地上権者，質権者，賃借人などは，権原があり，これらは，そのような者であるというだけで，自己のためにする意思があるとみられる。また，倉庫業者や請負人，運送人などは，自己の責任において物を所持する者であるが，これらにも自己のためにする意思があるとみられる。その結果，所持が認められれば，一般に自己のためにする意思があると解される。

(ロ)　自己のためにする意思は，一般的・潜在的でよい。たとえば，Aの郵便受けに配達された郵便物には，Aの自己のためにする意思を認めることができ，占有が成立する。

(ハ)　自己のためにする意思は，占有取得の要件であって，占有継続の要件ではない（通説）。たとえば，買い込んでしまい忘れた物についても，この意思はあるとみられる。

　判例では，15歳位になった者は，原則として自主占有することができるとしている（不動産について，所有権の取得時効の要件である自主占有の有無が争点となった事例（最判昭和31年10月7日民集10巻8号1615頁））。

2　占有の態様

(1)　自主占有・他主占有

　占有の態様でもっとも重要なのは，自主占有・他主占有の区別である。所有の意思をもってする占有を自主占有，そうでない占有が他主占有である。たとえば，買主，盗人などは，所有の意思をもつものであるから自主占有者であり，賃借人や受寄者，質権者などは，所有の意思がないので他主占有者である。

　両者を区別する実益は，取得時効の成否（162条以下），占有者の責任（191条），先占（239条）などにみられる。裁判では，取得時効に関して問題となる例が多い。

取得時効と占有の関係について，主として次のような問題がある。

(a)　民法は，占有者は所有の意思で占有するものと推定するから（186条1項），占有者の占有は自主占有でないとして取得時効の成立を争う者は，他主占有であることについて立証の責任がある（最判昭和54年7月31日裁判集民事127号317頁）。

(b)　占有者が占有中，真実の占有者であれば通常とらない態度をとったり，あるいは所有者であれば当然とるべき行動をとらなかったなど，客観的にみて他人の所有権を排斥して占有する意思がなかったとみられる事情（「他主占有事情」という）が証明された場合，占有者の内心の意思がどのようなものであるかを問題とせず，所有の意思を否定し時効による所有権取得の主張が認められないことがある（最判昭和58年3月24日民集37巻2号131頁）。

(c)　他主占有は，他主占有者が自己に占有をさせている者に対して所有の意思があることを表示したり，他主占有者が新権原により更に所有の意思をもって占有を始めた場合には，自主占有に変わる（185条）。たとえば，賃借人Aが賃貸人Bに対して所有の意思があることを表示した場合や，AがBから賃借物を買い取ったときなどには，Aの占有は他主占有から自主占有に変更する。

判例は，A所有の土地をBが小作していたところ，農地解放後，最初の地代支払時期である昭和23年12月末にその支払をせず，これ以後，A（およびその承継人）はBが地代などを一切支払わずに自由に耕作し占有することを容認していたという事案で，Bが遅くとも昭和24年1月1日には，Aらに対してその土地に所有の意思あることを表示したものと認めることができるとしている（最判平成6年9月13日判時1513号99頁）。

（2）　その他の態様

(a)　正権原にもとづく占有・正権原にもとづかない占有　　本権にもとづいてなす占有を正権原にもとづく占有といい，そうではない場合を正権原にもとづかない占有という。

(b)　善意占有・悪意占有　　正権原にもとづかない占有のうち，占有者が本権があると誤信して占有している場合を善意占有という。本権がないことを知っていたり，その有無に疑いをもちながら占有している場合（大判大正8年10月13日民録25輯1863頁）を悪意占有という。

両者を区別する実益は，取得時効，果実取得（189条・190条），即時取得（192条）などの適用の場合にみられる。なお，占有者は，善意で占有するものと推定される（186条1項）。

(c) 過失ある占有・過失なき占有　善意占有であって，善意について過失がある場合とない場合の区別である。両者を区別する実益は，取得時効，即時取得などの適用の場合にみられる。

判例では，A（相続人）が登記簿にもとづいて調査をすれば，相続によって取得した土地の範囲に甲地が含まれないのを容易に知ることができたのに，これをしなかったために，甲地が自分の相続地に含まれるとして占有を始めた場合には，特段の事情がない限りAに過失があるとする（最判昭和43年3月1日民集22巻3号491頁）。

(d) 瑕疵ある占有・瑕疵なき占有　瑕疵ある占有とは，完全な占有としての効果を妨げる事情をともなう占有をいう。たとえば，占有者の悪意や過失，強暴，隠秘，不継続などがある場合である。

両者を区別する実益は，取得時効，即時取得などの適用の場合にみられる。

(e) 単独占有・共同占有　共有物を共有者が共同で占有する場合を共同占有といい，通常の占有を単独占有という。

3　代理占有

(1)　代理占有とは

AとBの間で，Aの土地をBが利用することを決め，BがAに利益を受けさせる意思をもって土地を所持する場合のように，ある物を他人に所持させることによっても占有の成立が認められる（181条）。

上の例では，Bに貸してある物はBの事実的支配に属しているとともに，社会観念上，Aの事実的支配内にあると考えることができる。この場合，Aにも占有権者としての保護が認められるべきであろう。このようにBが所持をし，Aがこれにもとづいて占有権を取得することを「代理占有」といい，Bを占有代理人とよぶ。

代理占有は，代理と区別しなければならない。民法総則で規定する代理は，意思表示の代理であるが，占有の代理は，客観的な事実的支配関係に対しての

法的保護を目的とする制度であり，占有代理人の意思の効果ではない。したがって，賃借人や質権者のように，意思表示の代理関係にないものでも代理占有が成立する。

すでにみたように，占有補助者，占有機関による占有も，代理占有とは異なる。

（2）　代理占有の成立要件

(a)　占有代理人が所持を有すること　　賃借人や受寄者などの占有代理人が目的物を占有していることである。

(b)　占有代理人が本人のためにする意思を有すること　　この意思は，自己のためにする意思と併存する場合がある。たとえば，賃貸借では，占有代理人も自己のためにする意思があると考えられるから，本人に認められる代理占有と，占有代理人の自己占有が成立する。

(c)　本人と占有代理人間に占有代理関係が存在すること　　賃貸借関係や寄託契約が存在していることが必要である。

（3）　代理占有の効果

本人は，占有代理人が所持している物のうえに占有権を取得する。占有代理人に対する第三者の権利行使は，占有代理人とともに占有者本人に対する権利の行使となる。また，占有の善意・悪意などについては，占有代理人について判定すべきことである。

第3節　占有権の承継

1　占有権の取得

（1）　占有権の原始取得

占有権は，占有という事実が新たに成立すれば，その効果として原始的に取得される。たとえば，野生の動物をつかまえたり（無主物先占），遺失物を拾った場合（遺失物拾得）などのように，新たに占有を生ずれば占有権が原始的に取得される。

判例は，猟師がたぬきをみつけ岩穴のなかに追い込み，その入口を石でふさいで逃げられないようにしたという事案で，占有の取得を認めた（たぬき・む

じな事件。大判大正14年6月9日刑集4巻378頁)。

(2) 占有権の承継取得

たとえば、甲家屋を所有者Aから買ったBには甲家屋の所有権が移転するとともに、Aが甲家屋およびその敷地に対して有していた占有権も移転したとみることができる。つまり、Aの家屋、敷地に対する事実的支配が、同一性をもったままBの事実的支配に属したことが認められる。

上の例のように、占有は事実関係であるが、占有の譲渡性が認められ、したがって、占有権の譲渡性、承継取得も認められる。

2 占有権の譲渡

占有ならびに占有権の移転は認められるが、占有の観念化とともに、いろいろな占有権承継の形態が生ずる。民法は、現実の引渡しのほか、外形的な支配を改めて移転しなくても、法律関係の変更があればよいとし、意思表示のみによって占有が移転する場合を認めている。

(1) 現実の引渡し（182条1項）

当事者の占有移転の合意と所持の現実的移転（引渡し）により行われる占有権の譲渡を「現実の引渡し」という。目的物が、社会観念上一方から他方の支配圏に入ったと認められればよく、たとえば、不動産について権利証の交付などがあれば占有権の移転が認められる。しかし、不動産・動産その他の場合によって、その方法・形式は異なる（大判昭和2年10月19日新聞2761号5頁）。また、不動産の場合、当事者双方が目的物を熟知し実地に臨む必要のないときは、実力的な支配の移転の合意によって引渡しは完了する（大判大正9年12月27日民録26輯2087頁）。

(2) 簡易の引渡し（182条2項）

賃借人Aが、その占有している賃借物を賃貸人Bから買い受けるような場合、占有権譲渡の意思表示のみで足りる。これを簡易の引渡しという。AがBからカメラを借りており、その後Aがこれを買うことにした場合、厳密には、まず、賃貸借契約の終了にともないAはBにカメラを返し、その後、売買契約にもとづきBはAにカメラを渡すことになる。しかし、これは無用のやりとりであり、BがAにカメラを売るとの意思表示（合意）があればよいであろう。

判例は，内縁の夫が家屋を妻に贈与する際に，病気入院中であることから自分の実印と家屋売買契約書を妻に交付したという事実があった場合，簡易の引渡しによる家屋の占有移転を認めた（最判昭和39年5月26日民集18巻4号667頁）。

（3）　占有改定（183条）

Aが所有する家屋をBに譲渡したあと，なお引続きBから借りて住むというように，物を譲渡したあともA（譲渡人）が引続きこれを所持する場合，占有移転の合意だけで占有が移転し，B（譲受人）は，Aを占有代理人としてみずから占有を取得する。これを占有改定という。本来であれば，上の例で，家屋の譲渡によりAからBに引渡しがなされ，その後，貸借契約によりBからAに家屋が引き渡されるべきであるが，これは無用の手数であろう。そこで，これの現実的対応として，認められた制度である。

判例は，土地の売買契約をした当時，売主が1年間だけ借りて耕作する旨の契約が成立した場合（最判昭和28年7月3日裁判集民9号631頁），売渡担保契約がなされ債務者が引続き担保目的物を占有している場合（最判昭和30年6月2日民集9巻7号855頁）などに，占有改定を認める。

（4）　指図による占有移転（184条）

AがBに預けてある物の所有権をそのままの状態でCに譲渡する場合，AからBに対して，これから後はCのために占有するよう命じ，Cがこれを承諾すれば占有権が移転する。これを指図による占有移転という。これも当事者の無用の手数を省略し，その便宜を考慮した制度である。

判例は，寄託者が倉庫業者に対して発行した荷渡指図書が呈示され，それにともない寄託者台帳上の名義が書き換えられた場合について，指図による占有移転を認める（最判昭和57年9月7日民集36巻8号1528頁）。

3　占有権の相続

日本民法は，占有権の相続について，ドイツ民法857条やスイス民法560条のように，占有を承継する規定をおいていない。しかし，社会観念上，被相続人の財産の中に事実的支配されていたものは，相続人の支配のもとに承継されるとみるべきであるから，判例（最判昭和44年10月30日民集23巻10号1881頁）・学説ともに，相続による占有承継を認める。

なお，相続が民法185条の「新権原」であるかについて，判例はこれを肯定する（最判昭和46年11月30日民集25巻8号1437頁）。

4　占有権承継の効果

　Cの所有地をAは，所有の意思をもって善意・無過失で8年間利用してきたが，その土地をBに移転し，Bが2年間利用した。この場合，Cがその土地の所有権を主張した場合，Bは時効を主張して，Cに対抗できるだろうか。

　また，Zの所有地をXは悪意で8年間利用してきたが，その土地をYに移転し，Yが10年間利用した（Yは善意とする）。この場合，Zがその土地の所有権を主張した場合，Yは時効を主張して，Zに対抗できるだろうか。

　占有権が承継される場合，占有の事実性から，承継人の占有は，前主から承継されて継続する占有と，みずから始めた新たな占有という二面性をもっている。そのため，占有権が承継された場合，いずれとみて効果を付与するのか問題となる。

　民法は，占有承継人は，その選択に従い自己の占有のみを主張することもできるし，自己の占有に前主の占有をあわせて主張することもできるとした（187条1項）。したがって，先の事例で，BはAの，YはXの占有権を承継することができるし，承継しないこともできる。そこで，B・Yは取得時効を主張できそうである。

　しかし，前主の占有をあわせて主張する場合には，前主の悪意や過失などの瑕疵も承継しなければならない（同条2項）。このため，YはXの占有期間を承継すると，Xの瑕疵（悪意）も承継しなければならなくなるので，X・Yの期間を通算しても，悪意の場合の取得時効期間である20年に満たないので，時効主張が認められない。これに対し，Yが自己の期間のみを主張すれば，10年の取得時効期間を満たしているので，時効主張が認められる。Bの場合は，前主の占有を承継しなければ，時効を主張できない。

　判例は，前主が数人あるときは，特定の前主以下の前主の占有をあわせて主張することができ，また，一度すべての前主の占有をあわせて主張したときでも，変更ができるし，自己の占有のみを主張することもできるとする（大判大正6年11月8日民録23輯1772頁）。

第4節　占有権の効力

　占有権には多くの効力が認められている。以下では、そのうち即時取得制度を除く（前章参照），その他の効力について概説する。

1　占有の推定力

　民法は，占有の推定力について，(a)権利適法の推定と(b)占有の態様に関する推定を規定する。

　(a)　占有者が占有物の上に行使する権利は，これを適法に有するものと推定される（188条）。したがって，占有者は本権を有するものと推定される。物を占有している者は適法な権利者であることが多いであろうが，これを証明することは難しいために認められた規定である。

　「推定する」とは，相手方が占有者に本権のないことを証明しないかぎり，正当な本権があることをいうから，占有者が推定を積極的な理由付けに利用して不動産の上に行使する権利の登記を申請することなどを認めるものではない（大判明治39年12月24日民録12輯1721頁）。推定は，占有者の不利益にも適用される。たとえば，ある物品に課税される場合に，占有者は権利を推定されるので課税され，これを免れるためには，所有者でないことを証明しなければならない。また，推定の効果は，第三者も援用できる。たとえば，差押債権者Aは債務者Bが占有している財産について，占有者Bの所有として推定の効果を援用できる。

　不動産の占有の場合は，登記によって権利関係が公示されるので，未登記の場合を除き占有の推定力は排斥される。

　判例は，登記簿上の所有名義人は，反証のないかぎり，当該不動産を所有するものと推定すべきであるとする（最判昭和34年1月8日民集13巻1号1頁）。

　(b)　また，占有者は，所有の意思をもって善意，平穏，公然に占有するものと推定される（186条1項）。占有の継続も推定される（同条2項）。

2 占有訴権

（1） 占有訴権とは

占有者は，その占有が妨害されたり，妨害されるおそれがある場合に，妨害者に対して妨害の排除や予防を請求する権利がある（197条以下）。これを占有訴権という。

占有訴権は，事実上の支配状態を保護するためのもっとも強力な制度であるが，これにより社会秩序を維持しようとするのである。また，自力救済禁止の原則に対応した訴権として必要性が認められる。さらに，占有は権利の外装であることが多いことから，その背後にある本権を保護することにもつながる。

占有訴権は，侵害の排除を請求できる実体法上の権利であり，「訴権」といわれるのは，沿革的な理由にもとづいている。占有訴権は，占有に対する侵害の態様によって，占有保持の訴え，占有保全の訴え，占有回収の訴えの三種に分かれる。

（2） 占有保持の訴え（198条）

占有を失ってはいないが，占有の内容が妨害されているときは，妨害の停止と損害賠償の請求ができる。

占有妨害は，部分的な侵害があることをいい，妨害の停止の請求について，妨害者の故意・過失を必要としない。妨害の停止は，妨害者の費用で妨害を排除し，原状を回復することである（大判大正5年7月22日民録22輯1585頁）。なお，現代社会では，騒音公害における差止請求の根拠として，占有保持の訴えが主張されることが多くなっている（厚木基地騒音公害訴訟・最判平成5年2月25日民集47巻2号643頁，横田基地騒音公害訴訟・最判平成5年2月25日判時1456号53頁）。

損害賠償請求が認められるが，その性質は，不法行為にもとづく損害賠償請求権であるので，この場合には，発生要件として妨害者の故意・過失が必要である（大判昭和9年10月19日民集13巻1940頁）。

占有保持の訴えは，妨害がある間，または妨害がなくなってから1年以内に提起しなければならない（201条1項）。1年の期間制限は，損害賠償にも適用される。妨害が現存していても，工事に関連する場合は，工事着手の時から1年経過したか，工事が完成したときは，この訴えを提起できない（同条1項た

（3）占有保全の訴え（199条）

占有を妨害される恐れのあるときは，妨害の予防または損害賠償の担保を請求することができる。

判例では，Aが家の二階部分を増築した際に雨樋の設備をしなかったために，降雨の激しいときに，Bの家に散水するとともにその敷地に流れるような場合，Bの敷地，建物に対する占有を妨害するおそれがあると認め，Aは占有の妨害を予防するための相当の設備を施工する義務があるとしたものがある（佐賀地判昭和32年7月29日下民集8巻7号1355頁）。

占有保全の訴えは，妨害の危険がある間は提起できる。工事によって損害の生ずるおそれがあるときは，占有保全の訴えと同様の期間制限がある（201条2項）。

（4）占有回収の訴え（200条）

占有を奪われた（「侵奪」）ときは，その物の返還と損害賠償の請求が認められる。占有の侵奪とは，占有者がその意思によらないのに所持を奪われることである。

AがBからカメラを奪い，それをまたBがAから実力で奪い返すというように，交互に侵奪がくりかえされる場合には，現に最初の占有者Bがカメラを占有しているとき，当初の占有侵奪者Aは原則として占有訴権を有しないものと解される（東京高判昭和31年10月30日高民集9巻10号626頁）。

占有回収の訴えは，侵奪の時より1年内にしなければならない（201条3項）。相手方は，占有侵奪者およびその包括承継人である。買主などの侵奪者の特定承継人に対しては訴えを提起できない（200条2項）。しかも，いったん善意の特定承継人の占有となったならば，その後の特定承継人が悪意であっても訴えの提起ができないと解されている（大判昭和13年12月26日民集17巻2835頁）。しかし，特定承継人が悪意であれば，訴えを提起できる（200条2項ただし書）。ここでの悪意は「侵奪の事実を知っていたとき」であるが，これは承継人がなんらかの形で占有の侵奪があったことについて認識をもっている場合をいう（最判昭和56年3月19日民集35巻2号171頁）。

（5）　占有訴権と本権の訴え

　占有訴権に対して，本権にもとづく訴えを「本権の訴え」という。ところで，Aが自分の占有物を奪われた場合には，所有権にもとづく返還請求権（本権の訴え）と占有回収の訴えの二種の訴えが成り立つ。この場合，Aはいずれの訴えによるべきか，また，両方行使することができるのか問題となる。

　民法は，占有訴権と本権の訴えを，それぞれ別個に提起しても，同時に提起してもよいとしている（202条1項）。

　占有の訴えは，本権に関する理由にもとづいて裁判することはできない（同条2項）。たとえば，AがBに占有回収の訴えを提起した場合，その物についてBに所有権があったとしても，それを理由として占有回収の請求を否認できない（ただし，Bは本権の訴えにより勝訴することができる）。これに対して，批判はあるが，最高裁は，占有の訴えに対して本権にもとづく反訴の提起を認めている（最判昭和40年3月4日民集19巻2号197頁）。

3　その他の効力

（1）　善意占有者の果実取得権・悪意占有者の果実返還義務

　元物の占有者が果実を取得する権利がないのにあると誤信している場合，果実を取得し消費するのが普通である。この場合，あとで本権者から果実の返還ないし代償を請求されたとき，それが認められると善意の占有者にとっては苛酷なこととなる。そこで，民法は善意の占有者は，占有物から生ずる果実を取得できるとしたのである（189条）。

　しかし，悪意の占有者には，このような保護を与える必要はないから，その場合は，果実を返還し，かつ，すでに消費し過失によって損傷し，または，収取を怠った果実の代価を償還しなければならないとしている（190条1項）。

　善意の占有者であっても，本権の訴えにおいて敗訴したときは，その起訴のときから悪意の占有者とみなされる（189条2項）。強迫・隠匿による占有者も，悪意占有者と同視される（190条2項）。

（2）　占有物の滅失・損傷に対する責任

　占有者が，自分の責めに帰すべき事由によって占有物を滅失・損傷した場合，悪意の占有者は，その回復者に損害の全部を賠償する義務を負う（191条本文前

段）。善意の占有者は，その滅失・損傷によって現に利益を受ける限度で賠償義務を負う（同条本文後段）。しかし，善意の占有者であっても，賃借人などのように所有の意思のない占有者は，全部の損害を賠償しなければならない（同条ただし書）。この場合は，善意であっても，いずれ回復者に返還すべきものであることを知っているからである。

（3）　占有者の費用償還請求権

Aが占有している家屋について固定資産税を払っていたところ，Bから家の返還請求がなされ，これが認められた場合，AはBに対して支払った税金の償還を求めることができるだろうか。このように，占有者が占有物について費用を支出した場合，その物の返還請求権者にその償還を求めることができるのか問題となる。

民法は，費用を必要費と有益費に分けて規定する（196条）。

(a)　必要費　　占有者は，必要費の償還を求めることができる（同条1項）。善意・悪意や所有の意思の有無は問題にならない。

必要費は，物の保存，管理に必要な費用である。たとえば，修繕費，公租公課，保存費，飼養費などである。しかし，占有者が果実を取得した場合には，必要費のうち租税や通常の修繕費などは，占有者の負担となる。この場合であっても，臨時的，特別的な費用は請求できる（同条1項ただし書）。したがって，先の事例でAは，税金の償還が認められる。

(b)　有益費　　占有者は，占有物の改良のための費用等を支出した場合には，その価格の増加が現存する場合に限り，回復者の選択によりその金額または増加額を償還させることができる（同条2項）。

有益費の例として，建物の前の道路について行ったコンクリート工事・花電灯設備（大判昭和5年4月26日評論19巻民1313頁），商店の店頭の模様替え，雨戸の新調（大判昭和7年12月9日裁判例集(6)民334頁）などがある。

なお，占有者は有益費の償還を受けるまで，その物を留置することができる（295条1項）。しかし，悪意占有者の場合は，裁判所は回復者の請求により相当の期限をつけることができる（196条3項）。この場合には，留置権の主張は認められない。

(4) 家畜外動物の取得権（195条）

　家畜外の動物を捕獲し占有したものは，その占有の始めに善意であり，動物逃走の時から1カ月以内に飼養主より回復請求を受けないときは，その動物の上に行使する権利を取得する（195条）。家畜外の動物であれば，拾得者は野生の無主物と考えるであろうし，飼主の方でも逃げたものとしてあきらめがちであるため，占有した者の権利を短期間で認めるのである。しかし，ある動物が家畜であるか否かの判断は，地域や時代によって異なりうる。

　判例は，九官鳥について，わが国では一般に人に飼養されその支配に属することが普通であるとして，家畜外動物に該当しないとした（九官鳥事件・大判昭和7年2月16日民集11巻138頁。なお，第Ⅰ編第5章第4節3「遺失物拾得」参照）。

第5節　占有権の消滅

1　自己占有の消滅

　占有権は，占有という事実が存在する限りで認められるものであるから，占有という事実の消滅によって消滅する。

　自己占有では，①占有の意思を放棄し，②所持を失うことにより，占有が消滅し占有権が消滅する（203条）。しかし，占有者が占有を侵奪されて所持を失った場合であって，占有者が占有回収の訴えを提起したときは，占有は失われなかったものとして扱われる（同条ただし書）。この場合，勝訴した者について例外が認められると解されている。

2　代理占有の消滅

　代理占有の場合は，以下の事由があれば本人の占有が消滅し，占有権が消滅する（204条）。

　①　本人が占有代理人によって占有させる意思を放棄すること（同条1項1号）。

　②　占有代理人が，本人に対して，以後，自己または第三者のために物を所持するという意思を表示したこと（同2号）。

③　占有代理人が，占有物の所持を失ったこと（同3号）。

第6節　準　占　有

1　準占有の意義

占有権制度は，社会の平和と秩序の維持を目的とするが，この目的からすると，物の支配をともなわない財産的利益の事実的支配関係も保護されて当然である。これを準占有，または，権利占有という。

民法は，自己のためにする意思をもって財産権の行使をする場合には，占有に関する規定を準用する（205条）として，準占有の制度を認めている。

2　準占有の成立

準占有が成立するためには，次の要件が必要である。
①　自己のためにする意思
②　財産権の行使　　一般取引観念上，財産権がその者の事実的支配のうちにあると認められるような客観的事情があることである。

3　準占有の効果

準占有については，占有に関する規定が準用される（205条）。したがって，占有訴権の準用により，侵害排除的効力，保全的効力をもち，果実の取得，費用償還請求などが認められる。しかし，即時取得に関する規定は，動産の占有に公信力を認めたものであるから，準占有には準用されないと解されている。

第5章 所 有 権

第1節 序　　説

1 所有権の意義

　所有権とは，法令の制限内において物を完全に支配できる権利のことである。

　民法は，所有権とは「法令の制限内において，自由にその所有物の使用，収益及び処分をする」権利であると定義するが（206条），所有権の内容は使用，収益，処分という三つの権能に尽きるわけではない。

　所有権は，人が他人を排して直接かつ全面的に物を支配しうる権利であり，もろもろの権能が渾然一体となった包括的な内容をもつものとして物権の中心におかれ，私有財産制度の根源をなしている。

　民法が，人の財産関係を処理するための法技術として，このような所有権の概念を認めたのは近代社会に入ってからである。

　封建社会にあっては，土地所有権は重層構造をもっており，領主が年貢徴収の目的で土地を利用支配する権能である上級所有権と，農民が耕作を目的として土地を利用支配する権能としての下級所有権とが併存していた。しかも，土地に対する支配力は，そのまま身分関係と不可分に結びつき，その土地を利用する人に対する直接，間接の支配力をともなっていたといわれている。しかし，このような封建的所有権は，フランス革命によって否定された。

　近代法は，ローマ法に拠りながら，所有権を純粋に物に対する個人の全面的支配権能として構成したのである。

2 所有権の性質

　近代法における所有権は，次のような性質を有するものとされる。

　(a)　観念性　　所有権は，権利の性格からみると，物の現実的支配（占有）

と結びついているものではなく、現実的支配とは切り離された純粋に観念的な支配権限として構成されている。

(b) 恒久性　権利の内容からみると、所有権は恒久性をもつ。つまり、所有権は、存続期間を予定して成立することはできないし、また、単に行使しないという理由だけでは消滅時効にかかることもない（167条2項）。

(c) 全面性　所有権の内容である支配権能は、その客体である物の有する使用価値および交換価値の全部に全面的に及ぶ。この点で、物の一部の機能を有するにすぎない制限物権（たとえば地上権や抵当権）とは区別される。

(d) 弾力性　所有権は弾力性を有する。所有権は、たとえば、地上権または永小作権が設定されると、その範囲では、現実の支配権能が停止するため、物を直接に使用するという点では「虚有権」ないし「空虚な所有権」となる。しかし、制限物権は有限であるから、それが消滅すると、所有権は直ちに本来の完全な支配状態に復帰する。

第2節　所有権の内容

1　総　説

　所有権は物に対する直接完全な支配権である。民法は、「所有者は、法令の制限内において、自由にその所有物の使用、収益及び処分をする権利を有する」と規定しているが（206条）、使用、収益、処分に限らず、所有者は、法令の制限内において物をどのようにでも自由に利用することができる。物の有する使用価値を実現するために、みずから物をその用方に従って使用し、そこから収穫物（天然果実）を得たり、他人に貸与して使用させ、賃料（法定果実）を収取することもできるし、交換価値を実現するために、物を他人に売却したり、担保として提供することもできる。また、物をこわしてしまうこともできるし、物を使用しないまま放置しておくこともできるのである。

　なお、所有権の内容の円満な実現が理由なく他人によって妨げられる場合には、所有者は、所有権にもとづく物権的請求権によってその侵害を排除することができる。物権的請求権については、すでに述べたから（第2章第3節）本章ではくりかえさないが、所有権はもっとも典型的な物権であるから、物権的

請求権ももっとも完全な姿で現われることになる。

2　所有権の自由とその制限

　所有者は，本来，所有物をどうしようと自由であるというのが原則である（所有権の自由）。

　独占以前の資本制社会においては，所有権の自由な行使を許すことによって社会の発展も期待しうるものと考えられていたから，所有権の自由と公共の福祉とは相対立するものではなく，法令による制限も必要最小限度にとどまった。しかし，20世紀に入って自由主義経済が行きづまってくると，次第に所有権の自由に対する制限も強まり，その傾向は，今日ではもはや一般化，常態化するにいたっている。民法も，私権は公共の福祉に適合しなければならないものと定めるとともに（1条1項），とくに所有権について，所有権の自由は「法令の制限内において」存在すると規定して（206条），所有権の自由の絶対性を強調する市民社会的法思想に対して，所有権も法律および法律にもとづく命令による制限に服するものであることを言明している。

　所有権の内容を制限する法令は非常に多い。制限の目的は，公益，警察，産業，文化のすべてに及ぶが，社会政策にもとづくもの（労働基準法など）と経済政策にもとづくもの（電源開発促進法，ガス事業法，独占禁止法など）が，とくに多い。

　制限の態様としては，①他人の侵害を忍受する義務を課すもの（下水道法11条・13条，土地改良法119条，土地区画整理法72条・77条など），②所有権の行使を抑止する義務を課すもの（農地法3条～7条，都市計画法29条・42条・43条・52条の2・53条・65条，建築基準法55条～59条など），③所有者が積極的行為をなす義務を課すもの（建築基準法8条・19条以下，森林法34条の2，道路法44条3項）などがある。

　所有権の自由は，権利濫用の法理（1条3項）によって制限されることもある。権利濫用の問題は，所有権に特有の問題ではないが，所有権にその典型的な姿を現わすものといわれている（大判昭和10年10月5日民集14巻1965頁，大判昭和13年10月26日民集17巻2057頁，最判昭和40年3月9日民集19巻2号233頁）。

3　土地所有権の上下に及ぶ範囲

　土地の所有権は，法令の制限内においてその土地の上下に及ぶ（207条）。

　土地所有者が，たとえば土地に建物を建てたり，井戸を掘ってその土地を完全に利用するためには，土地の地表面だけではなく地上の空間や地下の地殻の利用も当然に必要となる。そこで民法は，土地所有権の上下に及ぶ範囲について，とくに規定をおいて，土地所有権の内容は土地の上下の支配権を含むものとしたのである。

　この規定は，かつては，土地所有権の効力は，法令の制限がないかぎり無限に土地の上下に及ぶことを意味するものと考えられていた。しかし，次第に，その考え方が変わってきて，今日では，法令による制限がなくても，土地所有権は，所有者の利益の存する限度で，地上，地下に及ぶと解すべきものとされている。

　土地所有権の上下に及ぶ効力を制限する法令も多い。たとえば，鉱業法は，地中の鉱物のうち，金，銀，銅，石灰石などの法定鉱物（同法3条）については鉱業権の成立を認めて，土地所有権の効力は及ばないものとしているし（同法2条・5条〜8条・11条以下），航空法は，公共用飛行場に近接する土地の建物や樹木の高さについて種々の制限を設けている（同法49条等）。その他建築基準法，温泉法，道路法，下水道法などにも土地所有権の上下に及ぶ範囲に制限を設けた規定がある。

　なお，自然の湧水，土地の掘さくによる地下水の利用は，法令または慣習による他人の権利を侵害しない限度で，土地所有権の内容に含まれるといえるが（大判大正6年2月6日民録23輯202頁，大判昭和13年6月28日新聞4301号12頁），温泉の利用については，温泉は，泉源が存在する土地の所有権とは別個独立の慣行上の物権であるから，土地所有権に慣行上特別に温泉専用権が認められる場合を除いては，土地所有権の内容には含まれない。

第3節　相隣関係

1　総　　説

　相隣関係というのは，隣接する土地または建物の所有権相互の利用を調節す

ることを目的とする関係である。不動産ことに土地は、動産と違って、必ず相接して存在し、しかもたやすくその位置は変えられないのであるから、相接する土地の所有者が互いに各自の所有権を境界線いっぱいに主張するならば、かえってそれぞれの所有権の有効円満な行使は妨げられてしまうことになる。

そこで、民法は、209条ないし238条に相隣関係に関する特別の規定をおいて、所有権の内容を一定範囲に制限し、各所有者に互譲協力の義務を負わせることによって、隣接する不動産相互の利用の調節をはかることにしている。

所有者は、その範囲において、あるいは他人の侵害を忍受すべき義務を負い（210条以下・214条・220条等）、あるいはその権限を行使しない義務を負い（234条）、時には一定の共同行為をなすべき義務さえ負う（221条〜224条）ことになるのである。これが相隣関係である。

相隣関係の内容は、地役権の内容に酷似する。しかし、地役権は当事者間の契約によって発生し、所有権を他の物権によって一時的に制限するものであるのに対し、相隣関係は、法律の規定にもとづく所有権の内容そのものの当然の拡張ないし制限である。

相隣関係に関する民法の規定は、地上権にも準用されるが（267条）、不動産の利用の調節をはかる制度であるから、地上権にとどまらず、永小作権や不動産賃借権にも準用されるべきだといわれている。

ところで、現在、相近接する不動産相互の関係において、実際に問題になることが多いのは、音響、振動、煤煙、臭気、汚水などによる生活妨害の問題であるが、これに関する規定は、わが民法には存在しない。社会生活上忍容すべき限度を越えた生活妨害に対しては、妨害排除請求権ないし不法行為にもとづく損害賠償請求権を認めて救済することになっているけれども、立法によって生活妨害を取り締まるための一定の基準を設けるべきだという声が大きい。

2　相隣関係の内容

相隣関係の内容は、次のとおりである。
（1）　隣地使用権
土地の所有者は、隣地との境界に近い障壁や建物の築造および修理のために、必要な範囲で隣地を使用する権利がある（209条1項）。

もちろん，隣地を使用するためには隣人の承諾が必要であるが，使用の請求をしても相手方が承諾しない場合には，裁判所に訴えて，承諾に代わる判決を求めることができる（414条2項ただし書）。

隣人の承諾があれば，その住居に立ち入ることもできるが，隣家への立入りについては，請求権はない（209条1項ただし書）。

隣地の使用によって生じた損害については，償金支払によって当事者間の利害が調整される（209条2項）。

(2) 隣地通行権

他人の土地に囲まれて，公道に通じない土地（袋地）の所有者は，公道に出るためにその土地を囲んでいる他の土地（囲繞地）を通行することができる（210条1項）。これが隣地通行権である。

この通行権は，袋地の利用を可能にし，その土地の効用を発揮させるために法律上とくに許された権利であるから，袋地であれば法律上当然にこの通行権が発生し，袋地について所有権取得登記があることを必要としない（最判昭和47年4月14日民集26巻3号483頁）。

池沼，河川または海洋によらなければ公道（公路）に出られない土地，あるいは公道との間に断崖（崖）があって，高低差の著しい土地のようないわゆる準袋地の所有権も，同様にこの権利を有する（210条2項）。

袋地または準袋地であるかどうかは，その土地の利用方法を考慮して，社会通念によって判断する。したがって，公道に至る通路はあっても，その通路では，その土地の用途に応じた利用に不十分であるという場合には，その土地はなお袋地にまたは準袋地であるといえることになる。

判例も，係争地が田地である場合には，人が歩行できる通路はあっても，肥料その他の収穫物の運搬に支障があれば袋地であるといっているし（大判大正3年8月10日新聞967号31頁），公道に至る通路は存在するが，その道が急傾斜の道であり，土地から産出される石材の運搬には不適当であるという場合は，なお隣地を通行することができると判断している（大判昭和13年6月7日民集17巻1331頁）。

既存の通路が建築基準法（43条）や建築安全条例所定の道路幅（幅員）を充たしていない場合に，基準にかなった幅員の隣地通行権を主張できるかどうか

については議論があり，学説は分かれる。

判例は，既存通路の幅員が狭いため，建物増築について建築基準に適合するという確認が得られないというだけでは，隣地通行権は成立しないとする（最判昭和37年3月15日民集16巻3号556頁）。

土地が分割され，あるいはその一部が譲渡されたために公道に通じない土地が生じた場合には，その土地の所有者は他の分割者の土地または譲渡人の所有地だけを通行できるにとどまり，他の隣地に通行権を主張することはできない（213条）。この規定は，土地の所有者が一筆の土地を分筆した上，それぞれを全部同時に数人に譲渡したことにより，袋地が生じた場合にも適用されるというのが判例である（最判昭和37年10月30日民集16巻10号2182頁）。

また，判例は，この通行権の規制は，土地の分割または一部譲渡によって生じた袋地以外の土地（残余地）の特定承継人に対しても適用され，袋地の所有者は，210条にもとづき，対象土地以外の土地の通行権を主張することはできないとする（最判平成2年11月20日民集44巻8号1037頁。同旨最判平成5年12月17日判時1480号69頁）。213条に規定する通行権も，袋地に付着した物権的権利であり，残余地に課せられた物権的負担であるというのがその理由であるが，学説は多岐に分かれている。

通行の場所および方法は，通行権者のために必要な範囲内で，しかも隣地にとって損害の最も少ないものを選ばなければならない（211条）。

通行権者は，隣地の通行によって加える損害に対しては償金を払わなければならない。通路開設によって生じた損害については一時金を支払わなければならないが，その他の損害は1年ごとに支払うことができる（212条）。ただし，土地の分割または一部譲渡によって袋地を生じた場合の通行権については，償金を払う必要はない（213条1項）。

（3）排水権

土地の自然の高低によって水が自然に流れる場合には，高地の所有者は自然の流れを低地に流出させる権利を有し，低地所有者はこれを忍容すべき義務（承水義務）を負う（214条・215条・217条）。

また，高地所有者には，浸水地を乾かすため，もしくは自家用，農工業用の余水を排出するために，公の水流または下水道に至るまで，最も損害の少ない

場所および方法を選んで低地に人工的に排水する権利が認められる（220条）。

しかし，その他の場合には人工的排水は認められないから，高地所有者は，水を隣地に流さないように，貯水，排水，引水のための工作物もしくは雨樋(あまとい)等を適当に設けて保全する義務を負う（216条・217条・218条）。

相隣者は，自己の排水のために，他人の設けた流水工作物を使用できるが，その場合には，それによって利益を受ける割合に応じて工作物の設置または保存の費用を分担しなければならない（221条）。

なお，220条の規定は，余水の排出に限らず，社会生活上必要不可欠なガス管，水道管，電線引込み等の場合にも類推適用すべきであるといわれている。

（4） 流水使用権

土地の所有者は，流水が自己の所有地内を貫流する場合は，隣地へ流れ込む場所（下口）までは水路や幅員を変更したり，池などを作ることができるし，水流地の片岸の土地が他人の所有地である場合には，水路や幅員を変えることはできないが，堰(せき)を設ける必要があれば，その堰を対岸に付着させることができる（219条・222条1項）。

対岸の土地の所有者が川底(河床(かしょう))の一部をも所有している場合には，その堰を使用することができ，受ける利益の割合に応じて，設置保存の費用を分担する（222条2項）。

以上の規定は，水流地が私人の所有に属する場合に関するものであり，公川や河川流の適用を受ける河川の利用の場合には適用されない。

（5） 境界標設置権

土地の所有者は，隣地所有者と共同の費用をもって共有の境界標識（境界標）を設けることができる（223条）。

境界標の種類は，当事者間の協議によるが，協議が調わない場合にはその地方の慣習による。

境界標の設置および保存の費用は，相隣者が等しい割合で負担するが，測量の費用はその土地の広狭に応じて分担する（224条）。

相手方が任意に協力しないときは，裁判所に境界標の設置を請求することになるが，この請求は，境界標設置に協力することを目的とするものであり，請求を認容する判決を得ても，これによって境界が客観的に確定するわけではな

い。境界自体について争いがあれば，別途，境界確定の訴えによって解決しなければならない（最判昭和31年12月28日民集10巻12号1639頁，最判昭和42年12月26日民集21巻10号2627頁参照）。

（6） 竹木切除権

隣地の竹木の枝が，境界線を越えて侵入してきたために損害を生じたり，あるいは損害を生じるおそれがある場合には，竹木の所有者にその枝を切除させることができる（233条1項）。竹木の所有者が請求に応じない場合には，その所有者の費用で第三者に切除させることを裁判所に請求できる（414条2項本文）。

境界線を越えて侵入した竹木の根については，相隣者は自分で切り取る（截取する）ことができる（233条2項）。

通説は，切り取った根の所有権は切取した者に属するとするが，竹木の所有者の所有に帰すべきだとする学説もある。

なお，233条が枝と根を区別して取り扱うこと自体を疑問とし，両者を区別して解釈する必要はないと主張する学説もある。

（7） 間隔保存義務

建物は境界線から50センチメートル以上の距離において建築（築造）しなければならない（234条1項）。採光，通風，外壁修繕の便宜，あるいは延焼防止の観点から設けられた建物の間隔保存義務である。

この義務に違反する建物の築造については，隣地所有者は，建築の廃止または変更を求めることができるが，建物がすでに完成し，あるいは未だ完成しなくとも建築着手の時から1年を経過した場合には，損害賠償の請求しかできない（234条2項）。

都市の中心に近い市街地には，境界に接して建物を建築する慣習があることも少なくないといわれているが，異なる慣習があれば，その慣習に従ってよい（236条）。

もっとも，建築基準法65条には特則があり（最判平成元年9月19日民集43巻8号955頁），建設大臣の指定する防火地域または準防火地域にある建物で，外壁が耐火のものについては，その慣習がなくても，外壁を隣地境界線に接して設けることができることになっている。その他にも，建築基準法には，都市計画

区域内の建物について多くの規制がある（同法48条・52条・53条・54条・55条・56条・56条の2）。

井戸，用水だめ，下水だめまたは肥料だめを掘るには境界線から2メートル以上，池，穴蔵（地下倉）またはし尿だめは1メートル以上隔ててつくらなければならない（273条1項）。

導水管を埋めたり，溝を掘る場合には，その深さの2分の1以上の距離を境界線から保たなければならないが，1メートル以上離す必要はない（273条2項）。

なお，境界線近くでそのための工事をする場合には，土砂の崩壊，水または汚液が漏れ出ることを防止するために必要な注意を払わなければならない（238条）。違反行為に対しては，工事の廃止，変更，予防措置，損害賠償の請求が認められる。

（8）囲障設置権

所有権の異なる二棟の建物の間に空地がある場合には，各所有者は，他の所有者と共同の費用をもって，その境界に垣根や塀などの土地を仕切る工作物（囲障）を設置することができる（225条1項）。

囲障の種類は，当事者間の協議で決めるべきであるが，協議が調わないときは，高さ2メートルの板塀または竹垣その他これらに類する材料のものとする（225条2項）。

囲障の設置および保存の費用は，通常は，当事者が半分ずつ負担するが（226条），相隣者の一人が，費用の増額分を負担すればこれより良い材料またはより高い囲障を設けることもできる（227条）。

以上と異なる慣習があればそれに従う（228条）。

ところで，境界線上に設けられた界標，囲障，障壁，溝および堀は，相隣者の共有に属するものを推定されることになっている（229条）。

したがって，これら境界線上の設置物には，249条以下の共有の規定が当然に適用されることになるけれども，境界線上の設置物としての性質上，分割を請求することは許されていない（257条）。そのため，これを通常の共有と区別して，「互有」と呼ぶこともある。

共有の推定は，障壁が，相隣者の一方の建物の一部をなす場合には及ばない

し，高さの異なる二棟の建物を隔てる障壁が低い建物を越える部分についても，それが防火障壁でない限り，共有の推定は働かない。

前者はその建物の一部として，建物所有者の所有に属することになるし，後者の場合は，高い建物の所有者の専有に属するものと推定される（230条）。

なお，相隣者の一人は，自分で費用を負担すれば，他方の同意なしに，共有の障壁の高さを増すことができる。ただし，その障壁が増高の工事に耐えないときは，自費で現在のものを修理または改築しなければならない（231条1項）。それによって，隣人が損害を受けたときは，償金を支払わなければならない（232条）。

工事によって高さを増した部分は，その工事をした者の単独所有となる（231条2項）。

（9）目隠設置義務

隣接する建物について，境界線から1メートル未満の距離において，隣家の宅地を見通すことのできる窓または縁側（ベランダを含む）を設ける者は，目隠しを付けなければならない（235条1項）。この1メートルという距離は，窓または縁側の隣地にもっとも近い点から垂直線で境界線に至るまでを測定して算出する（235条2項）。

プライバシーの保護がその目的であるが，これと異なる慣習があればその慣習に従う（236条）。

（10）建物区分所有者間

一棟の建物が構造上数個の部分に区分されて，その各部分がそれぞれ独立の建物として別々の所有者（区分所有者）に属する場合，その相互の関係については，「建物の区分所有等に関する法律」（昭和37年法律69号）が適用される。

民法は，一棟の建物を区分して数人で所有することを認め，その相隣関係については旧208条に規定をおいて，建物およびその附属物の共用部分は区分所有者の共有に属するものと推定するとともに（1項），共用部分の修繕費その他の負担は，各自の所有部分の価格の割合に応じて負担するものと定めていた（2項）。しかし，この規定は，一棟の建物を垂直に区分するだけのいわゆる棟割長屋を想定したもので，中高層の分譲マンションのような複雑かつ大規模な区分所有関係に対応するにはどうしても無理があった。

そこで，昭和37年，民法旧208条を削除して，これにかわって「建物の区分所有等に関する法律」を制定したのである（この法律は昭和58年法律51号によって全面改正され，さらに平成14年法律第79号により，その一部が改正されて今日にいたっている）。

この法律の内容には，従来の相隣関係をはるかに超えるものがある。次の点を指摘しておこう。

(a) 建物は，区分所有権の目的となる専有部分と共用部分に分かれる。

専有部分とは構造上独立の建物としての用途に供することができる部分のことであり，一棟の建物のうちで，専有部分以外の部分が共用部分である（同法1条・2条）。

共用部分には，専有部分に属しない建物の附属物および規約により共用部分とされた建物の部分および附属建物も含まれるから（同法2条4項・4条），たとえば，支柱，屋根，外壁のような建物の基本な構造部分はもとより，廊下，階段，エレベーター室のように性質上，構造上，区分所有者全員（または一部）の共用に供せられるもの，さらには，本来は区分所有権の客体であるが，規約によって共用部分とされた（ただし，その旨の登記が必要である。同法4条2項）管理人室，集会室，物置，車庫なども共用部分である。

(b) 共用部分は，原則として，区分所有者の共有に属し（同法11条），区分所有者は共用部分をその用方に従って使用することができるが（同法14条），分割請求をすることは認められないし，共用部分の共有持分は専有部分の処分に従い，専有部分と分離して処分することはできない（同法15条）。持分の割合は，専有部分の床面積の割合による（同法14条）。

(c) 区分所有者は，全員で，建物，その敷地および附属施設の管理を行うための団体を構成し（通常，管理組合と呼ばれる。なお同法47条参照），集会を開き，規約を定め，管理者を置くことができる（同法3条）。集会の決議は，原則として，区分所有者（数）と専有部分の床面積の割合（持分）により定まる議決権のそれぞれ過半数によるが（同法39条），共用部分の変更や規約の設定・変更・廃止は4分の3以上の多数決によらなければならない（同法17条・31条）。

規約および集会の決議は，区分所有者の特定承継人や専有部分の占有者に対しても効力を有する（同法46条）。

(d) 区分所有者に共同の利益に反する行為があった場合には，他の区分所有者全員または管理組合法人は，違反行為者に対して，その行為の停止，結果の除去，行為の予防のために必要な措置をとることを請求できるし（同法57条），共同生活上の障害が著しい場合には，集会の決議にもとづき，訴えをもって専用部分の使用禁止を請求することもできる（同法58条）。さらに，以上の措置でも障害が除去できず，区分所有者の共同生活の維持を図ることが困難であるという場合は，義務違反者の区分所有権および敷地利用権の競売を請求することもできる（同法59条）。

(e) 建物の価格の2分の1以下に相当する部分が滅失した場合には，各区分所有者は滅失した共用部分および専有部分を復旧することができるし，価格2分の1を越える部分が滅失した場合は，集会において区分所有者および議決権の各4分の3以上の多数で，復旧の決議をすることができる。決議が成立した場合，その決議に賛成しなかった区分所有者は，賛成した者に対して，建物およびその敷地を時価で買いとらせることができる（同法61条）。

(f) なお，老朽，損傷，一部滅失などにより建物の効用が著しく落ち，回復するのに過分の費用を要することになった場合には，集会において，区分所有者および議決権の各5分の4以上の多数で建替えの決議をすることもできる（同法62条・63条参照）。

第4節　所有権の取得

1　所有権の取得原因

所有権に特殊な取得原因は，無主物先占，遺失物拾得，埋蔵物発見，添付である。これらの取得原因は，取得時効とともに，所有権の原始取得原因に属するが，今日の社会生活において，所有権の取得原因として重要な意義を有するのは，なんといっても売買その他の契約および相続による承継取得であって，原始取得はそれほど重要性を有するわけではない。

もちろん，農業や漁業，あるいは製造工業においては，先占，付合，加工などによって所有権が原始的に取得されることはあるけれども，その所有権取得関係は，普通，その労働に直接従事する者と雇主との間の契約関係によって決

まり，先占，付合，加工など規定そのものが問題となることはほとんどないといってよい。ただ，付合，とくに不動産の付合の規定については，今日でもなお問題となる場合が少なくない。

2　無主物先占

　たとえば，野山に生息する鳥や獣，川や海にいる魚介類のような野生動物は，人が所有の意思をもって占有を開始することによってその所有権を取得できる（239条1項）。これが無主物先占である。

　ここにいう無主とは，現在その物につき所有権を有するもののないことをいうから，他人の遺棄した物は無主物として先占の対象となるが，所有者はあるけれども誰が所有者であるか判らない遺失物は，無主物とはいわない。

　無主の不動産は国庫に帰属するから（239条2項），先占の対象となるのは動産に限られる。

　もっとも，野生鳥獣，魚介類，鉱物については，特別法により，先占の対象およびその方法が制限ないし禁止されているものもあるので注意を要する（絶滅のおそれのある野生動植物の種の保存に関する法律，漁業法，鉱業法参照）。

　問題は，その制限・禁止に違反した先占の私法上の効力である。かつてはその効力は生じないと考えられていたが，近時は，特別法の制限ないし禁止に反した占有取得でも，原則として，無主物先占としての効果を生ずると解すべきだという主張が有力である。

　なお，労働者は先占の機関であるから，たとえば，雇われた漁夫が捕獲した魚の所有権は雇主に帰属する。

3　遺失物拾得

　遺失物は，遺失物法に従い，すみやかに警察官署に届け出て（同法1条・9条・10条），公告後6カ月内に遺失物の所有者が現われないとき，はじめて拾得した者が所有権を取得する（240条）。

　遺失物とは，投棄や奪取によらずに占有者の占有を離脱した物，つまり，所有者のない物ではなく，所有者があることは明らかであるが，だれが所有者であるかわからない物のことをいうのであるが，遺失物法はさらに，犯罪者が置

き去った物（同法11条），誤って占有した物，他人の置き去った物，逸走（逃走）した家畜も遺失物に準じるものとして取り扱うことにしている（同法11条・12条）。

漂流物および沈没品も，性質上，遺失物といえるが，これについては水難救護法に特別の規定がある（同法24条以下）。

宝くじの拾得については，当せん金証票法が適用される（同法11条・11条の2）。

他人が飼養した家畜外の動物，たとえば，猿，狸，ウグイスなどの野生動物を捕獲した場合については，善意の（他人に飼養されていたことを知らない）捕獲者は，その動物の逃走の時から1カ月以内に飼養主の回復の請求を受けないときに限り，その所有権を取得できる（195条）。かつて，迷走した九官鳥が家畜か否かが争われたことがあるが，大審院は家畜外の動物ではないとして，遺失物法を適用した（大判昭和7年2月16日民集11巻138頁。なお，第Ⅰ編第4章第4節3(4)「家畜外動物の取得権」参照）。人の支配に服さずに生活するのを常態とする野生動物であるかどうかは，動物本来の性質によるのではなく，その地方で実際に野生しているかどうかによる。したがって，わが国に野生していない九官鳥やコアラやライオンなどは，家畜に属し，遺失物法の適用を受ける。

なお，遺失主が現われた場合には，その者に返還し，拾得者は，遺失主の決定に従い，遺失物件の価格の5分以上2割以下の報労金を取得できる（同法4条1項。なお，4条2項参照）。

4 埋蔵物発見

埋蔵物というのは，土地，建物，その他の物の中に包蔵されていて外部から容易に発見できない状態にある物で，所有者がだれであるか明らかでない物のことである。

埋蔵物は，これを最初に知覚した者（発見者）が警察官署に届け出て，遺失物法により公告した後，6カ月内にその所有者が判明しないときに，発見者がその所有権を取得する（241条）。

包蔵物が他人の所有物である場合には，発見者と包蔵物の所有者とで埋蔵物の所有権を折半する（241条ただし書，遺失物法13条）。

埋蔵物が，学術，技芸もしくは考古の資料となるいわゆる埋蔵文化財である場合には，発見者および包蔵物の所有者は，価格に相当する報償金を得るだけで，その所有権は国庫に帰属することになっている（文化財保護法57条ないし65条）。

埋蔵物の所有者があらわれて返還を受ける場合に発見者に支払われる報労金は，遺失物の場合と同様であるが，包蔵物所有者には報労金請求権はない。

5 添　　付

添付とは，付合，混和，加工の総称であり，一つの物が他の物と結合して社会通念上一個の物となったり，工作（労力）を加えられて別個の新しい物となる場合のことを指す。所有者の違う数個の物が付合もしくは混和し，または人の加工によって新しい物となった場合，これを分離復旧させることは不可能もしくは困難であるだけでなく，社会経済上も不利である。そこで，民法は，その復旧を請求させないこととし，新しい物の所有権の帰属者を法定するとともに，当事者間の利害を金銭でもって調節することにした。これが添付の制度である。

（1）付　　合

付合とは，所有者を異にする二個以上の物が結合して，再びこれを分離することが不能か，または著しく困難となり，取引通念上一個の合成物となった場合のことを指す。この場合，一物一権主義の原則により，付合によって合成物の一部分となってしまった物の上に存在した所有権は消滅し，存続する主たる物の上の所有権が，付合によってその部分となった物の上に拡張する。付合には，不動産の付合と動産の付合とがある。

(a) 不動産の付合　　不動産に他人の動産が付合したときは，その動産の所有権は不動産の所有権者に帰属する（242条本文）。しかし，たとえば，小作人が小作権にもとづいて小作地に稲を植えた場合のように，他人の不動産に動産を附属させてその不動産を利用する権原（永小作権，地上権，賃借権等）ある者が付着させた物は付合せず，その者が附属物の所有権を留保する（242条ただし書）。

判例が付合を認めた例としては，無権限者が土地に播いた小麦の種子（大判

大正10年6月1日民録27輯1032頁)，土地に植えつけた稲苗（大判昭和6年10月30日民集10巻982頁)，稲立毛（大判昭和10年10月12日新聞3904号11頁)，栽植した桑樹（大判大正9年12月16日新聞1826号20頁)，建物に施した増改築部分（大判大正5年11月29日民録22輯2333頁，最判昭和28年1月23日民集7巻1号78頁等）などがある。

もっとも，これらのうち，稲立毛，桑葉のようにそれ自体独立の財産として取引の対象となる農作物については，耕作者を保護するために，権限の有無にかかわらず，慣習上土地に付合しないと解する学説があるが，通説は，判例を支持し，無権限者が植栽した場合に付合を認めないという解釈には無理があるし，付合を認めても無権限耕作者の利益は，償金請求権（248条）にもとづく留置権（295条以下）の行使によって保護することができるといっている。

ところで，権原にもとづく付合，すなわち，242条ただし書の適用に関しては問題となる点が少なくない。

(イ) まず，問題となるのは，たとえば，土地に播いた種子，張り替えた家屋の床のように，付着した物が不動産と一体化し，その一部分と認められる場合でも，権限ある者は付着物の所有権を留保できるのかどうかである。学説は分かれるが，通説・判例（大判大正5年11月29日民録22輯2333頁，最判昭和44年7月25日民集23巻8号1627頁等）は，権原による所有権留保の標準を付着物の独立性の有無において，権限による付着物であっても，取引観念上不動産の一部と認められて，独立性を失ってしまった場合（「強い付合」）は不動産に付合し，付着した物が，いまだ完全には独立性を失っていない場合（「弱い付合」）についてのみ，242条ただし書が適用されて，権原のある者に所有権が留保されるとする。

この見解によると，農作物や樹木については，土地に播種あるいは植苗された直後は独立性がなく土地に付合するが，それらが成長して取引上の独立性を取得すると，「強い付合」から「弱い付合」に変化して，権原ある者が耕作していた場合には，農作物や樹木はその者の所有に属すると説くことになる。

また，請負人が自己の材料を掲供して注文者の土地に建物を建築する場合についても同様に考えることができる（大判大正3年12月26日民録20輯1208頁)。

(ロ) 次に，借家人が家主の承諾を得て賃借建物を増改築した場合に，その増

改築部分はだれの所有に属するかということも問題となる。判例は，家主の承諾があれば，建物賃借権も242条ただし書に規定する「権原」に含まれるとし，増改築部分が独立性を有し，区分所有権の対象となる場合に限って，借家人の所有に属するとする（最判昭和38年10月29日民集17巻9号1236頁，最判昭和44年5月30日判時561号43頁）。多数説も判例を支持するが，学説の中には，家主の承諾がある場合には，増改築部分が独立性を有しているかどうかにかかわらず，増改築部分に借家人の所有権留保を認めるべきであるという考えもあるし，建物の賃借権は，増改築の権限をともなわないから242条ただし書の「権原」には含まれないとし，増改築部分が独立性をもたない場合には，家主の承諾の有無にかかわらず増改築部分は建物に付合し，家主の所有となるが，増改築部分が独立性を有する場合は，区分所有権が成立することになるから付合の問題ではなく，はじめから借家人の所有となるとする見解もある。

　なお，権限ある者が保留した所有権を第三者に主張するためには対抗要件を必要とするか否かも問題である。

　判例は，稲立毛については対抗要件を不要とし（大判昭和17年2月24日民集21巻151頁），立木についてはこれを必要とする（最判昭和35年3月1日民集14巻3号307頁）。学説は分かれるが，242条ただし書にもとづく権利については，対抗要件を具備する必要があるとする見解が多数である。

（2）　動産の付合

　所有者の異なる数個の動産が付合して合成物ができ上り，これを分離しようとすれば，損傷するかまたは分離のために過分の費用を必要とする程度になった場合には，分離復旧を請求することが禁じられ，合成物の所有権は，原則として主たる動産の所有者に帰属する（243条）。主従の区別をつけることができないときは，付合の当時における各動産の価格の割合に応じて各所有者の共有となる（244条）。

　付合の成否は，単に物理的に一体となり，事実上一個のものとして使用されることになったということだけでなく，具体的事情を考慮した上で，社会観念によって決せられる。

　したがって，たとえば，漁船に発動機をとりつけた場合，通常は両者は付合し，船舶が主たる動産とみられるが（大判昭和12年7月23日判決全集4巻17号3

頁），発動機の取り外しが容易であったり，発動機が船舶に比べて著しく高価である場合には，発動機は船舶に付合したといえない場合もありうる（大判昭和18年5月25日民集22巻411頁）。なお，刑事判例ではあるが，自転車の車輪とサドルを取りはずして，別の自転車の車体に取りつけても付合は生じないとした判例もある（最判昭和24年10月20日刑集3巻10号1660頁）。

（3）混　　和

米・穀類のような固形物が混ざりあったり（混合），酒や油のような流動物が融合（融和）して識別できなくなった場合のことを混和という。

民法は，所有者の異なる固形物または流動物が混和した場合も，性質上これを付合であると考えて，動産の付合に関する規定を準用することにしている（245条）。

なお，判例は金銭についても混和が生ずることを認め，所有者の異なる金銭が混合すれば，所有者間で全部の金銭を共有するといっている（大判明治36年2月20日刑録9輯232頁，大判昭和13年8月3日刑集17巻624頁）。

（4）加　　工

加工とは，他人の動産に労力（工作）を加えて新しい動産をつくり出すことをいう。たとえば，木材から家具をつくったり，反物（布地）から着物をつくる場合がこれにあたる。加工者が自分の材料を一部提供した場合も加工である。

加工物の所有権は材料の所有者に帰属する。しかし，加工物の価格が著しく材料の価格を超えるとき，および，加工者が自己の材料を提供した場合に，その材料の価格と工作によって増加した価格とを加えたものが，原物の価格を著しく超える場合には，例外的に，加工者が加工物の所有権を取得する（246条）。

判例は，工作によって新しい物，つまり原物とは同一性を有しない物をつくり出すことが加工であると解するから，賄賂として受け取った反物を着物の表にした場合には加工を認めるが（大判大正6年6月28日刑録23輯737頁），貴金属類の原形を変えて金塊としたり（大判大正4年6月2日刑録21輯721頁），盗伐した木材を製材搬出しただけでは加工とはいえないし（大判大正13年1月30日刑集3巻38頁），他人の動産に自分の材料を提供して大修繕を加えた場合も加工したことにはならないといっている（大判大正8年11月26日民録25輯2114頁）。

通説も判例を支持するが，近時の学説においては，たとえば，美術品を修理

して著しく価格が増加した場合のように，工作物が原物と同一性を有する場合でも，工作によって生じた価格が原物の価格を著しく超えるときは，工作者に所有権取得を認めるべきであるとする見解が有力になりつつある。

　加工に関する規定は，たとえば，洋服の仕立業者のように加工を営業とする者には適用されないし（大判大正6年6月13日刑録23輯637頁，最決昭和45年4月8日判時590号91頁），労働者を雇って加工する場合にもその適用が排除される（契約関係が優先する）。

　なお，この規定は，不動産への加工には適用されない。不動産を加工した場合，加工物は常に原物である不動産所有者の所有に属する。ただし，請負人が建築途中で工事を中止し，いまだ独立の不動産とはいえない建物に，注文主の依頼を受けた別の請負人が自己の材料を提供して建物を完成させた場合に，請負人間の建物所有権帰属の問題は，246条2項の規定にもとづいて決定すべきであるとした判例がある（最判昭和54年1月25日民集33巻1号26頁）。

（5）　添付の効果

　付合，混和および加工に共通する法律効果は，次の四点である。

　(a)　添付によって新しく生じた物について，その分離復旧を認めない（242条・243条・245条・246条）。これは，添付の基本的性格であり，強行規定でる。

　したがって，後日たとえ何らかの原因によって物が分離して元の状態に復するようなことがあっても，いったん消滅した所有権が復活することはない。

　(b)　添付によって新たに生じた物は，必ず何人かの所有または共有となる（242条・244条・245条・246条）。この所有権帰属に関する規定は任意規定であるから，新しく生じた物をだれの所有に属させるべきかは当事者間の合意（契約自由）に任される。

　(c)　添付により所有権を失った者または労力を損した者は，補償を受けることができる（248条）。添付は，社会経済上の利益を考慮して旧物の所有権を消滅させて新しい物の上に新たな所有権を成立させる制度であり，当事者間に所有権の変動を生じさせる実質的理由（「法律上の原因」）があるわけではない。

　したがって，これによって所有権を取得する者と失う者との間に実質上不当利得の関係が生じることになるからである。なお，この利得の償還に関する規定も任意規定と解されているから，私的自治による解決にゆだねられる。

(d) 添付の規定によって消滅する所有権の上に存在する第三者の権利も保護される。添付によって所有権が消滅すると，その物の上に存在した権利も原則として消滅するが，他物権，ことに担保物権をそのまま消滅させてしまうことは，著しく取引の安全信頼を害することになる。そこで，消滅した物の所有権が新しい物（合成物，混和物または加工物）の単独所有者となったときは，旧物の上に存在した他物権も新しい物の上にそのまま存続し，共有者となった場合は，共有持分の上に存続することにしている（247条）。そして，新しい物の所有権とならなかった場合には，旧物上の権利が担保物権であれば，物上代位の原則（304条・350条・372条）によって，旧物の所有者が取得する償金（248条）の上に行使できることになっている。これに関する規定は強行規定である。

第5節　共　　有

1　序説──共同所有の諸形態

　共有というのは，数人の者が，相互に特別の人的関係なしに同一物を所有する共同所有形態のことである。共同所有関係の比較法制史は，われわれに共有以外に総有および合有という共同所有形態があることを教えているし，近代法においてもこれらの存在が完全に払拭されてしまったわけではない。しかし，近代法は，物が商品として自由に流通することを最大限に保障するという観点に立って，一個の物は一人の所有者に帰属するという建前をとったし，例外的に一個の物を数人で所有することを認める場合でも，共同所有の性質をできるだけ個人所有の性質に近づけようとした。そこで，近代法が共同所有の原則的な形態としたのが共有である。

　わが民法もこの共有をもって共同所有の原型とするが（249条以下），共同所有関係は必ずしも一様ではなく，学説は，現行法の下においても，共有の他に合有，総有という共同所有関係の存在を認めることができるといっている。

　(a)　共有　　たとえば，A，B二人が交互に使用するために共同購入した別荘の共同所有関係が共有である。

　共有は，その起源をローマ法に発するといわれる極めて個人主義的な共同所有の形態である。共同所有者は，共有物の上に持分を有し，共有物全部につい

てその持分に応じた使用収益をすることができるが，その持分は，普通の所有権と同一であるから，共同所有者はその持分を自由に処分することができるし（持分処分の自由），また何時でも共同所有を終止して，単独所有に移行させることができる（分割請求の自由）。

　共有関係は，前例のように当事者の意思（共同で所有する意思の合致）にもとづいて成立するほか，法律上当然に成立することがる（たとえば，229条・241条・244条・245条参照）。

　(b)　合有　　組合財産がこれにあたる。

　たとえば，A，B，C三人が，共同事業を営むために組合契約を締結して，出資あるいは共同購入した店舗その他の事業用財産は，民法は「共有」という言葉を使用しているが（668条），共同所有者（組合員）全員に合有的に帰属すると解されている（学説上異説を聞かない）。

　合有は，数人が集って共同体を構成し，その構成員各自が主体者となりながらも，全員が一団となって財産を共同に所有する関係である。古代ゲルマンにおける家長死亡後の共同相続人の共同所有の形態に源を発しているといわれ，ドイツ民法では，組合財産，権利能力なき社団の財産，夫婦財産共同制における夫婦共有財産，共同相続財産について認められている共同所有関係である。共同所有者は，それぞれ，目的物に対して個人的な持分権（所有権）をもっているが，その持分権は共同目的のために拘束されて潜在的なものとなり，共同目的の存続中は顕在化しないから，その間，共同所有者は持分を処分する自由はなく，目的物を分割する権利をもたない。これが合有の特質である。

　わが民法は合有の観念を認めていないが，すでに述べたように，通説は組合財産（668条）を合有とみる（判例については，最判昭和33年7月22日民集12巻12号1805頁参照）。遺産分割前の共同相続財産（898条）を共有とみるべきか，合有とみるべきかについては，学説上激しい争いがあるが，合有と解する学説が有力である（判例は共有であるとする。最判昭和30年5月31日民集9巻6号793頁，最判昭和38年2月22日民集17巻1号235頁，最判昭和50年11月7日民集29巻10号1525頁など）。

　なお，信託法は，数人を受託者とする信託財産は合有であると規定している（信託法24条1項）。

　(c)　総有　　たとえば，登記簿上はA，B名義で登記されている山林である

が、その山林は、昔からＡ、Ｂが所属する村の村人達の共同財産であり、Ａ、Ｂはもとより他の村人達もその山林に立ち入って薪やキノコを採ったり、狩猟したりしながら、共同して管理しているという場合、入会権が各村人にも村落共同体にも帰属することになるが、この場合の入会地（山林）の所有形態が総有であるといわれている。

総有はゲルマンの村落共同体の耕地、山林、原野にその典型が見出されるといわれるが、共同体自身が各共同所有者（構成員）の変動を越えて、同一性を保ちながら、目的物を支配するというきわめて団体的色彩の強い共同所有形態である。そこにおいては、所有権の内容は、管理処分権能と使用収益権能とに質的に分裂し、管理処分権は共同体に帰属し、各構成員は使用収益権を有するにとどまる。

したがって、各構成員は、目的物上に持分をもたず、そのために持分の処分ということもないし、物の分割が請求できるということもない。しかも、この使用収益権も構成員としての地位を併合してのみ行使できる。そういった共同所有関係が総有である。

このような共同所有形態は、近代的所有権が成立する以前の農村においては極めて普通であったと想像されており、わが国でも徳川時代における村中入会、数村惣持地入会などの所有形態は、この総有であったといわれている。

民法は、上記の例のような共有の性質を有する入会権については、各地方の慣習に従うほか、共有の規定（249条以下）を適用すると規定しているが（263条。なお、294条参照）、この規定は、総有的入会権を規定したものと解するのが一般的であり、共有の規定を適用する余地はほとんどないであろうといわれている。

2　共有の性質と持分

(1)　共有の法的性質

共有の法律的構成に関しては、学者の説くところは一致せず、従来から二つの見解が対立している。一つは、①共有とは、一個の物の上に各共有者はそれぞれ一個の所有権を有しているが、物が一個であるために各所有権の内容が縮減されており、その内容の総和が結局独立の一個の所有権の内容に等しい状態

であると説く見解であり（個別的所有権説），他の一つは，②一個の所有権を各共有者が量的に分有する状態だとみる見解である（所有権分有説）。

①説が多数説であるが，一物一権主義の建前からいうと②説の構成の方がすなおであるといえる。もっとも，これらは理論的な差異，いいかえれば説明方法の問題にすぎず，②説に立っても，その所有権の量的一部は，その性質，効力においては所有権そのものと全く同一の取扱いがなされるべきであるというのであるから，いずれの見解によったとしても，具体的な適用の上で差異が生ずるわけではないといわれている。

なお，判例は，「共有ハ数人カ共同シテ一ノ所有権ヲ有スル状態ニシテ共有者ハ物ヲ分割シテ其ノ一部ヲ所有スルニアラス各共有者ハ物ノ全部ニ付キ所有権ヲ有シ他ノ共有者ノ同一ノ権利ニヨリテ減縮セラルルニ過キス従テ共有者ノ有スル権利ハ単独所有者ノ同一ノ権利ト性質内容ヲ同フシ唯其分量及ヒ範囲ニ広狭ノ差異アルノミ」と述べており（大判大正8年11月3日民録25輯1944頁），①説を支持しているようである。

(2) 共有持分の法的性質

各共有者が共有物に対して有する権利，すなわち共有持分（権）の法的性質についても，上記の共有の性質論に対応して見解は分かれ，①説においては，共有者の持分権は，一つの物の上に成立する他の所有権によって制限を受ける一個の所有権だと考え，②説は，一個の所有権の分量的一部分だと説く。しかしながら，②説においても，共有持分権は，質的には完全独立な所有権と少しも変らず，ただ他の者と共同するため，その所有権の一般的支配としての内容が一定の割合に制約されているのだというのであるから，両説いずれによっても，共有持分権は，完全独立の所有権と全く同一の性質を有すると解すべきことになる。

(3) 共有持分の割合

共有持分の割合，つまり各共有者が共有物に対して有する支配（持分）内容の分数的割合は，共有者間の契約（意思）もしくは法律の規定によって定まる（241条・244条・245条等）。

しかし，これらによって定まらないときは，一般に持分の割合は相等しいものと推定される（250条）。もっとも，不動産に共有の登記をする場合には，必

ず各自の持分の割合を記載することになっているから（不登39条），共有関係が登記された場合には，この推定ははたらかない。

なお，民法は，「持分」という語を，共有持分の割合の意味（249条・250条・253条・261条）だけでなく，共有持分権の意味（252条・255条）にも用いているから，条文を読む場合には注意する必要がある。

3 共有者の権利
（1） 内部関係

共有持分権は，完全独立の所有権としての性質・効力を有するから，各共有者は，その持分については所有者としての権利を行使できることになる。しかし，単独所有の場合とは異なり，他の共有持分の存在による制約を受けるから，その権利行使にも一定の制限がともなう。

共有者相互間においては，次のような法律関係が生ずる。

(a) 共有物の使用収益　各共有者は，共有物の全部について持分の割合に応じて使用ないし収益をすることができる（249条）。

たとえば，A，B，C三名が2：1：1の割合で出資して別荘を共有する場合，別荘4室のうち，Aが2室，B，Cがそれぞれ各1室だけ使用できるというのではない。A，B，Cそれぞれ別荘全体（全室）を使用できる。ただ，その使用頻度，期間等が持分に応じたものでなければならないという意味である。

もっとも，共有物の使用収益の方法範囲については，共有者間の協議でこれを定めることができるから（この場合には，共有者の持分の価額の過半数の同意が必要である。252条），共有者間の協議によれば，持分の割合とは異なった使用収益の定めをすることもできるし，共有者の一人に単独で共有物を使用させることもできる。

なお，共有者間に共有物の使用収益をめぐって紛争が生じ，収拾がつかない場合には，裁判所によって定めてもらうこともできるが，終局的な解決方法としては共有物の分割を請求して共有関係を解消するほかなかろう。

判例は，①遺産分割前の相続家屋の居住をめぐる争い（使用者の変更）が問題となった事案についてであるが，「少数持分権者は自己の持分によって，共有物を使用収益する権限を有し，これに基づいて共有物を占有するものと認め

られるから……多数持分権者が少数持分権者に対して共有物の明渡を求めることができるためには，その明渡を求める理由を主張し立証しなければならない」と判示して，相続開始前から相続家屋に居住している相続人（相続分12分の1）に対する他の相続人（相続分合計12分の11）の家屋明渡請求を否定している（最判昭和41年5月19日民集20巻5号947頁）。

②死亡した内縁夫婦の一方の相続人が，その死後も単独で共有不動産の占有使用を継続している他の一方（内縁の妻）に対して持分2分の1の賃料相当額を不当利得として請求した事案についてではあるが，「内縁の夫婦がその共有する不動産を居住又は共同事業のために共同で使用してきたときは，特段の事情のない限り，両者の間において，その一方が死亡した後は他方が右不動産を単独で使用する旨の合意が成立していたものと推認」できるから，内縁夫婦の他の一方は共有不動産の単独使用につき不当利得返還義務は負わないといっている（最判平成10年2月26日民集52巻1号255頁）。

(b) 共有物の管理　共有物の保存行為は，各共有者が単独でできるが（252条ただし書），管理行為（利用，改良）については持分の価格の過半数の同意を必要とする（252条本文）。共有物の変更・処分は全員の同意が必要である（ただし，共有持分権の処分は，各共有者の自由に任されていることであるから，他の共有者の同意を必要としない）。

(イ) 保存行為　たとえば，共有物の修理修繕のように目的物の現状を維持する行為が保存行為である。共有者全員の利益となることであるから，保存行為は各共有者単独でこれをすることができる（252条ただし書）。

判例は，さらに共有者の一人が第三者に対して共有物の妨害排除を請求したり（大判大正10年7月18日民録27輯1392頁），返還請求をすること（大判大正10年6月13日民録27輯1155頁），および不法登記の抹消を請求すること（大判大正12年4月16日民集2巻243頁。ただし，共同鉱業権の登録に関する事案）なども，広く保存行為にあたるといっている。

(ロ) 管理行為　共有物をその経済的用途に従って活用すること（利用行為）および共有物の性質または形状の変更に至らない範囲で改良をほどこし，その使用価値を増大させる行為（改良行為）が，ここにいう管理行為である。共有者の一人に共有物の使用収益を任せる旨の定めをすることはもとよりのこ

と，賃貸借契約等を介して，共有物を第三者に利用させることも管理にあたる（ただし，存続期間が長期に及ぶ借地権の設定は，次に述べる変更とみる余地があろう）。

判例はさらに，すでに存在する共有物を目的とする使用貸借契約や賃貸借契約を解除することも管理行為に該当するといっている（最判昭和29年3月12日民集8巻3号696頁，最判昭和39年2月25日民集18巻2号329頁。ただし前掲最判昭和41年5月19日参照）。

管理に関する事項は，共有持分の価格の過半数で決定することができる（252条本文）。

(ハ) 変更　共有物の変更には共有者全員の同意が必要である（251条）。

判例に現われた共有物変更の例としては，共有山林の伐採（大判昭和2年6月6日新聞2719号10頁），農地から宅地への変更（最判平成10年3月24日判時1641号81頁），共有不動産への地上権設定（最判昭和29年12月23日民集8巻12号2235頁）がある。

判例および通説は，ここにいう「変更」には共有物の物理的変更だけでなく法律的変更，つまり，売却，地上権や抵当権設定などの法律的処分も含まれるとする。これに対して，共有持分権の性質上，共有持分の処分は自由であり，共有物全体の処分に共有者全員の同意を必要とするのは，251条の規定をまつまでもなく当然のことであるとして，251条の「変更」は文字どおり物理的変更だけを意味し，法律的な変更である共有物の処分はこれに含まれないと解する学説も有力である。

(c)　管理費用の負担　共有物の管理費用，公租公課などの負担は，全共有者がその持分の割合に応じて負担する（253条1項）。共有者のある者が，1年内にその義務を履行しないときは，他の共有者は相当の償金を払ってその持分を取得することができる（253条2項）。共有物に関して共有者間に債権関係が発生した場合，債権者は，債務者である共有者が自分の持分を第三者に譲渡した場合でも，当該債務者はもちろん，その特定承継人である第三者に対しても債権を行使することができる（254条）。

また，債権者は，分割の際に，その債務者の受けるべき部分をもって弁済させることもできる（259条）。これらは，いずれも共有関係の円満な協同を担保

するための特例である。

　(d)　共有持分の放棄　　共有者は，いつでもその持分を放棄することができる。その場合，放棄された持分は消滅することなく，他の共有者全員に各自の持分の割合に応じて帰属し，それだけ持分が拡張する。死亡した共有者について相続人のないことが確定した場合も全く同様である（255条）。ただし，相続人なくして死亡した共有者に特別縁故者がある場合は，特別縁故者への分与（958条の3）が優先する（最判平成元年11月24日民集43巻10号1220頁）。

　(e)　持分権の主張　　各共有者は，自分の持分を争う他の共有者があれば，その者だけを被告として，単独で持分権確認の訴えを提起することができるし（大判大正6年2月28日民録23輯322頁，大判大正11年2月20日民集1巻56頁等），共有者の一部に妨害行為（たとえば共有山林の無断伐採）をする者があれば，その者に対して，共有物全体について妨害排除の請求をすることもできる（大判大正8年9月27日民録25輯1664頁）。また，共有不動産の登記が他の共有者の単独名義となっている場合には，その名義人に対し共有名義に変更するように請求することもできる（大判明治37年4月29日民録10輯583頁）。

　なお，その場合には，単独登記を抹消した上で共有名義に変更せよと請求することになるが（大判大正8年11月3日民録25輯1944頁），登記の全部抹消によって第三者の権利が喪失するおそれがある場合には，更正登記手続によるべきであるといわれている（大判大正10年10月27日民録27輯2040頁。なお，最判昭和38年2月22日民集17巻1号235頁参照）。

(2)　外 部 関 係

　(a)　持分権の対外主張　　共有持分権は，対外的にも，完全独立の所有権と全く同一の性質を有しているから，各共有者は，単独で持分権を第三者に主張することができる。その要件，効果なども全く所有権と同一である。

　(イ)　持分権確認の訴え　　第三者が自分の持分権を否認するときは，その者だけを被告として持分権の確認を請求することがきる（大判大正8年4月2日民録25輯613頁，大判昭和3年12月17日民集7巻1095頁）。

　(ロ)　妨害排除請求　　第三者が共有物を無権原で占有している場合，各共有者は共有物全部に対する妨害の排除を請求することができる（大判大正7年4月19日民録24輯731頁）。判例は，その根拠を保存行為に求める（大判大正10年7

月18日民録27輯1392頁)。学説においては従来から議論があり，判例を支持する学説が通説であるが，近時は，各共有者は持分権の本質である所有権の効力として当然に共有物全部について妨害排除を請求できるとする見解（持分権説）が有力である。

(ハ)　返還請求　　第三者が共有物の占有を奪ったときも，各共有者は，自己の持分の割合だけの占有の返還を請求できるだけでなく，共有物全部の返還を求めることもできる。問題はその根拠であるが，判例は，保存行為にその根拠を求めるもの（大判大正10年6月13日27輯1155頁）と，共有物の引渡請求権が不可分債権に類似すること（428条の類推）を理由とするものとに分かれる。学説においても見解が分かれ，①保存行為説，②不可分債権説，③持分権説があるが，近時は③説が有力である。

(ニ)　登記請求　　登記請求についても持分権確認の訴えと同様に解してよい。すなわち，各共有者は，第三者を相手方として，単独で自己の持分に関する登記（持分取得登記）を請求することができるし（大判大正11年7月10日民集1巻386頁），第三者の不正登記の抹消を求める場合でも，単独で全部の抹消を請求することができる（大判大正12年4月16日民集2巻243頁，最判昭和31年5月10日民集10巻5号487頁）。

判例はこの場合も保存行為を根拠とするが，学説においては(ハ)の場合と同様見解が分かれる。

(ホ)　時効中断等　　各共有者は，第三者に対して，自分の持分の存在を主張し，時効中断の効力を発生させることもできる（大判大正8年5月31日民録25輯946頁）。

また，共有物の侵害に対して，持分の割合に応じた（427条）損害賠償請求権を行使することができる（最判昭和41年3月31日判時443号32頁，最判昭和51年9月7日判時831号35頁）し，共有物から生ずる賃料について共有持分の範囲で請求権をもつ（最判昭和51年9月7日判時831号35頁）。

(b)　共有関係の対外主張　　第三者に対して，全体としての共有関係を主張して，その確認を求めたり，登記手続を請求したり，あるいは時効を中断する場合には，共有者全員の共同が必要である（大判大正5年6月13日民録22輯1200頁，大判大正8年5月31日民録25輯946頁参照)。単独訴訟を許しても既判力が全

員に及ばないため，その実益が小さいからである。もっとも，共有関係の主張と持分権の主張とは，必ずしも厳密に区別できるものではなく，一見すると共有関係の主張にみえる場合であっても，その実質は持分権の主張であると解することができる場合もある。

そこで，近時の判例は，共有関係の対外主張の多くを各共有者の持分権の主張とみて，すでに述べたように持分権にもとづく各種の主張を認めている。

入会権確認の訴え（最判昭和41年11月25日民集20巻9号1921頁），共有者全員が提起した共有物の所有権確認および所有権移転登記手続請求の訴え（最判昭和46年10月7日民集25巻7号885頁），共有地の境界確定の訴え（最判昭和46年12月9日民集25巻9号1457頁），実用新案登録を受ける権利の共有者が提起する審決取消の訴え（最判平成7年3月7日民集49巻3号1044頁）については，固有必要的共同訴訟であり，共有者全員の名で訴訟を提起しなければならないとする。学説の中には，このような訴えは，252条ただし書の保存行為にあたるとして，共有者全員の共同は必要でないとする見解もあるが，通説は判例を支持する。

4 共有物の分割

（1） 分割の自由

各共有者は，当事者間に特別の関係がある場合（208条・229条・676条2項）を除くほかは，いつでも共有物の分割を請求して共有関係を終了させることができる（256条1項本文）。

もちろん，共有者が分割を不適当であると考える場合には，共有者間の合意（不分割契約）によって分割を禁止することができる。しかし，その場合でも，分割禁止の期間は5年を超えることができないものとされており（256条1項ただし書），更新は許されるが，更新期間もまた，更新の時から5年を超えてはならないことになっており（256条2項），各共有者には分割の自由が保障されている。

なお，この不分割契約は，共有持分権の特定承継人をも拘束するが（254条），共有物が不動産である場合には，その旨の登記がないと特定承継人に対抗できない（不登39条の2）。

(2) 分割請求権の法的性質

共有物分割請求権の法的性質については学説は分かれ，裁判所による分割という法律関係の形成を内容とする形成権であるとする見解，共有関係解消を目的とする物権的請求権の一種であるとする考えもある。通説は，裁判上のみならず，裁判外の一方的意思表示によっても分割という法律関係を形成することができる形成権であると解している。

通説によれば，分割請求権の行使によって，各共有者は分割に応じ，分割の協議をなすべき義務を負い，協議が整わないときは分割を裁判所に請求することできるということになる。

(3) 分割の方法

(a) 協議上の分割　分割の請求がなされた場合には，共有者全員が分割に応じ，その方法について協議をしなければならない（258条1項）。

分割の仕方としては，主に，次の三つの方法があるといわれている。第一は，現物分割である。これは，共有物をそのまま分量的に分配する方法であり，分割における最も普通の方法であるといわれている。第二は，代金分割であり，共有物を売却してその代金を分配する方法である。この方法によると，売却と同時に各共有者は原則として代金債権を分割取得することになる（427条）。第三は，価格賠償による分割の仕方である。これは，たとえば，共有者の一人が共有物の単独所有権を取得して，その価格を他の共有者にその持分の割合に応じて賠償するという方法である。協議が整うかぎり，分割の方法は自由である。また，分割の割合についても共有者間で自由に定めることができる。

協議が不調に終った場合，または，共有者の一部が協議に応じない場合には，裁判上の分割によることになる（258条1項）。

(b) 裁判上の分割　分割の訴えは，裁判所が共有物の分割をし，共有者の権利関係を定めることを請求する形成の訴えであり（大判大正3年3月10日民録20輯150頁），分割の効果は共有者全員に画一的に定まるのであるから，この訴えは必要的共同訴訟である（大判明治41年9月25日民録14輯935頁，大判大正12年12月17日民集2巻687頁）。

したがって，共有者は原告であるか，被告であるかは問わないが，必ず全員が当事者にならなければならない。

裁判所は，分割の方法について，当事者の申立てに拘束されずに自由に定めることができるが，現物分割を原則とし，それが不可能なときまたは現物分割をすれば著しく価格を損するおそれがある場合には，競売を命じ，その代金を分配することになっている（258条2項）。もっとも，判例は，共有者の一人が共有物の分割を請求したが，他の者が分割を欲していないような場合には，請求者に対してのみ持分の限度で現物を分割し，その余は他の共有者の共有として残すこと（一部分割）もできるし（最判平成4年1月24日判時1424号54頁），共有者全員の希望に応じて現物分割をすると，各共有者の取得する現物の価格に過不足が生じる場合には，持分の価格以上の現物を取得する共有者に超過分の対価を支払わせて，過不足の調整をすること（一部価格賠償）も現物分割の一態様として許されるとする（最大判昭和62年4月22日民集41巻3号408頁）。

また，共有物を共有者のうちの特定の者に取得させるのが相当であると認められ，かつ，他の共有者に持分の価格を取得させても共有者間の実質的公平が害されないという場合には，共有物を共有者の一人の単独所有または数人の共有とし，他の共有者に対しては持分の価格を賠償する方法（全面価格賠償）によることもできるとして（最判平成8年10月31日民集50巻9号2563頁，最判平成9年4月25日判時1608号91頁，最判平成10年2月27日判時1641号84頁），柔軟かつ多様な分割方法を認めている。

なお，裁判上の分割には利害関係人の参加が認められている。すなわち，共有物について地上権，抵当権，質権などのような権利を有する者，および各共有者の債権者は，自分の費用で分割に参加して裁判所に意見を述べることができる（260条1項）。

しかし，利害関係人は分割の当事者ではないから，裁判所は分割の通知をする必要はないし，分割に参加して意見を述べても，その意見に拘束される必要もない。ただ，参加の請求があったにもかかわらずその参加を待たないで分割したときには，その分割は，参加請求者に対抗できないというにとどまる（260条2項）。

（4） 分割の効果

分割によって共有関係は終了し，各共有者は分割の時から自分の取得した部分について単独所有者となる。

この分割の効果は遡及しない。これは，民法が共有物分割をもって持分の相互交換であると解したことの当然の結果である。

これと異なり，遺産分割については遡及効が認められており（909条），それが遺産共有をもって合有とみる一つの根拠となっている。

共有物の分割は，持分権の相互交換によって実現されるから，各共有者は，他の共有者が分割によって取得した物について，売主と同じように，その持分の割合に応じて担保責任を負わなければならない（261条）。担保責任の内容としては，代金減額と損害賠償は常に可能であるが，解除，すなわち分割のやり直しは，協議上の分割の場合には許されるが，裁判上の分割については認めるべきではないと解されている。

共有物の分割は，分割の時から将来に向かってのみ効力を生ずるから，分割前に共有者の一人が持分上に設定した担保物権は，その目的物が存続するかぎり，原則として分割によって影響を受けない。すなわち，持分上に担保物権を設定した持分権者が，価格賠償により共有物全部を取得した場合には，担保物権はなお従来どおり持分の上に存続し，共有物が全部他人に帰属した場合も，他人に帰属した物の持分の上に担保物権は存続する（なお，この場合は，設定者が受ける金銭の上に物上代位を行うこともできる）。

さらにまた，共有物が設定者を含む数人に分属した場合も，担保物権が設定されている持分権は消滅せずに存続して，共有物全部の上に持分の割合に応じて存続するものと解されている（大判昭和17年4月24日民集21巻447頁）。

なお，民法は，分割後に各自の権利関係を証明できるように，分割に関する証書の保存義務者を定めるとともに，証書の保存者は，必要に応じて他の分割者にその証書を使用させなければならないものとしている（262条）。

5 準 共 有

準共有というのは，数人が共同して所有権以外の財産権を所有することであり，この場合には，法令に別段の定めがないかぎり，共有の規定が準用されることになっている（264条）。

準共有の対象となる財産権は，地上権，永小作権，地役権，抵当権（大判昭和15年5月14日民集19巻840頁）などのほかに，株式，特許権，実用新案権，意

匠権，商標権，著作権，鉱業権，漁業権などがあり，判例はさらに，用益的債権である賃借権（大判昭和8年11月22日判決全集3巻40頁）や使用借権（大判大正11年2月20日民集1巻56頁），形成権である売買予約完結権（大判大正12年7月27日民集2巻572頁）についても準共有が認められるといっている。

　民法が準共有の成立を認めたのは，共同所有の原型的な形態である共有の法技術を可能なかぎり他の財産権にも適用することを意図したものであるが，特別規定によって共有に関する規定の適用（準用）が排除される場合は，思いのほか多いことに注意しておかなければならない。たとえば，民法自身，地役権や解除権については不可分性に関する規定があり（282条・284条・292条・544条），また，通常の債権については多数当事者の債権に関する規定がある（427条～431条）。組合財産（668条・670条以下）や根抵当権（398条の14）についても特別の規定をおいている。さらに，特別法上の物権や無体財産権については数多くの特別規定が存在する（商法203条・318条，有限会社法22条，特許法33条・73条・77条・94条，実用新案法9条・19条・26条，意匠法36条，商標法35条，著作権法64条・65条，鉱業法44条，漁業法32条・33条など。なお，建物の区分所有等に関する法律12条以下参照）。特別法上の財産権の準共有に関する特則については，民法の定める共有が著しく個人主義的であるために，これを修正する目的で定められたものが多いといわれている。

第6章 地上権

第1節 序　　説

　民法は，他人の所有する土地を利用することのできる権利として，地上権（265条），永小作権（270条），地役権（280条），入会権（263条・294条）の四つの用益物権を規定している。

1　地上権の意義および性質
（1）　地上権の意義
　地上権とは，他人の土地において工作物または竹木を所有するため，その土地を使用する権利である（265条）。「工作物」とは，建物の他に橋梁・道路・水路・池・トンネル・テレビ塔・地下鉄・地下街など地上および地下の一切の建造物を含む。「竹木」についてとくに制限はないが，ただ，稲・麦・桑・野菜・果樹などのように栽植することが「耕作」と認められるものについては，永小作権の対象となり地上権は成立しない。
　ところで，民法起草者は，宅地として他人の土地を利用する場合，もっぱら地上権が利用されるだろうと考えていたようである。民法施行法は，民法施行前から存在する地上権については，民法施行の日より1年内にこれを登記しなければ，第三者に対抗することができないとした（同法37条）。実際にこの登記が行われることはなく，従前からの地上権者は第三者に対抗することができなかった。そこで，このような地上権の存続を図るために，明治33年に制定された「地上権ニ関スル法律」は，この法律の施行前から存在する借地権を地上権と推定するとし（同法1条），このような地上権は，この法律の施行の日（明治33年4月16日）より1年内に登記をしなければ，これをもって第三者に対抗することができないとした（同2条1項）。それでも地上権の登記はほとんど行

われなかった。借地人は、地主を相手取り地上権設定登記を求めて裁判に訴えることはできたのであるが、当時、借地は地主の温情にもとづくものだという意識が強く、そのような温情関係の下で、借地人が裁判に訴えてまで地主に登記を迫るなどということはとてもできない状況にあったのである。

今日においても、地上権の登記（不登3条2号・78条参照）がなされている例はあまりない。宅地利用のための地上権はほとんど利用されていないのが実情である（後述）。ただ、トンネル・橋・テレビ塔・ゴルフ場施設といった工作物を所有するための地上権や、マンションの敷地として利用するための地上権については、登記されることがある。

☆　地上権の登記に関して富山県滑川市で起こった地上権騒動が注目される。明治33年の「地上権ニ関スル法律」が制定された頃、滑川市では地上権の登記をしておかないと地上権が認められなくなってしまうというので、従前からの借地人たちが地主に対し地上権の登記を求めて交渉したが、地主側はこれに応じなかった。そこで騒動が起こり、結局、地主がこれに応じることになったため、当時、数多くの地上権の登記が行われた。それが、他では見られない珍しい例となって、今日まで残っているという。

（2）　地上権の法律的性質

地上権は、他人の土地を使用する物権（用益物権——他人の所有権を利用の面で制限するという意味で制限物権ともいわれる）であるから、工作物や竹木が滅失しても、地上権が消滅することはない。また、地上権は、物権であることから当然に譲渡性、相続性、対抗力が認められる（ただし、対抗力については登記が必要である）。

2　地上権と賃借権との違い

ところで、Aの土地をBが借りて、その土地上にBが建物を建てる場合、それは債権である賃貸借（601条）によっても目的を達しうる。土地の利用関係については、もっぱら賃貸借が利用され、地上権はほとんど利用されないというのが現実である。地主は、強力な物権である地上権を好まないからである。地上権と賃貸借とでは、大きな点として、以下のような違いがある。

（1）　対抗要件としての登記につき、物権である地上権は177条が適用され、

地上権設定登記について合意がなくとも当然に登記が認められる。地主が登記について承諾しない場合、最終的には地上権者は地主を被告として地上権設定登記を求めて裁判に訴え、勝訴の判決をもらって単独で登記を申請することができる（不登63条1項）。これに対して、賃貸借の場合、605条にいう賃借権の登記ができるのは、登記をするという特約があって賃貸人が登記について承諾しているときに限られると解されている（大判大正10年7月11日民録27輯1378頁）。

（2）　存続期間につき、民法では、地上権は長期のもの、賃貸借はそれより短期のものとされている。地上権の設定契約の際に、「永久」とか「無期限」という約束をすることもあるといわれているが、地上権者がその権利を放棄しないときは、裁判所が当事者の請求によりその存続期間を定めることになる（268条2項。なお、後述「地上権の存続期間」を参照）。これに対して、賃貸借の存続期間については、20年を超えることができないとされている（604条1項本文――なお、借地借家法による修正があることに注意）。

（3）　譲渡性については、物権である地上権は自由に譲渡することができ、地主の承諾は必要としない。これに対して、債権である賃借権は、賃貸人の承諾がなければ譲渡したり転貸することができない（612条1項）。

（4）　物権である地上権には物権的請求権がともない、第三者が土地を不法に占拠している場合、地上権者は妨害排除の請求をすることができる。これに対して、債権である賃借権にそのような請求権はないが、判例は対抗要件を備えた不動産賃借権につき賃借権にもとづく妨害排除請求権を認める（最判昭和28年2月18日民集7巻12号1515頁）が、学説では、不法占拠者に対しては、対抗力を備えなくとも妨害排除を認めるべきだとする見解がある。

3　特別法による修正

（1）　建物保護法の制定

明治42年制定の「建物保護ニ関スル法律」（建物保護法）は、建物の所有を目的とする地上権または土地の賃借権により、地上権者または土地の賃借人がその土地の上に登記した建物を有するときは、地上権または土地の賃借権は、その登記がなくとも、これをもって第三者に対抗することができると定めた（同

法1条)。これによって，借地権の登記がなくとも，建物の登記があれば借地権を第三者に対抗することができるようになった（建物は，地上権者または借地人の建物であるから，地主の承諾がなくてもその登記をすることができる）。

(2) 借地法の制定

大正10年に制定された借地法は，建物の所有を目的とする地上権と賃借権を一括して借地権と称し（同法1条），また存続期間を法定して，堅固な建物の所有を目的とする借地権は60年，その他の建物の所有を目的とする借地権は30年とし（同法2条1項），堅固な建物について30年未満の借地権を，その他の建物について20年未満の借地権を，たとえ合意があっても認めないこととし（同法2条2項・11条——強行規定），さらに，更新の請求や建物の買取請求権などを認めた（同法4条以下）。

なお，賃借権の譲渡について，上述のように612条はこれを制限しているが，借地法10条は，無断の譲渡があったときに，建物の所有権を取得した第三者が賃貸人（地主）に対して，時価で建物の買取りを請求することができるとした。この点につき，昭和41年の借地法改正により，地主の承諾に代わる裁判所の許可制度が導入されることにより（同法9条ノ2・9条ノ3），賃借権の譲渡性が実質的に肯定されるという結果になり，その意味では地上権の場合と違いはなくなった。

(3) 借地借家法の制定

平成3年10月に制定された「借地借家法」（平成4年8月1日施行）は，旧来の「借地法」，「借家法」および「建物保護ニ関スル法律」を見直し，これらを一本化したものである。

☆ 借地借家法の主な改正点を簡単に掲げておこう（なお，詳しくは，本シリーズ『講説民法（債権各論）』115頁以下を参照）。

(a) 借地権の存続期間　①借地権の存続期間を30年とし（借地借家3条），更新後の存続期間は，最初の更新では20年，それ以後は10年とする（同法4条）。②存続期間の満了前に建物が滅失した場合に，地主の承諾をもらって建物を再築したときは，20年の期間の延長を認める（同法7条）。

(b) 借地契約の更新拒絶の要件につき，更新拒絶するための「正当の事由」が明確化され，その際，財産上の給付（立退料）の申出が考慮される（同法6

条)。

(c) 更新されない借地権として，定期借地権（同法22条），建物譲渡特約付借地権（同法23条），事業用借地権（同法24条）の制度が導入された。

(d) 自己の土地上に自己の借地権の成立を認めるという自己借地権制度が導入された（同法15条）。

(e) 建物が滅失した場合の借地権の対抗力につき，登記ある建物が滅失しても，その建物を特定するために必要な事項，滅失があった日および建物を新たに築造する旨を地上の見やすい場所に掲示すれば，借地権は消滅せず2年間は効力を有する（同法10条2項）。

第2節　地上権の成立と消滅

1　地上権の成立

　地上権は，地上権設定契約により成立するが，その他に取得時効（163条）による場合や法定地上権（388条）のように法律の規定にもとづいて成立する場合がある。

（1）　地上権設定契約

　地上権は，設定行為という諾成・不要式の物権契約によって（すなわち，意思表示によって）成立する。地代は地上権の要素ではないから，無償の地上権もありうるが，普通は地代の支払が約される。ただ，他人の土地の利用権が設定された場合，それが地上権なのか賃借権なのか不明な場合があるが，その場合には，契約における当事者の意思解釈の問題として妥当な解決を図る必要がある。ただ，今日，宅地利用に関し，当事者の合意によって地上権が成立することはほとんどなく，「借地」といえば，普通は601条以下の賃借権を指すといっていいほどである。

（2）　法律の規定にもとづく地上権

　(a) 法定地上権　　同一人の所有する土地およびその上にある建物が，抵当権の実行によって土地と建物との所有者が異なるにいたった場合には，建物所有者のために，法律上当然に地上権が設定されたものとみなされる（388条）。これを法定地上権という（ほかに民事執行法81条，国税徴収法127条などによる場

(b) 時効取得による地上権　　地上権は時効によっても取得することができる（163条）。その要件として，土地の継続的使用という外形的事実の存在と，その使用が地上権行使の意思にもとづくことの客観的表現という二つの要件が必要とされる（最判昭和45年5月28日判時596号41頁，最判昭和46年11月26日判時654号53頁）。

2　地上権の消滅

（1）　地上権の消滅事由

　地上権は，その目的の土地の滅失，混同，消滅時効，放棄（放棄については後述）など，物権一般の消滅事由によって消滅する。存続期間の満了のとき（地上権の更新がない場合）もそうである。ほかに以下のような地上権に特有な原因によって消滅する。

　(a) 地代不払による地上権の消滅請求　　地上権者が地代の支払を引き続き2年以上（継続的に2年分以上の地代支払がないこと）怠ったとき，または破産の宣告を受けたときに，地主は地上権の消滅を請求することができる（266条1項による276条の準用）。消滅請求権は形成権であり，地主の意思表示によってその効力が生ずる。

　(b) 地上権の放棄　　地代支払義務のない地上権については，地上権者はいつでも自由にこれを放棄することができる。地代支払義務のある地上権については，存続期間を定めていないときは，別段の慣習がないかぎりいつでもこれを放棄できる（268条1項本文。なお，後述「地上権の存続期間」を参照）。また，地上権者が，不可抗力によって引き続き3年以上まったく収益を得ず，または5年以上地代より少ない収益しか得られなかったときは，地上権を放棄することができる（266条1項による275条の準用）。

（2）　約定消滅事由

　土地所有者と地上権者との間で地上権の消滅事由について取決めをすることは自由である。ただ，地代滞納を消滅事由とする場合には，地上権者にとって276条よりも不利な取決めをすることはできないと解される（通説）。

（3）　地上権設定契約の解除

永小作権について，永小作人は土地に対して，回復することのできない損害を生ずべき変更を加えることができない（271条）。地上権については，そのような制限はない。しかし，賃貸借契約における用法違反と同様に，そのような変更を加えたときには，541条によって解除が認められる（後述の永小作権の箇所を参照）。

第3節　地上権の効力

1　地上権の内容

地上権者は，他人の土地で工作物または竹林を所有するために，その土地を使用することができる（265条）。物権としての地上権は，排他的な使用・収益権能を有する。

2　対抗力

地上権は，登記をすることによって第三者に対抗することができる（177条。登記の申請書には，地上権設定の目的を記載し，もし登記原因に存続期間，地代またはその支払時期の定めがあるときは，これを記載することを要する——不登78条）。建物の所有を目的とするときは，借地借家法により，地上権の登記がなくとも，その土地上の建物について登記することによって対抗力が生ずる（借地借家10条）。なお，罹災都市借地借家臨時処理法によれば，地上権者は，建物の滅失にかかわらず5年間は借地権を第三者に対抗できるとされている（借地借家10条）。

3　地上権の存続期間

（1）　存続期間の定めがある場合

地上権の存続期間については，永小作権や（278条）賃借権（604条）のような制限がなく，設定行為によって自由に定めることができる。存続期間の定めについては登記事項とされている（不登78条3号）。存続期間を「永久」としている地上権設定契約につき，判例はこれを「当事者ノ設定行為ニ一任シ一切制限セサル法意」であるとし有効とする（大判明治36年11月16日民録9輯1244頁）。

また、「無期限」と登記された地上権につき、「反証ナキ限リ存続期間ノ定メナキ」地上権を指すと解される（大判昭和15年6月26日民集19巻1033頁）。2年とか3年といった短期間の地上権設定は，借地借家法が適用される場合（この場合には法定期間がある）を除けば，地代据置期間とみる学説がある。

（2） 期間の定めがない場合

設定行為で存続期間を定めなかった場合において，別段の慣習がないときは，地上権者はいつでも地上権を放棄することができる。ただし，地代を支払うべきときは，1年前に予告をし，または未だ期限の到来しない1年分の地代を払うことを要する（268条1項）。地上権者が268条1項の規定によってその権利を放棄しないときは，裁判所が当事者の請求により20年以上50年以下の範囲で，工作物または竹木の種類およびその状況その他地上権設定当時の事情を考慮して，その存続期間を定める（同条2項）。

（3） 建物所有を目的とする地上権

建物の所有を目的とする地上権については，借地借家法が適用される（同法1条参照）。

4　地　　代

（1） 地代支払義務

地上権者が定期の地代を払うべきときは，永小作権に関する規定（274条～276条）が準用される（266条1項）。したがって，地上権者は，不可抗力により収益につき損失を受けたときであっても，地代の免除または減額を請求することができない（274条の準用）。

また，地代については，賃貸借の規定が準用される（266条2項）。その結果，地上権の目的の一部が地上権者の過失によらないで滅失したときは，地上権者は，その滅失した部分の割合に応じて地代の減額を請求することができる（611条1項の準用）。その場合において，残存部分だけでは，地上権を設定した目的を達することができないときは，地上権者は契約を解除することができる（同条2項の準用。さらに，地代の支払時期につき614条が準用される）。

（2） 地代の定めの登記

前に触れたが，地代の定めは（定めがあるときは），登記事項となっている

（不登78条2号）。民法上，地上権は地代をその要素とせず無償を原則としており，地上権を譲り受けた者に対して地代の定めにつき登記しておかないと，これを対抗することができない。

　これに対して，今日では無償の地上権は稀であり，地上権を譲り受けた者は，地代支払義務があることを予想しているはずであるから，地代の登記がなくとも地代支払義務を当然に受け継ぐとする登記不要説もある。

（3）　地代増減請求権

　合意された地代について，経済事情の変動により地代が不相当に安くなった場合，地主は地代の増額を請求することができるし，逆に，地上権者からの減額請求権も認められる（借地借家11条）。

5　地上権の処分

　地上権は物権であるから，譲渡は自由である（ただ，対抗要件としての登記が必要である——177条）。設定行為で譲渡を禁止しても効力を有しない。永小作権と異なりその定めを登記する方法がないからである（不登78条・79条3号参照）。地上権者は，地上の工作物や竹木を他人に譲渡するとともに地上権も譲渡することによって，投下した資本の回収を図ることができる。地上権につき，抵当権の設定をすることもできるし（369条2項），また，地上権者は，地上権の目的となっている土地を他人に賃貸することができる（たとえば，大判明治36年12月23日民録9輯1472頁）。

6　相隣関係の規定の準用

　相隣関係に関する規定のうち209条から238条までの規定は，地上権者間または地上権者と土地所有者との間に準用される（267条）（ただし，229条の規定に注意）。

7　収去権および買取権

　地上権者は，その権利が消滅した時に，土地を原状に復してその工作物および竹木を収去することができる。ただし，土地の所有者が時価相当額を提供してこれを買い取る旨を通知したときは，地上権者は，正当な理由がなければこ

れを拒むことができない（269条1項）。これと異なる慣習があるときは，その慣習に従う（同条2項）。

第4節　地下・空間を目的とする地上権（区分地上権）

1　区分地上権の意義

　地下または空間は，工作物を所有するため，上下の範囲を定め，これを地上権の目的とすることができる（269条の2第1項前段）。この規定は，都市における土地の立体的・効率的利用，地下・空間の階層的利用のために，昭和41年に追加されたものである。

　地下や空間部分を区切ってこれを独立させ利用することのできる特殊な地上権であり，区分地上権ともいわれる。地下地上権は，地下駐車場・地下鉄・地下道・地下街などのために利用され，空間地上権は，モノレール・高架鉄道・橋梁などのために利用される。この地下・空間地上権は，現代的な権利として今後の広範な活用が期待される。

2　区分地上権の設定および対抗要件

　区分地上権の設定は，土地所有者と区分地上権者との間の契約によって行われる。その土地について第三者が土地の使用または収益する権利（地上権・永小作権・賃借権など）を有する場合には，そのすべての承諾を得ることが必要である（269条の2第2項）。なお，区分地上権を行使するために，土地の使用（地表の使用）に制限を加えることができる（269条の2第1項後段）。

　区分地上権は，登記により第三者に対抗することができる（177条，不登3条2号）。なお，区分地上権の登記を申請するには，地上権設定の目的のほか，地代またはその支払時期や存続期間の定めがあるときはその定め，民法269条の2第1項前段に関する地上権の設定にあっては，その目的である地下または空間の上下の範囲および同項後段の定めがあるときはその定めなどが登記事項とされている（不登78条参照）。

第7章 永小作権

第1節 永小作権の意義と沿革

1 永小作権の意義

他人の所有する土地を耕作　牧畜のために使用する用益物権として，永小作権がある。永小作人は小作料を払って，他人の土地に耕作または牧畜をする権利を有する（270条）。

2 永小作権と賃借権との違い

永小作権と同様の目的は，債権である賃貸借（601条）によっても達しうるが，地上権の場合と同じように，民法上両者は以下のような違いがある。

① 対抗力について，永小作権は物権であるから，永小作人は地主に対する登記請求権を有するが，賃借権は，特約がないと登記は認められない（605条）。この点につき，農地法によって，賃借人は土地の引渡しを受ければ賃借権を第三者に対抗できると修正された（同法18条1項──賃借権の物権化）。

② 存続期間について，永小作権は20年以上50年以下という長期のものであるが（278条），これに比べると賃借権は20年以下という短期である（604条）。もっとも，農地賃貸借の解約については知事の許可が必要とされ（農地法20条），実質的には農地の賃貸借は長期のものとなっているようである。

③ 権利の譲渡性について，物権たる永小作権は，地主の承諾なしに譲渡することができる（272条本文。なお，同条ただし書は，合意によって永小作権の譲渡・土地の賃貸を禁ずることを認めている──これについては後述する）。これに対して，賃借権は，賃貸人の承諾が必要とされ（612条），農地法による修正を受けていない。

　　☆　永小作権の沿革　わが国では，江戸時代から特殊な永小作慣行が見られ

た。それは期間がきわめて長期のものであったり，あるいはその定めがなかったり，また永小作人の権利もほとんど所有権に近い内容を有するものであった。ところが，民法施行に際して，そのような永小作権は，完全な支配権としての近代的所有権と相容れないものとされ，旧慣の永小作権は廃止されることとなった。こうして，永小作権は，民法施行後50年で消滅することになった（民法施行法47条1項ただし書・2項）。これに対して，旧来の永小作権者たちは強く抵抗したのであるが，なかでも高知県ではその抵抗運動は相当激しかったという。その結果，民法施行法が改正されることになり，民法施行の日から50年を経過した後1年内に，地主が相当の償金を提供して永小作権の消滅を請求することができ，もし，地主がこの請求権を行使しないときは，その後1年以内に永小作人が相当の代価を払って所有権を買い取ることを要するとされた（同47条3項）。こうして，旧慣にもとづく永小作権はかろうじて存続しうることとなったが，永小作権の登記はほとんど行われることはなく，多くは第三者に対抗することができなかった。さらに，第2次大戦後の農地改革に際しては，自作農創設が方針として打ち出され，これとともに永小作権はほとんど消滅してしまった。ただ，さきほど触れた高知県においては永小作権の登記がまだ残っており，全国的にも珍しい例となっているという。

　なお，開墾永小作権といわれるものがあった。これは地主と共同して原野を開拓したことに対する報償として設定された永小作であり，その所有形態は上土権（うわっち）（鍬先権といわれるところもある）と底土権（そこっち）からなる。このような所有形態は，「一地両主」（所有権者が二人ということ）とも呼ばれ複雑な所有形態をとっていた。ドイツではこれを分割所有権というが，それは，一個の所有権が，地主の有する上級所有権（底土権はこれに相当する）と，直接に耕作・利用する小作人の有する下級所有権（上土権がこれに相当する）とに質的に分割されているというものである。明治政府は，地租改正の準備段階として土地所有者に対し地券を発行したが，その前提として，開墾永小作地については，その所有者をまず確定する必要があった。その際，所有者として地券を交付されたのは底土権者（上級所有権者）であった。上土権者は所有者として扱われず，単に用益権者として扱われることになったのである。

　☆　小作問題に関して　　わが国において，永小作権が設定されることはめったになく，小作関係はほとんど賃借小作である（したがって，以下にみていく永小作権に関する規定は，今日ほとんどその必要性を失っており，実際には，歴史的意義を有するのみといってもいい過ぎではない）。大正時代の終わり頃，小作料

をめぐって地主と小作人が激しく対立し，各地で小作争議が頻発した。そのため，大正13年に「小作調停法」が制定されたのであるが，これは小作人保護という趣旨をもつものではなく，調停という形で紛争を解決することを定めるに止まった。しかし，紛争はこの調停によって実質的に合理的な解決が図られた。その後，昭和26年に「民事調停法」が制定された（民事調停法25条〜30条の「農事調停」を参照）。また，昭和13年に「農地調整法」が制定され，さらに第2次大戦後に「自作農創設特別措置法」が制定され，自作農主義政策が進められた。昭和27年には農地調整法が廃止され，代わって「農地法」が制定され，賃借小作権は相当強化されてきたといえる。

第2節　永小作権の成立および対抗要件

　永小作権は，設定行為により成立する。契約がその代表例であるが，遺言による場合もある。永小作権を設定する場合，農地法による知事の許可が必要とされる（農地法3条1項）。また書面を作成して，存続期間・小作料の額・支払条件など契約内容を明確にする必要がある（同法25・32条）。

　永小作権の対抗要件として，登記を必要とする（177条，不登3条3号・79条）。

第3節　永小作権の効力

1　永小作権の内容と土地使用の制限

　永小作人は，小作料を支払って，他人の土地において耕作または牧畜をする権利を有する（270条）。

　永小作人は，土地に対して，回復することのできない損害を生ずべき変更を加えることができない（271条）。これと異なる慣習があるときは，その慣習に従う（277条）。

2　永小作権の譲渡・賃貸

　永小作人は，その権利を他人に譲渡し，またはその権利の存続期間内において耕作もしくは牧畜のため土地を賃貸することができる。ただし，設定行為でこれを禁じたときは，この限りでない（272条。この禁止の合意は，登記しなけれ

ば第三者に対抗できない——不登79条3号)。これと異なる慣習があるときは，その慣習に従う (277条)。なお，永小作権の移転・賃借権の設定などについて，農地法による規制がある (同法3条・5条)。

3 賃貸借の規定の準用

永小作人の義務については，永小作権の章の規定および設定行為をもって定めたもののほか，賃貸借に関する規定が準用される (273条——たとえば，地主の保存行為 (606条2項)，土地の一部滅失と小作料減額請求権 (611条)，小作料の支払時期 (614条)，小作人の通知義務 (615条)，使用貸借の規定 (616条) の準用など)。これと異なる慣習があるときは，その慣習に従う (277条)。

4 小 作 料

永小作人は，小作料支払の義務を負う (270条)。小作料は永小作権の要素である。小作料は，地主と永小作人との取決めによる (ただ，後述のように農地法の規制を受ける)。また，永小作人は，不可抗力により収益につき損失を受けたときであっても，小作料の免除または減額を請求することができない (274条)。これと異なる慣習があるときは，その慣習に従う (277条)。

なお，農地の小作料については，農地法における小作料の定額金納 (同法21条・22条)，小作料の増減請求権 (同法23条・24条。24条は，不可抗力により収穫が少ないときの小作料の減額請求を認めているので，農地については民法274条は適用されない)，小作料の標準額 (同法24条の2・24条の3) の規定が適用される。したがって，民法の規定は，農地以外の永小作権についてのみ適用される。

5 永小作権の放棄および消滅請求

永小作人が，不可抗力により引き続き3年以上まったく収益を得ず，または5年以上小作料より少ない収益しか得られなかったときは，その権利を放棄することができる (275条)。これと異なる慣習があるときは，その慣習に従う (277条)。

永小作人が引き続き2年以上小作料の支払を怠ったときは (継続して2年分以上小作料支払を怠ることをいい，ある年の小作料の支払を怠った状態が2年

以上経ったということは含まない），土地の所有者は永小作権の消滅を請求することができる（276条）。これと異なる慣習があるときは，その慣習に従う（277条）。

6 永小作権の存続期間

永小作権の存続期間は，20年以上50年以下とされる。もしこれより長い期間の永小作権を設定したときであっても，その期間は50年とされる（278条1項）。永小作権の設定を更新することができるが，その期間は50年を超えることができない（同条2項）。設定行為をもって期間を定めなかったときは，別段の慣習がある場合を除くほか，これを30年とする（同条3項）。

7 収去権および買取権

永小作人は，別段の慣習がないかぎり，その権利の消滅の時，土地を原状に復して地上物を収去することができる。ただし，土地の所有者が時価相当額を提供してこれを買い取るべき旨を通知したときは，正当の理由がなければ，これを拒むことができない（279条による269条の準用）。

第4節 永小作権の消滅

永小作権は，物権に共通の消滅原因によって消滅するはか，前述のように，永小作権の放棄，永小作権の消滅請求，存続期間の満了などによって消滅する。消滅に関して，前記の収去権および買取権の問題が生ずる。

第8章 地役権

第1節　地役権の意義および種類など

1　地役権の意義

(1)　地役権とは何か

　地役権とは，設定行為で定めた目的に従い，他人の土地を自己の土地の便益に供する権利である（280条）。たとえば，甲地の所有者Aが，隣の乙地を所有するBとの合意によって乙地の一部を通行するという権利である（この場合を通行地役権という）。便益を受ける側（便益を求める側）の土地（A所有の甲地）を「要役地」，便益を提供する側の土地（B所有の乙地）を「承役地」という。

　便益の内容は，他人の土地を通行するとか，他人の土地から水を引いてくる（引水地役権）というのが代表例であるが，ほかにもさまざまある。日照を確保するための日照地役権，眺望を確保するための眺望（観望）地役権（これらは，承役地の所有者がある一定以上の高さの建物を建てないという不作為義務を負う），温泉の源泉地から湯を引くための引湯地役権，送電線を引くための送電線地役権なども設定される。見晴らしのいいホテルの前地に高い建物が建つと営業に支障をきたすので，前地の所有者に一定の高さを超える建物を建てさせないという不作為義務を課す地役権は眺望地役権である。

　ただ，このような地役権が，実際に設定されることはめったにない。地役権の成立が問題となるケースは，主に地役権の時効取得に関してである（後述）。もっとも，宅地の分譲が盛んに行われる今日，通行地役権や引水地役権などを活用する余地があるものと思われる。

(2)　通行地役権と他の通行権との違い

　他人の土地を通行するという場合，公道に至るための他の土地の通行権（囲繞地通行権ないし隣地通行権，210条以下——第5章第3節「相隣関係」を参照）に

よってもその目的を達しうるが，囲繞地通行権は，袋路所有者がやむを得ず囲繞地（袋地を囲んでいる土地）を通行しうる権利であって，設定行為によらず民法の要件を備えれば当然に認められる権利であるが，それは最小限のものとされる。これに対して，通行地役権は，設定行為によるのであるから，どのような範囲で通行できるかについては自由に定めることができる。

また，賃貸借契約（601条）にもとづいて，他人の土地を通行することもできるが，この場合には，賃借人だけが独占的にその土地を利用しうることになる。これに対して，地役権の場合は，その設定により承役地を共用することができる。通路として利用するならば，要役地の所有者だけに利用を独占させる必要はなく，承役地の所有者と共用させても（地役権者の権利行使を妨げない範囲において），何ら支障を生ずることはないからである（後述「承役地所有者の権利・義務」参照）。

2　地役権の種類

地役権は，前述のように便益の内容・目的によってさまざまな種類に分かれるが，さらに，権利行使の形態によって以下のような分類ができる。

（1）　継続地役権と不継続地役権

継続地役権とは，地役権の行使が時間的に間断なく続いている地役権をいう。通路を開設した通行地役権，水路を開設した引水地役権，日照地役権，眺望地役権などがその例である。不継続地役権とは，地役権を行使するためそのたびに行為を必要とする地役権をいい，通路を開設しない通行地役権や汲水地役権がこれにあたる。この分類は取得時効の成立をめぐって実益がある。

（2）　表現地役権と不表現地役権

地役権の内容が外部からみて認識できる地役権を表現地役権といい，そうでないものを不表現地役権という。通行地役権や地表上の水路による引水地役権，汲水地役権は前者にあたり，地下の水管による引水地役権，眺望地役権などは後者にあたる。この分類も取得時効に関して実益がある。

（3）　作為地役権と不作為地役権

通行地役権のように承役地を通行するというのは作為を目的とする作為（積極）地役権であり，眺望地役権のように承役地上に一定の高さの建物を建てな

いというのは不作為（消極）地役権である。

第2節　地役権の成立と対抗要件

1　地役権の設定

　地役権は，要役地の所有者と承役地との所有者との間の設定行為という合意によって成立する（要役地上の地上権者・永小作人・賃借人は地役権を行使することができる）。遺言による地役権設定も認められる。対価の支払は地役権の要素ではない。対価の有無（有償か無償か）は，設定行為によることになるが，対価の特約について登記の方法が認められていない（不登80条1項参照）。この特約は債権的効力を有するにすぎないとされる（大判昭和12年3月10日民集16巻255頁）。

2　地役権の時効取得

　地役権の成立が問題となるのは，主として時効取得をめぐってである。長期間にわたって他人の土地を通行してきたという場合，地役権の取得時効が成立するかどうか裁判上問題になることが多い。民法は，163条において所有権以外の財産権の取得時効を認めているが，地役権の取得時効については，163条の規定する自己のためにする意思，平穏かつ公然などの要件を満たすだけでは足りず，さらに「継続的に行使され，かつ，外形上認識することができるものに限り」地役権の取得時効が認められる（283条）。平成16年改正前の「継続且表現ノモノニ限リ」と同じ趣旨である。すなわち，「継続的に行使」されている（継続性）というのは，地役権の内容が間断なく続いている状態のことであり，「外形上認識することができる」（表現性）というのは，地役権の内容の実現が外部から認識できるということである。このように地役権については，取得時効の要件が加重されている。

　たとえば，隣人のよしみで好意的に通行を許してきたところ，ある日突然，その隣人が時効により地役権を取得したと主張し，これが認められるとしたら好意が仇になる。このような場合，他人の土地を通行するときには，283条の要求する「外形上認識することができる」（表現性）という要件は満たしてい

るといえるが，問題は，「継続的に行使され」（継続性）という要件を満たしているかどうかである。判例によれば，この継続性につき，承役地の上に通路の開設があり，その開設が要役地の所有者によってなされたことを要するとしている（最判昭和30年12月26日民集9巻14号2097頁，最判昭和33年2月14日民集12巻2号268頁，最判平成6年12月16日判時1521号37頁ほか）。このように判例の態度は，よほどのことがないかぎり，地役権の時効取得を認めないというものである。

3 地役権の対抗要件

地役権の登記が認められ（177条，不登3条4号・80条），登記をしなければ，第三者に対抗できない（大判大正10年1月24日民録27輯221頁）。なお，時効が完成した後に承役地を取得した第三者に対しては，時効取得者は登記をしておかなければ地役権を主張できない（大判昭和14年7月19日民集18巻856頁）が，時効が完成した時の所有者およびその一般承継人に対しては，登記がなくとも地役権を主張できる。

第3節 地役権の効力

1 地役権の内容

地役権は，引水や通行などのように他人の土地を自己の土地の便益のために供することをその内容とする（280条本文）。ただし，所有権の限界に関する第3章第1節（206条〜238条）の規定の中で，公の秩序に関する規定に違反してはならない（280条但書）。

地役権は物権であるから，その侵害に対しては物権的請求権の行使が認められる。

2 地役権の存続期間

地役権の存続期間については制限がなく，「永久」と定めることもできる（通説）。存続期間を定めたとき，これを登記しなければ第三者に対抗できないと解されている（不登80条1項2号はこれを認めたものと解されている）。

3　地役権の附従性（随伴性）

　地役権は，要役地の所有権の従としてこれとともに移転し，または，要役地の上に存する他の権利の目的となる。ただし，設定行為に別段の定めがあるときは，この限りではない（281条1項本文）。たとえば，要役地の所有者がその土地を売却すると，地役権も当然に買主に移転し，その際，移転につき売買の当事者間で意思表示を必要としない（大判大正10年3月23日民録27輯586頁）。これを地役権の附従性（もしくは随伴性）という。また，要役地の上に抵当権が設定されると，抵当権の実行によって買受人は地役権を取得する。設定行為に別段の定めをしたときは，それに従う（281条1項）が，それを登記しなければ第三者に対抗できない（不登80条3号）。さらに，地役権は，要役地から分離してこれを譲渡したり，他の権利の目的とすることができない（281条2項）。

4　地役権の不可分性（土地が共有の場合の地役権の処理）

　要役地や承役地が共有の場合，分割や一部譲渡がなされたときに一部の者だけ地役権の消滅を認めると他の共有者が害されことになる。民法は，このような場合，地役権をできるだけ存続させるという方向で処理をしている。これを地役権の不可分性という。

（1）　共有の場合

　①要役地が共有の場合，共有者の一人は，その持分につき，「その土地のために」存する地役権を消滅させることができない（282条1項）。②承役地が共有の場合，共有者の一人は，「その土地について」存する地役権を消滅させることができない（同条1項）。

（2）　分割・一部譲渡の場合

　①要役地の分割または一部の譲渡の場合においては，地役権は，「その各部のために」存する（同条2項本文）。②承役地の分割または一部の譲渡の場合には，地役権は，「その各部について」存する（同条2項本文）。

（3）　共有者による地役権の時効取得

　共有者の一人が時効によって地役権を取得したときは，他の共有者もまたこれを取得する（284条1項）。共有者に対する時効中断は，地役権を行使する各共有者に対してこれをするのでなければ，その効力を生じない（同条2項）。

地役権を行使する共有者が数人ある場合において，その一人に対して時効停止の原因があっても，時効は，各共有者のために進行する（同条3項）。

（4）　要役地が共有の場合における地役権の消滅

要役地が数人の共有に属する場合において，その一人のために時効の中断または停止があるときは，その中断または停止は，他の共有者のためにもその効力を生ずる（292条）。

5　用水地役権

用水地役権の承役地において，水が要役地および承役地の需要に比して不足するときは，その各土地の需要に応じて，まずこれを生活用に供し，それで残余があればそれを他の用途に供するものとされ，ただし，設定行為に別段の定めがあるときは，この限りでないとされる（285条1項）。同一の承役地の上に数個の用水地役権を設定したときは，後の地役権者は，前の地役権者の水の使用を妨げてはならない（同条2項）。

6　承役地所有者の義務・権利

設定行為または設定後の特別の契約により，承役地の所有者がその費用をもって地役権の行使のために工作物を設け，またはその修繕をする義務を負担したときは，その義務は承役地の所有者の特定承継人もまたこれを負担する（286条，なお，不登80条1項3号を参照）。また，287条は，放棄による286条の負担の免除を規定する。

承役地の所有者は，地役権の行使を妨げない範囲内おいて，その行使のために承役地の上に設けた工作物を使用することができる（288条1項）が，この場合，承役地の所有者は，その利益を受ける割合に応じて工作物の設置および保存の費用の分担をすることを要する（同条2項）。

第4節　地役権の消滅

地役権は，物権に共通する消滅事由によって消滅するほか，先に触れた放棄（287条）や，以下の地役権に特有な消滅原因がある。

1　承役地の時効取得

　承役地の占有者が取得時効に必要な要件を具備する占有をしたときは，地役権は，これによって消滅する（289条）。この場合の消滅時効は，地役権者がその権利を行使することによって中断する（290条）。

2　地役権の消滅時効

　地役権は20年間行わないときは，時効によって消滅する（167条2項）。その場合の時効の起算点に関して，167条2項に規定した消滅時効の期間は，不継続地役権（継続的でなく行使される地役権）については，最後の行使の時より起算し，継続地役権（継続的に行使される地役権）についてはその行使を妨げる事実が生じた時よりこれを起算するとされる（291条）。なお，前述したように，要役地が数人の共有に属する場合，その一人のために時効の中断または停止があるときは，その中断または停止は，他の共有者のためにも，その効力を生ずる（292条）。地役権者がその権利の一部を行使しないときは，その部分のみ時効によって消滅する（293条）。

第9章 入会権

第1節 序　説

1　入会権の意義とその役割

　わが国では，古くから村落の住民が山林や原野に分け入って，薪にするために木を伐ったり，飼料や肥料にするために草を刈ったりして利用する慣行があった。このように村落の住民が，旧来の慣習や規約に服しつつ一定の山林・原野を利用して収益を得る権利を入会権という（漁業権・温泉権・水利権など慣習法上の物権についても入会権が問題となるが，ここでは山林・原野の入会権についてみていくことにする（なお，「入会」という呼び方は，鎌倉時代の史料に初めて見られ，立山・入山・入籠などともいわれた））。

　民法は，入会権について二つの規定をおいている。まず，共有の性質を有する入会権については，各地方の慣習に従うほか，共有の規定を適用するとし（263条），次に，共有の性質を有しない入会権については，各地方の慣習に従うほか，地役権の規定を準用するとしている（294条。この二つの規定は，立法者が入会権の実態を把握できなかった結果の苦肉の規定であったといわれている）。両者を区別する基準は，地盤の所有権が入会権者に属するか，それとも他人に属するかにあるという（大連判大正9年6月26日民録26輯933頁）。しかしながら，そのような区別は，入会権にとって本質的なものではなく——入会権については，まず慣習が適用されるため，共有の規定が適用されたり地役権の規定が準用されたりする余地はほとんどないといわれている——むしろ，入会権の本質は，山林・原野の利用・収益権にあるといってよい。入会権は，農民の生活を支える権利として，昔は重要な役割を果たしてきたが，今日では，プロパンガスや化学肥料・飼料などの普及により，その役割を終えつつあるといってよい。

2　入会権の法的性質

　入会権の地盤が村落住民に属する場合，それは総有といわれる共同所有の一形態だと解されてきた。村落の住民はだれでも（慣習上認められた入会集団全員が）入会地を利用できる権利を有しているが，各構成員は，共有において認められているような（249条以下参照）持分をもたず，したがって，持分の処分権や分割請求権をもたない。また，地盤が村落の住民に属せず，他人（他村）に属する場合にも，その利用権は総有的利用権であると解されている。

　このように，従来，入会権は総有であるといわれてきたが，今日では，入会権の解体現象がみられ，総有はかなり変化してきているとの指摘がなされている。

3　入会権の解体と近代化

(1)　入会権の解体

　今日，入会権の総有形態は変化し，以下のような利用形態がみられるという。入会権の解体現象である。

　(a)　個人分割的利用形態　　これは，各入会権者が入会地の一部に植林や耕作や建築などして独占的に利用する形態である。分け山とか割山などとも呼ばれるが，これを個人所有権と同じように扱ってよいものかどうかは問題であるとされている。判例は，入会地の一部が「分け地」として村落住民のうちの特定の個人に分配され，独占的な使用収益，自由な譲渡が許される慣行がある場合には，特段の事情がない限り，入会権の存在が否定されるとしたものがある（最判昭和32年9月13日民集11巻9号1518頁）。他方で，入会地の大部分が「分け地」として村落住民に分配されたが，住民は採草については「分け地」の区分なく入会地のどこにでも自由に立ち入ることができ，村落外への転出によって「分け地」および入会地についての一切の権利を喪失する慣習があり，また権利について売買譲渡その他処分行為がされた事例がないときは，「分け地」は入会地の性格を失ったということはできないとしたものがある（最判昭和40年5月20日民集19巻4号822頁）。

　(b)　直轄利用形態　　これは，入会集団が，各住民の自由な立入りを禁止し，たとえば，独占的に植林し，これを育成・伐採・売却するなど経営をして，そ

れによって得た収益を村の財源に当てるというものであり，留山(とめやま)とも呼ばれる。

(c) 契約利用形態　これは，入会集団が，契約によって，第三者に入会地を利用させ，この対価を得るというものである。第三者は，これを炭焼・植林・牧場経営にあてたりするが，近頃では，別荘地やゴルフ場・テニスコートなど観光事業やレクリエーション施設としての利用がふえてきた。

以上のように，村の人ならだれでも自由に山へ分け入って利用するという昔ながらの総有形態の入会権は，現在では解体の現象をみせている。しかしながら，なお維持されているところもあるといわれ，入会紛争が起こったときには，住民の利益・実情を考慮しつつ妥当な解決を図る必要がある。入会権が解体しつつあるからといって，これを普通の所有権と同様に扱って処理することはできない。

(2) 入会権の近代化

幕藩体制以来，個人所有の山林と比べると，入会山林は植林が行われることも少なく，多くは山が荒れて「坊主山」になるといわれた。このような状況のなか，昭和41年に「入会林野等に係る権利関係の近代化の助長に関する法律」（法126号。一般に，入会近代化法といわれる）が制定された。この法律は，「入会林野又は旧慣使用林野である土地の農林業上の利用を増進するため，これらの土地に係る権利関係の近代化を助長するための措置を定め，もって農林業経営の健全な発展に資することを目的とする」（入会林野1条）ものである。具体的には，入会権を消滅させて，所有権，地上権その他の使用収益権とし，また，入会地を農林業用として利用する場合に限り，入会林野整備を行うこととし，その整備には入会権者全員の合意により，入会林野整備計画を作成し，都道府県知事の許可を必要とするとされる（同法3条・4条）。このようにして，従来の入会山林は近代化され，生産森林組合や農業生産法人などによる山林経営がふえつつある。

4　入会権の諸形態（地盤所有権との関係）

明治政府は，地租改正に先だってまず官民有区分を行い，村落所有の土地と認められるところは民有地とし，それ以外は官有地（国有地）とした（しかしながら，村落の所有地として証拠が不十分だったため官有地に編入されたり，

また村有地に地券を受ける便宜上，個人名で申告したため，結局，個人の所有地となってしまった例も少なくないといわれている）。入会権は，入会地盤の所有権ないし登記名義との関係で整理すると，以下のような形態に分かれる。

　(a)　村落所有地入会権　　これは，入会権の基本的な形であり，村落が所有する土地をその住民が利用するというものである。一村だけで入り会う場合を一村入会（または村中入会）といい，数村が共同して入り会う場合を数村入会という。ただし，村落は法人格をもたないので，入会地の登記名義は，財産区の名義の登記・村落全員の共有の登記・村落の一人または数人の代表者の名義の登記などがあり，いずれの場合も登記名義が実体関係を正しく反映しているとはいえない。

　たとえば，山梨県山中湖畔にある入会地につき，氏神様である浅間神社が登記名義人となっていたところ，その神社が村の人たちの完全な同意を得ないまま他人と契約して地上権を設定しその仮登記をしたことに対して，住民は，神社名義の登記は単なる名義上のものにすぎず，土地はあくまで住民が所有するものであり，したがって，慣習上必要とされる手続を踏んでいない地上権設定契約は無効であると主張して争った。最高裁は，この住民の主張を入れて，地上権設定契約の無効判決を下した（最判昭和57年7月1日民集36巻6号891頁――「山中湖村事件」）。

　(b)　他人所有地入会権　　これは，他人名義の山林に対する入会権である。このような入会地は，もともと村落の山林であったが，事情により村落住民の有力者の名義で登記が行われたため形式的には他人名義の山林ということになり，他人の山への入会権となっている場合が多いといわれている。ほかに，他村落が所有する山林についての入会権として，他村持地入会といわれるものもある。

　(c)　公有地入会権　　これは，市町村名義の山林について村落住民が入会権をもつ場合である。明治21年に市制町村制が施行され，これによって昔から村落の所有に属していた山林が制度上市町村名義となった。しかし，実質的には村落住民に入会権があるし，また，その入会地も当然にその村落住民に帰属する（ただし，これについては入会権公権論からの反対説がある。すなわち，公有地の入会権は，公法上，住民に対して認められた公有財産の使用権であるか

ら，それは市町村の議会の議決によって変更・廃止することができるというものである——地方自治法238条の6参照）。判例は，従来の入会権は町村制の規定によってその権利を失わないということを認めている（大判明治39年2月5日民録12輯165頁）。

(d) 国有地入会権　国有地上の入会権につき，判例は，当初，地租改正処分において官有地に編入された土地に対し従前の慣行により村民の有した入会権のような私権関係は，改租処分によりその編入と同時に当然消滅したとした（大判大正4年3月16日民録21輯328頁——長野県における「東内村・西内村国有地入会事件」）。国有地上に入会権は存在しないというのである。学説の多くはこれに反対し，その後，最高裁は，大審院大正4年3月16日判決を変更し，明治初年の山林原野等官民有区分処分によって官有地に編入された土地につき，村民が従前慣行による入会権を有していたときは，その入会権は，当然には消滅しなかったと述べた（最判昭和48年3月13日民集27巻2号271頁——青森県における「屏風山事件」）。

第2節　入会権の取得・喪失および公示（対抗要件）

1　入会権の取得・喪失

村落の住民は，慣習や村落の規約に従って入会権を有する。入会権の主体は，村落に属する者たち（村落団体・入会集団）である。村落を去った者が入会権を喪失するかどうか，また，その者が再び村落に戻ってきたときに入会権を再取得するかどうかは，すべて村落の慣習や規約によって定まる。入会権者が死亡したときは，慣習として，世帯単位の相続が認められ，世代から世代へと入会権が受け継がれる。

2　入会権の公示（対抗要件）

入会権については登記の方法が認められておらず（不登3条参照），したがって，登記なくしてこれを第三者に対抗することができ（大判明治36年6月19日民録9輯759頁），また，それが共有の性質を有すると地役の性質を有するとを問わない（大判大正10年11月28日民録27輯2045頁）。

第3節　入会権の効力

1　入会権の内容

入会権の内容としては，採草・採薪・放牧などがあり，入会権者は，入会地において慣習・規約に従いながら共同収益する権利を有する。

2　入会権の主張

入会権確認の訴えは，必要的共同訴訟とされ，入会権者全員が提起しなければならないと解されている。もし一部の入会権者の訴えを認め，それが敗訴した場合に原告にならなかった入会権者が不利益を受けるからだとされている。もっとも，入会団体が権利能力を有しない社団である場合，入会団体はその構成員に総有的に属する不動産の総有権確認のための原告適格を有するとされている（最判平成6年5月31日民集48巻4号1065頁）。

3　入会権侵害とその救済

ある入会権者が入会団体の統制に違反する収益を行った場合，入会団体による妨害排除や損害賠償の請求が認められる（同様の請求は，他の入会権者にも認められる——大判大正7年3月9日民録24輯434頁）。第三者による入会権侵害の場合も同様である。

第4節　入会権の消滅

入会権は，入会権者全員の合意のもとに放棄がなされれば消滅するほか，公用徴収や入会地の滅失によっても消滅する。なお，入会権が長期間にわたって行使されない場合に，入会権が消滅するかどうか問題となる。この点につき，判例は，従前入会権を有していた入会地が，明治初年の官民有区分処分によって官有地へ編入されたとしても，入会権はそれによって当然に消滅したものと解すことはできないとしながらも，傍論として，「その後官民地上の入会権を整理し，近代的な権利関係を樹立しようとする政策に基づいて，従前入会権を

有していた村民の官民地への立入りを制限し，あるいは相当の借地料を支払わせて入山を認めることとした地域」においては，「従前の入会権が事実上消滅し，あるいはその形態を異にする権利関係に移行したとみられる」と述べている（前掲・最判昭和48年3月13日「屏風山事件」）。

第Ⅱ編
担保物権法

第1章 序　　説

第1節　担保物権の意義

1　債権担保制度の意義

　債務者が任意に債務を履行しない場合，債権者は，債務者の一般財産に対して強制執行をし，その債権の満足を受けることができる（414条参照）。たとえば，AがBから300万円の借金をしたが，弁済期が到来してもこれを返済しない場合には，Bは，Aの財産を差し押え，競売に付し，その換価代金から弁済してもらうことになる（414条1項，民事執行法43条以下参照）。このように債権は，最終的には債務者の一般財産（責任財産という）により担保されている。

　しかし，債務者の一般財産は，きわめて浮動的であって，その保全が煩雑かつ困難なうえ（423条・424条参照），総債権者の共同担保となるために，これをもって総債権を完済することができない場合には，各債権者は，債権者平等の原則により，その債権額の割合に応じて弁済を受けるにすぎない。前例で，換価代金が300万円あった場合でも，仮にAがC・Dからもそれぞれ200万円・100万円の借金をしており，C・Dも配当要求をしてきたときは，これはB・C・Dの債権額に応じて比例按分され，結局B＝150万円，C＝100万円，D＝50万円の弁済を受けるにとどまる。したがって，債務者の一般財産は，債権の最後の引当てとなるが，債権者の有する特定の債権を担保するものとしては必ずしも十分ではない。

　そこで，債務者の一般財産とは別に，より強力に債権の満足を確保するための制度——債権担保（特別担保）の制度が必要となる。このような債権担保の制度には，人的担保と物的担保の二つの制度がある。

```
債権担保制度 ┬─ 人的担保 ── 保証・連帯債務等
             └─ 物的担保 ── 担保物権
```

2　債権担保制度の種類

(1)　人 的 担 保

　人的担保とは，債務者以外の第三者の人的信用——一般財産をもって債権担保とする制度をいう。保証（446条以下）・連帯債務（432条以下）等がこれである。

　人的担保にあっては，担保の目的物が第三者の一般財産であり，その多寡に影響されるうえ，その公示方法もないため，債権の満足が得られるかどうかの確実性に欠ける。たとえば，BのAに対する借金についてCが保証人となった場合，Bが借金を返済しないときは，AはBに代ってCに対してその返済を請求することができるが，もしCに十分な財産がなければ，その債権の満足を得ることはきわめて困難となる。この点で，人的担保は，次の物的担保と比べ，担保としての効力が劣ることは免れない。しかし，物的担保の目的物を有しなければ人的担保によるほかなく，またその設定も簡単であることから，金融取引上，人的担保も，なお債権担保の制度として重要な経済的機能を果たしている。

(2)　物 的 担 保

　物的担保とは，債務者または第三者（物上保証人という）の有する特定の財産（物・権利）をもって債権担保とする制度である。この物的担保上の権利を担保物権とよぶ。物的担保には，民法で定める典型担保とそれ以外の非典型担保がある。

　物的担保は，担保の目的である特定の財産の交換価値を把握し，これから優先的に弁済を受けるものであり，人的担保に比べ，債権の満足を得られる確実性がきわめて高い債権担保の制度である。たとえば，AがBから1,000万円の借金をし，その担保としてAの自宅に抵当権を設定した場合，もしAが弁済期になっても借金を返済することができないときは，Bは，その抵当権を実行し，Aの自宅を競売して（民事執行法180条以下参照），その換価代金から優先弁済を受けることができる。一般に，債権担保といえば，このような物的担保をさす。

　　　　　　　　　　物的担保 ─┬─ 典型担保
　　　　　　　　　　　　　　　└─ 非典型担保

第2節　担保物権の種類

1　典型担保
(1) 民法上の担保物権

　民法は，担保物権として，留置権（295条以下）・先取特権（303条以下）・質権（342条以下）・抵当権（369条以下）の4種類を定めている。これを典型担保物権または単に典型担保という。

　典型担保は，債権者（担保権者）が担保の目的である特定の財産権（通常は所有権）の上に制限物権（担保権）を取得する形式の担保物権——制限物権型の担保物権である。担保権の実行は，原則として，競売手続（民事執行法180条以下）による。

　典型担保のうち，留置権・先取特権は，公平・公益等の見地から認められるもので，法律上当然に成立する法定担保物権であり，これに対し，質権・抵当権は，金融取引の重要な媒介手段として創設されるものであって，当事者の合意で成立する約定担保物権である。

```
典型担保 ┬ 法定担保物権 ── 留置権・先取特権
         └ 約定担保物権 ── 質権・抵当権
```

　(a) 留置権　　他人の物の占有者が，その物に関して生じた債権を有するときに，その債権の弁済を受けるまで，その物を留置することができる権利である（295条）。たとえば，時計屋Aが，顧客Bに時計の修理代金を支払ってもらうまで，その時計の引渡を拒むことができる権利がこれである。

　(b) 先取特権　　法律に定める特殊な債権を有する者が，その債務者の財産から，他の債権者に先立って自己の債権の弁済を受けることができる権利である（303条）。たとえば，旅館Aが，宿泊客Bに宿泊・飲食料を支払ってもらえない場合に，その旅館に持ち込んだBの手荷物を競売し，その換価代金から優先弁済を受けることができる権利がこれである。

　(c) 質権　　債権者が，債権の担保として，債務者または第三者から受け取った物を占有し，かつ，その物について他の債権者に先立って自己の債権の弁済を受けることができる権利である（342条）。たとえば，借金の担保として，

債務者Bからダイヤモンドの指輪を受け取った債権者Aが，借金の返済があるまで，その指輪を留置し，もし返済がない場合には，当該指輪を競売し，その換価代金から優先弁済を受けることができる権利がこれである。

　(d)　抵当権　　債権者が，債務者または第三者が占有を移さずに債務の担保に供した不動産・地上権・永小作権について，他の債権者に先立って自己の債権の弁済を受けることのできる権利である（369条）。たとえば，住宅ローンの担保として，借主Bの住宅に抵当権を設定した金融業者Aが，ローンの返済がない場合に，その抵当権を実行し，当該住宅を競売して，その換価代金から優先弁済を受けることができる権利がこれである。

（2）　特別法上の担保物権

　典型担保は，各種の特別法によっても認められている。その主なものをあげれば，次のとおりである。これらの担保物権は，その成立要件や効力等において，民法上の担保物権と異なる。

　(a)　留置権　　商法の認める商事留置権（商法51条・521条・557条・558条）。

　(b)　先取特権　　海難救助者の先取特権（商法810条），船舶債権者の先取特権（同法842条），国・公共団体の租税等の先取特権（国税徴収法8条，地方税法14条），借地権設定者による地代等の先取特権（借地借家法12条），区分所有者の先取特権（建物の区分所有等に関する法律7条）等。

　(c)　質権　　商法の認める商事質権（商法515条），質屋営業法（同法1条・19条）・公益質屋法（同法1条・11条・13条）の定める質権等。

　(d)　抵当権　　各種の財団抵当制度（工場抵当法14条，鉱業抵当法3条，鉄道抵当法4条，軌道ノ抵当ニ関スル法律1条，漁業財団抵当法6条，港湾運送事業法23条，道路交通事業抵当法9条，企業担保法1条等），動産抵当制度（商法848条・851条，農業動産信用法12条，自動車抵当法3条，航空機抵当法3条，建設機械抵当法5条等），証券抵当制度（抵当証券法1条，担保附社債信託法2条），立木抵当権（立木ニ関スル法律4条）等。

2　非典型担保

　典型担保以外の担保物権を非典型担保物権または単に非典型担保という。慣習法・判例法上認められた債権担保の制度で，譲渡担保・仮登記担保・所有権

留保がこれに属する。

　非典型担保は，債権担保の目的である財産権（通常は所有権）を債権者（担保権者）に移転あるいは留保させ，債務の弁済があればこれを債務者または第三者（担保設定者）に復帰あるいは移転させる形式の担保物権——権利（所有権）移転型の担保物権である。担保権の実行は，典型担保の場合とは異なり，競売手続によらず，権利の取得とその清算による。非典型担保は，すべて約定担保物権である。

$$
非典型担保 \begin{cases} 譲渡担保 \\ 仮登記担保 \\ 所有権留保 \end{cases}
$$

（1）譲渡担保

　債権担保のために債務者または第三者の有する財産権をいったん債権者に移転し，債務の履行がなされた場合には，その権利を復帰させる形態の担保制度である。債権者を譲渡担保権者といい，債務者または第三者を譲渡担保設定者という。たとえば，Aの印刷業者Bに対する貸金債権を担保するために，Bが所有する印刷機械の所有権をいったんAに移転するような場合がこれである。もしBが債務を弁済した場合には，印刷機械の所有権をBに復帰させ，反対にBが債務を弁済しない場合には，Aが名実ともにその機械の所有権を取得して，後はその清算をすることになる。

　判例は，このような担保制度は債権担保のための所有権の信託的譲渡であり，虚偽表示・脱法行為にはならないとし（大判大正3年11月2日民録20輯865頁，大判大正5年9月20日民録22輯1821頁等参照），学説も，これを慣習法上の新しい債権担保の制度として，その有効性を認めている。

（2）仮登記担保

　「金銭債務を担保するために，その不履行があるときは，債権者に債務者又は第三者に属する所有権その他の権利の移転等をすることを目的としてなされた代物弁済の予約・停止条件付代物弁済契約その他の契約で，その契約による権利について仮登記又は仮登録のできる」形態の担保制度である。たとえば，BがAに対する借金の担保として，その返済ができなかったときは，Bの所有する別荘の所有権をAに移転すると約し，その旨を仮登記しておくような場合がこれである。仮登記担保は，判例法で認められ，学説もこれを支持し，後に

立法化されている（仮登記担保契約に関する法律）。

（3）　所有権留保

売主Aの買主Bに対する売掛代金債権を担保するために，目的物の引渡後，代金の完済があるまで，その所有権をAに留保するという形態の担保制度である。所有権留保は，実務上，自動車等の割賦販売に多く採用されている。

なお，非典型担保としては，そのほかに相殺予約・代理受領・振込指定等があり，いずれも金融取引上重要な担保的機能を営んでいる。しかし，その法的性質・効力からみて，これらを担保物権として捉えるのは妥当ではない。

第3節　担保物権の効力

担保物権には，その種類に応じ，次のような効力が認められている。

1　優先弁済的効力

担保物権には，債務の弁済を受けることができない場合は，原則として，目的物を競売し，その換価代金から優先弁済を受けることができる効力がある。これを担保物権の優先弁済的効力という。この優先弁済的効力は，担保物権の中心的効力であり，先取特権・質権・抵当権には認められるが（303条・342条・369条），留置権には認められていない（295条参照）。

なお，不動産担保権——不動産先取特権・不動産質権・抵当権（306条・325条・356条・369条）については，担保不動産競売の方法による優先弁済のほか，担保不動産収益執行の方法——不動産の収益から優先弁済を受ける効力も認められている（民事執行法180条以下）。しかし，不動産質権の場合は，後述のように，収益的効力があるので，この収益執行を認める実益はない。

2　留置的効力

担保物権の留置的効力とは，債権者が担保の目的物を留置し，債務者に心理的圧力を加え，債務の弁済を促す効力をいう。担保物権のうち，目的物の占有を要素とする留置権・質権についてのみ認められ（295条・342条），これを要素としない先取特権・抵当権には認められない（303条・369条参照）。

3　収益的効力

担保物権には，債権者が担保の目的物を収益して，これにより優先弁済を受ける効力が認められるものがある。これを担保物権の収益的効力という。たとえば，AがBに対する貸金債権を担保するために，B所有の賃貸マンションに質権が設定された場合，Aは，そのマンションを賃貸し，その賃料を収受して，自己の債権の弁済にあてることができる。この収益的効力は，原則として，不動産質権にのみ認められる（356条・298条2項・350条参照）。

第4節　担保物権の性質

担保物権は，個々の物権に特有な性質を有するほか，次のような共通する性質を有する。これを担保物権の通有性という。

1　附従性

担保物権は，債権（被担保債権）が存在しなければ発生せず，また，弁済等により債権が消滅すれば消滅する。これを担保物権の附従性という。たとえば，AB間で金銭消費貸借がなされ，AのBに対する貸金債権を担保するために，B所有のマンションに抵当権が設定された場合において，その金銭消費貸借自体が無効であったときは，抵当権の設定も無効となり，また，Bがその債務を弁済したときは，これにより抵当権は消滅する。ただし，元本確定前の根抵当権には，この附従性は認められない。

2　随伴性

債権が移転すると，担保物権もこれにともなって移転することを，担保物権の随伴性という。たとえば，抵当権者Aが，債務者Bに対する被担保債権をCに譲渡すると，抵当権もこれにともなってCに移転する。ただし，元本確定前の根抵当権は，この随伴性を有しない。

3　不可分性

債権者は，債権全額の弁済を受けるまで，目的物の全部について担保物権を

行使することができる（296条・305条・350条・372条）。これを担保物権の不可分性という。たとえば、BがAから50万円の借金をし、B所有の時価100万円相当の高級腕時計に質権を設定した場合、もしBが25万円のみしか弁済しなければ、Aは、残金の弁済があるまで、その腕時計をなお留置することができる。

4　物上代位性

担保物権は、その目的物の売却・賃貸・滅失・損傷により、「債務者が受けるべき金銭その他の物」（売買代金・賃料・損害賠償請求権等）に対しても行使することができる（304条・350条・372条）。これを担保物権の物上代位性という。たとえば、AB間で金銭消費貸借がなされ、その担保としてB所有の甲建物に抵当権が設定されたところ、甲建物が隣家の失火で延焼してしまったような場合、もしBがこれにより火災保険金請求権を取得すれば、Aは、Bの火災保険金請求権に物上代位することができる。ただし、Aは、その保険金がBに「払渡し又は引渡し」される前に差押しなければならない（304条1項但書）。

なお、判例は、この「払渡し又は引渡し」には、債権譲渡は含まれず、物上代位の目的たる債権が譲渡された後でも、債権者が自らその債権を差し押えて物上代位することができるとする（最判平成10年1月30日民集52巻1号1頁，最判平成10年2月10日判時1628号3頁）。問題となるのは、この場合の「差押え」は、債権者が自ら行う必要があるかどうかである。判例は、債権者が自ら行う必要があるとしているが（大連判大正12年4月7日民集2巻209頁），多数説は、その特定性が維持されれば，他の債権者による差押えでもよいと解している。

担保物権の物上代位性は、先取特権・質権・抵当権については認められているが、留置権には認められていない。

		法定担保物権		約定担保物権	
		留置権	先取特権	質権	抵当権
性質	附従性	○	○	○	○※
	随伴性	○	○	○	○※
	不可分性	○	○	○	○
	物上代位性	×	○※	○	○
効力	優先弁済的効力	×	○	○	○
	留置的効力	○	×	○	×
	収益的効力	×	×	○	×

※印―例外

第2章　留　置　権

第1節　序　説

1　留置権の意義

留置権とは，他人の物の占有者が，その物に関して生じた債権の弁済を受けるまで，その物を留置することができる権利である（295条）。たとえば，自動車修理業者Aが顧客Bから依頼されて自動車の修理をした場合，Aは，Bから修理費の弁済を受けるまで，その自動車を留置し，その返還を拒むことができる。

留置権は，このように債権の弁済を受けるまで，目的物を留置して，その弁済を間接的に強制しようとするものであり，公平の観念にもとづいて認められた法定担保物権である。

2　留置権と同時履行の抗弁権との関係

民法上，留置権に類似した制度として，同時履行の抗弁権がある。同時履行の抗弁権は，双務契約の当事者間に，相手方が債務の履行を提供するまで，自己の債務の履行を拒むことを認める権利である（533条）。たとえば，AB間でA所有の甲土地の売買契約が締結された場合，Aは，その代金の支払いがあるまで，甲土地の引渡しを拒むことができ，また，Bは，甲土地の引渡しがあるまで，代金の支払いを拒むことができる。そこで，双務契約上の債権の場合には，両者の関係が問題となる。

（1）共　通　点

両者は，ともに公平の観念にもとづいて認められた権利であり（大判昭和2年6月29日新聞2730号6頁），裁判上これが行使された場合には，判例・通説は，いずれも相手方の給付との引換給付判決——その物に関して生じた債権の弁済

と引換えに物の引渡しを命ずる判決（一部勝訴判決）がなされるべきであるとしている（最判昭和33年３月13日民集12巻３号524頁参照）。

（２）相　違　点

両者には，次のような相違点がある。問題となるのは，双務契約関係がある場合に，両者の競合的な発生が認められるか——たとえば，前例で，Aは，Bが代金の支払いをするまで，あるいは留置権を行使し，あるいは同時履行の抗弁権を行使して，甲土地の引渡しを拒むことができるかどうかである。通説は，請求権競合論の立場から，これを肯定し，両者の要件を備えれば，いずれを行使してもよいと解している（なお，大判昭和14年８月24日民集18巻889頁，東京高判昭和24年７月14日高民集２巻２号124頁参照）。

	留　置　権	同時履行の抗弁権
目　　　的	債権担保	双務契約上の公平確保
対世的効力	物権であり，だれに対しても行使できる——第三者の物でも引渡を拒絶できる	債権的権利であり，双務契約の相手方に対してのみ行使できる——第三者の物であると引渡を拒絶できない
被担保債権	債権と物との牽連性があればよい	双務契約上の反対債権に限られる
果実収取権・競売権	あり（297条１項，民事執行法195条参照）	なし
不 可 分 性	あり（296条）	なし
消 滅 請 求	認められる（298条３項・301条）	認められない

3　留置権の性質

（１）法定担保物権

留置権は，先取特権とともに，一定の要件を備えれば，法律上当然に成立する法定担保物権である。この点で，当事者の合意にもとづいて成立する約定担保物権である質権・抵当権と異なる。

（２）対　抗　力

留置権は，物権であるから，だれに対しても，これを対抗すること——目的物の引渡しを拒むことができる。たとえ留置権の目的物が不動産であっても，

登記を対抗要件としない（不動産登記法3条参照）。留置権は，目的物の占有をもって成立要件とし，その対抗要件とするからである。たとえば，AからA所有の土地を買ったBが，その代金を支払わないままにCにこれを譲渡した場合，Aは，その占有する土地について，Bに対する代金債権をもって，Cに留置権を行使することができる（最判昭和47年11月16日民集26巻9号1619頁参照）。

（3）　担保物権の通有性

留置権は，担保物権の一種として附従性・随伴性を有するほか，不可分性をもつ（296条）。たとえば，AがBから土地の宅地造成工事を請け負い，造成工事の完了した部分を順次Bに引き渡した場合でも，Aは，工事代金（残代金）債権の全部の弁済を受けるまで，留置物の残部について留置権を行使することができる（最判平成3年7月16日民集45巻6号1101頁参照）。

しかし，留置権は，他の担保物権と異なり，物上代位性を有しない。留置権の本体的効力は，目的物を留置することであり，その交換価値を把握するものでないからである。

第2節　留置権の成立要件

留置権が成立するためには，第1に「他人の物」を占有すること，第2に占有者が「その物に関して生じた債権」を有すること，第3に債権が弁済期にあること，第4に占有が不法行為にもとづくものでないことの4つの要件を備えることが必要である。

1　「他人の物」を占有すること

ここに「他人」とは，占有者以外の者をいい，債務者に限らず，債務者から目的物を譲り受けた第三者であってもよい（前掲最判昭和47年11月16日参照）。また，他人の「物」は，動産・不動産を問わない。

2　占有者が「その物に関して生じた債権」を有すること

ここに「その物に関して生じた債権」を有するとは，債権と物との間に一定の牽連性があることである（295条1項本文）。債権の発生原因は，契約による

と，契約以外（事務管理・不当利得・不法行為等）によるとを問わない。判例・通説は，次の二つの場合について，この牽連性を認めている。

（1）　債権が物自体から発生した場合

たとえば，家主に対する占有者・賃借人の費用償還請求権（196条・608条）や寄託者に対する寄託物の瑕疵による受寄者の損害賠償請求権（661条）等がこれである（前掲最判昭和33年3月13日参照）。賃借人の賃借権については，賃借物を目的として成立するものであり，「その物に関して生じた債権」ではないから，留置権は認められない（大判大正11年8月21日民集1巻498頁）。

ところで，建物に対する留置権をもってその敷地を留置し，また，造作に対する留置権をもってその建物を留置することができるかどうかが問題となる。

(a)　**建物の留置と敷地の留置**　判例は，借地上の建物の借家人が家主に対して有する修繕費等の償還請求権は，建物に関して生じた債権であって，敷地に関して生じた債権ではないとし，敷地に対する留置権の成立を否定する（大判昭和9年6月30日民集13巻1247頁）。これに対し，借地人の建物買取請求（借地借家法13条・14条）にもとづく代金債権については，建物だけでなく，その敷地に対しても留置権の成立を認める（前掲大判昭和14年8月24日，大判昭和18年2月18日民集22巻91頁参照）。通説も，これを認めなければ借地人の留置権が有名無実になるとし，判例を支持している。ただし，この場合，借地人の賃料相当分は，不当利得として地主に償還しなければならない。

(b)　**造作の留置と建物の留置**　判例は，借家人の造作買取請求（借地借家法33条）にもとづく造作代金債権は，造作に関して生じた債権であって，建物に関して生じた債権ではないとし，建物に対する留置権の成立を否定する（最判昭和29年1月14日民集8巻1号16頁参照）。しかし，通説は，借家人の有益費償還請求権（608条2項）について留置権が認められることとの均衡上，この造作代金債権についても，建物に対する留置権の成立を肯定すべきであるとして，判例に反対している。

（2）　債権が物の返還請求権と同一の法律関係・生活関係から発生した場合

ここに同一の法律関係から生じた債権としては，たとえば，自動車修理業者の修理代金債権と委託者の自動車返還請求権や売主の代金債権と買主の目的物引渡請求権等があり，また，同一の生活関係（事実関係）から生じた債権とし

ては，互いに取り違えられたコート等の返還請求権がある。

　判例は，土地建物の買主に対する売主の未払代金債権と買主からの転得人の引渡請求権とは，同一の売買契約によって生じた債権であるとして，その牽連性を認め，売主の未払代金債権を被担保債権とする留置権の成立を肯定する（前掲最判昭和47年11月16日参照）。

　問題となるのは債務不履行にもとづく損害賠償請求権と物との牽連性の場合である。たとえば，売主C所有の不動産がABに二重売買され，第一の買主Aに引渡しが，第二の買主Bには移転登記がなされた後，BからAに当該不動産の引渡請求がなされた場合に，Aは，Cに対する債務不履行にもとづく損害賠償請求権により，Bに対して留置権を行使することができるかどうかである。判例・通説は，このような場合には，Aの損害賠償請求権は物に関して生じた債権ではない──Aの損害賠償請求権とBの不動産引渡請求権は同一の法律関係から生じたものではないとして，留置権の成立を否定する（最判昭和34年9月3日民集13巻11号1357頁，最判昭和43年11月21日民集22巻12号2765頁，最判昭和51年6月17日民集30巻6号616頁参照）。

3　債権が弁済期にあること

　留置権は，債権の弁済を受けるまで，その目的物を留置する権利である。したがって，債権が弁済期になければ，そもそも留置権は成立しない（295条1項但書参照）。相手方に弁済期前の履行を強制しないためである。

4　占有が不法行為にもとづくものでないこと

　占有が不法行為で始まった場合には，留置権は成立しない。たとえば，盗人がその盗品に修繕を加えるような場合である。この場合に，留置権を認めることは公平の観念に反するからである。

　それでは，適法な占有が，後に権限の喪失により不法な占有になった場合はどうかである。

　判例は，家賃滞納を理由として賃貸借契約を解除された後に借家人が必要費・有益費を支出した場合（最判昭和46年7月16日民集25巻5号749頁参照），建物の売買契約が合意解除された後に買主が必要費・有益費を支出した場合（最

判昭和41年3月3日民集20巻3号368頁)，抵当権の設定された建物の買主が競落人に対抗できないことを知りながら有益費を支出した場合（最判昭和48年10月5日判時735号60頁）について，いずれも295条2項を類推適用し，留置権の成立を否定するとともに，占有者が善意・有過失の場合にも，その類推適用をすべきものとしている（前掲最判昭和51年6月17日参照）。

これに対し，学説は，判例の立場を支持する説とこれに反対する説とに分かれている。前者に立つ説にも，295条2項を類推適用する範囲をめぐり，これを悪意占有者に限るべきか否かの見解の対立がみられる。後者に立つ説は，このような場合にはむしろ196条2項但書（608条2項但書）を適用すべきものとし，必要費についてはすべての占有者に，また，有益費については善意占有者に限り，留置権の成立を認めるべきだと解している。

第3節　留置権の効力

1　留置的効力

　留置権の本体的効力は，債権の弁済を受けるまで，その目的物を留置できること——すなわち，目的物の引渡しを拒み，その占有を継続できることである（295条）。留置権は，他の担保物権と異なり，優先弁済的効力を有しないが，この留置的効力から，事実上の優先弁済権が認められている。他の債権者によって強制競売される場合でも，留置権者は，債権が弁済されない限り，その競落人に対しその引渡しを拒むことができるからである（民事執行法59条4項参照）。

2　留置権者の義務——目的物の保管義務

　留置権者は，「善良な管理者の注意」をもって目的物を占有しなければならない（298条1項）。ここに「善良な管理者の注意」とは，その者の職業・地位等に応じて，一般的に要求される注意をいう。留置権者がこの注意義務に違反したときは，債務者は，その損害の有無にかかわらず，留置権の消滅を請求することができる（298条3項）。

3　留置権者の権利

（1）　目的物の使用収益権

留置権者は，債務者（所有者）の承諾なしに目的物を使用・賃貸し，あるいは担保に供することはできない（298条2項）。ただし，「留置物の保存に必要な使用」はすることができる（298条2項但書）。

そこで，ここにいう「留置物の保存に必要な使用」の範囲が問題となる。判例は，借家人が費用償還請求権にもとづいて，借家契約解除後に，留置権の行使として従前どおり借家に居住することは，この「留置物の保存に必要な使用」にあたるとし，ただ借家人は，居住によって受ける利益を不当利得として家主に償還すべきものとする（大判昭和10年5月13日民集14巻876頁，大判昭和13年12月17日新聞4377輯14頁参照）。これに対し，木造帆船の買主が売買契約の解除前に支出した修理費の償還請求権により留置中に，その帆船を遠方に航行させて貨物の運送業務のために使用することは，その危険性等からみて，「留置物の保存に必要な使用」の限度を超えるとしている（最判昭和30年3月4日民集9巻3号229頁）。

（2）　費用償還請求権

留置権者は，目的物について必要費・有益費を支出したときは，所有者に償還請求することができる（299条）。費用償還請求が認められるのは，必要費にあっては，その支出した金額であり（299条1項），有益費にあっては，その価格の増加が現存する場合に限り，所有者の選択に従い，その支出した金額または増価額である（299条2項）。

なお，有益費の償還請求については，裁判所は，所有者の請求により，相当な期限の猶予を与えることができる（299条2項但書）。裁判所が期限を許与したときは，もはや留置権を行使することはできない。

留置権者が必要費の償還請求権により建物を留置中に，その建物のためにさらに必要費を支出した場合には，その必要費についても建物を留置することができる（最判昭和33年1月17日民集12巻1号55頁）。

（3）　果実収取権

留置権者は，目的物より生ずる果実を収取し，他の債権者に先立って，これをその債権の弁済に充当することができる（297条1項）。果実には，天然果実

のほか，法定果実も含まれる。果実は，まず債権の利息に充当し，なお残余があるときは，これを元本に充当する（297条2項）。

なお，判例は，留置権者が自ら目的物を使用収益する場合には，不当利得の問題になると解している（大判昭和11年5月26日民集15巻998頁，最判昭和35年9月20日民集14巻11号2227頁）。

（4） 競　売　権

留置権者は，競売権をもつ（民事執行法195条）。しかし，優先弁済権を有しないから，競売権を行使しても，一般債権者と同順位の弁済を受けるにすぎない。もっとも，留置権者は，事実上優先弁済権をもつことは前述した。

第4節　留置権の消滅

1　共通の消滅事由

留置権は，物権一般の消滅事由である目的物の滅失・没収・混同・放棄等によって消滅するほか，担保物権に共通の消滅事由である被担保債権の消滅等により消滅する。

2　特有な消滅事由

（1）　義務違反による消滅請求

留置権者が，保管義務に違反した場合，または債務者の承諾を得ないで目的物を使用・賃貸したり，他の担保に供した場合には，債務者は，留置権の消滅を請求することができる（298条3項）。この消滅請求権は，一種の形成権であり，その行使により留置権は消滅する。

留置権の消滅請求は，債務者のほか，目的物の第三取得者にも認められ（最判昭和40年7月15日民集19巻5号1275頁），また，その違反行為が終了したかどうかや損害を受けたかどうかを問わないものとされている（最判昭和38年5月31日民集17巻4号570頁）。

なお，留置権者が留置物の使用・賃貸について承諾を受けていた場合は，その後にその物を譲り受けた者は，留置権の消滅請求をすることはできない（最判平成9年7月3日民集51巻6号2500頁）。

（2） 代担保による消滅請求

債務者は，「相当の担保」を供与して留置権の消滅を請求することができる（301条）。少額な債権のために高額な担保を留置させることは公平でないからである。ここに「相当の担保」とは，債権額に見合う担保であれば足り，その種類も問わない。たとえば，10万円の修理代のために200万円の自動車を留置するような場合には，10万円の債権額に相当する担保を供与すれば足りる。

（3） 占有の喪失

留置権は，目的物の占有を喪失することにより消滅する（302条本文）。ただし，債務者の承諾を得て目的物を賃貸・質入した場合には，代理占有が成立するから，占有の喪失にあたらず，留置権は消滅しない（302条但書）。また，占有回収の訴えによって，目的物を取り戻したときも，占有を喪失しなかったことになり，留置権は消滅しなかったことになる（203条但書）。

なお，債務者に目的物の一部を返還した場合でも，留置権は，なお残部について行使することができる（最判平成3年7月16日前掲）。

（4） 債務者の破産

留置権は，債務者の破産により消滅する（破産法66条3項）。ただし，商事留置権は，特別の先取特権とみなされる（同法66条1項・65条）。

3 留置権の行使と債権の消滅時効

留置権の行使——目的物を留置していても，被担保債権の消滅時効は中断しない（300条）。これにより債権自体を行使しているわけでないからである。被担保債権が消滅時効にかかれば，留置権も消滅する。

問題となるのは，裁判上留置権の抗弁が主張された場合である。判例は，この場合には，被担保債権についての権利主張も継続しているとし，「催告」（153条）と同様に，時効中断の効力を認めている（最大判昭和38年10月30日民集17巻9号1252頁）。

第3章　先取特権

第1節　序　　説

1　先取特権の意義

　先取特権とは，法律に定める特殊の債権を有する者が，その債務者の財産から，他の債権者に優先して弁済を受けることができる権利である（303条）。たとえば，A商店が倒産し，取引先の一般債権者によってその財産が差し押えられ，競売された場合，Aの使用人Bは，その給料債権について，その換価代金から優先弁済を受けることができる（306条2号・308条）。この場合に，もし債権者平等の原則を貫けば，比較的に債権額が僅少な雇人に対する配当はほとんど期待できず，その生活を脅かすことになり，妥当ではないからである。

　民法は，あるいは公平の観念から，あるいは社会政策的理由にもとづいて，あるいは当事者の意思の推測等により，15種類の特殊の債権について，このような先取特権を認めた。

2　先取特権の性質

（1）　法定担保物権

　先取特権は，留置権と同様に，法定担保物権であり，この点で約定担保物権である質権・抵当権と異なる（303条）。

（2）　先取特権の目的物

　先取特権は，他の担保物権と異なり，債務者の特定財産のほか，債務者の総財産を目的とする（306条・311条・325条）。また，先取特権の目的物は，債務者所有の財産でなければならないが，動産の先取特権（311条参照）のうち，不動産賃貸（1号）・旅館宿泊（2号）・運輸（3号）の三つの先取特権については，即時取得の規定（192条〜195条）が準用される（319条）。

（3） 留置的効力

先取特権は，留置権・質権のような留置的効力を有しない（295条・347条参照）。

（4） 担保物権の通有性

先取特権は，担保物権として附従性・随伴性・不可分性のほか，次のような物上代位性を有する（304条・305条）。ただし，一般の先取特権は，債務者の総財産を目的とするものであるから，物上代位性は問題にならない。これに対し，動産の先取特権については，いわゆる追及力がなく，債務者がその動産を第三取得者に引き渡すと，これを行うことができなくなるので（333条），物上代位の果たす意義はとくに大きい。

(a) 物上代位の目的　先取特権は，その目的物の売却・賃貸・滅失・損傷によって債務者が受けるべき「金銭その他の物」に及ぶとされている（304条）。判例は，動産売買の先取特権を有する者は，その動産が用いられた請負代金債権に対し，その全部または一部が当該動産の転売による代金債権と同視するに足る特段の事情がある場合には，その部分について物上代位することができるものとしている（最決平成10年12月18日民集52巻9号2024頁）。

(b) 物上代位の要件　物上代位は，「払渡し又は引渡し前に差押え」をする必要がある。この点について，判例は，先取特権者が物上代位の目的である債権について差押えをしないうちに債務者が破産した場合（最判昭和59年2月2日民集38巻3号431頁）や一般債権者が差押えまたは仮差押えを執行した場合（最判昭和60年7月19日民集39巻5号1326頁）であっても，物上代位をすることができるとする。

(c) 物上代位の手続　物上代位権の実行は，先取特権者が執行裁判所に担保権の存在を証する文書を提出することにより開始される（民事執行法193条）。物上代位の目的たる債権を強制執行により差し押さえた場合には，先取特権者は，配当要求の終期までに担保権を証する文書を提出して，配当要求または先取特権を行使しなければ，優先弁済を受けることはできない（最判昭和62年4月2日判時1248号61頁，最判平成5年3月30日民集47巻4号3300頁）。

3　先取特権の種類

　先取特権は，その目的物である債務者の財産によって，一般の先取特権，動産の先取特権，不動産の先取特権の3種類に分けられる。これらのうち，動産の先取特権と不動産の先取特権を特別の先取特権という。

（1）　一般の先取特権

　一般の先取特権は，債務者の総財産を目的とする先取特権である（306条）。債務者の総財産には，動産・不動産をはじめ，その他の一切の財産が含まれる。一般の先取特権には，次の4種類がある（306条）。

　(a)　共益費用の先取特権（1号）　各債権者の共同の利益のためにした債務者の財産の保存（時効の中断・詐害行為の取消等）・清算（債務の支払・財産目録の調整等）・配当（配当表の作成・実行等）に関する費用の債権のために認められる先取特権である（307条1項）。公平の観念にもとづくものである。ただし，この先取特権は，その共益費用により利益を受けた債権者に対してのみしか行使することができない（307条2項）。

　(b)　雇用関係の先取特権（2号）　給料その他債務者と使用人との間の雇用関係にもとづいて生じた債権について成立する先取特権である（308条）。社会政策的理由によるものである。ここにいう使用人については，その契約形態や常勤・非常勤を問わない。また，雇用関係にもとづいて生じた債権であれば，給料債権はもとより，退職金債権や使用者の安全配慮義務違反による損害賠償請求権等についても，先取特権が認められ，その全額が保護される。

　(c)　葬式費用の先取特権（3号）　債務者（死者）の身分に応じてした葬式費用の債権について成立する先取特権である（309条1項）。債務者がその扶養すべき親族の身分に応じてした葬式費用の債権についても先取特権が認められる（309条2項）。公益上の見地にもとづくものである。

　(d)　日用品供給の先取特権（4号）　債務者またはその扶養すべき同居の親族・その家事使用人の生活に必要な最後の6カ月の飲食料品・燃料・電気の供給の債権のために認められる先取特権である（310条）。社会政策的理由によるものである。判例は，ここにいう債務者は自然人に限られ，法人は含まれないとする（最判昭和46年10月21日民集25巻7号969頁）。また，親族には内縁の妻が含まれる（大判大正11年6月3日民集1巻280頁）。

(2) 動産の先取特権

　動産の先取特権は，債務者の特定の動産を目的とする先取特権である（311条）。民法上，次の8種類のものがある。

　(a) 不動産賃貸の先取特権（1号）　不動産の賃料その他の賃貸借関係より生じた賃借人の債務（目的物を損壊したことによる損害賠償債務等）について，賃借人の動産の上に成立する先取特権である（312条）。当事者の意思の推測にもとづくものである。

　(イ) 被担保債権の範囲　賃借人の財産の総清算（破産・法人清算等）の場合には，賃貸人の先取特権は，前期・当期・次期の賃料その他の債務，および前期・当期において生じた損害の賠償についてのみ認められる（315条）。他の債権者を害しないためである。賃貸人が敷金を受け取っていた場合は，その敷金で弁済を受けなかった債権部分についてのみ先取特権を有する（316条）。

　(ロ) 目的物の範囲　土地賃貸人の先取特権は，借地または借地上の建物に備え付けた動産（潅漑用ポンプ・物置等），借地の利用に供した動産（農機具等），賃借人の占有にある土地の果実（農産物等）の上に成立する（313条1項）。

　これに対し，建物賃貸人の先取特権は，賃借人が建物に備え付けた動産の上に認められる（313条2項）。判例は，ある期間継続して常置するために建物内に持ち込まれた金銭・有価証券・懐中時計・宝石類等も，建物に備え付けた動産に含まれるとするが（大判大正3年7月4日民録20輯587頁），通説は，建物の使用に関連して常置された動産（畳・建具・家具・営業用備品等）に限るべきであるとして，判例に反対している。借地権設定者の先取特権については，借地借家法に特則がある（借地借家法12条参照）。

　また，賃借権の譲渡・転貸の場合には，賃貸人の先取特権は，譲受人・転借人の動産やこれらの者が受けるべき金銭にも及ぶ（314条）。

　なお，先取特権の目的物は，債務者の財産に限られるが，民法は，賃借人・賃借権の譲受人・転借人が借地・建物に備え付けた他人の動産について，即時取得の規定を準用し，賃貸人の先取特権を認めている（319条）。善意・無過失の賃貸人を保護するためである。

　(b) 旅館宿泊の先取特権（2号）　宿泊客が負担すべき宿泊料・飲食料の債権について，その旅館に持ち込まれた手荷物の上に成立する先取特権である

（317条）。当事者の意思の推測によるものである。この先取特権についても，即時取得の規定が準用される（319条）。

(c) 運輸の先取特権（3号）　旅客または荷物の運送賃・付随の費用（荷造費・高速料金の立替金等）の債権について，運送人が占有する荷物の上に認められる先取特権である（318条）。当事者の意思の推測にもとづくものである。この先取特権についても，即時取得の規定が準用されている（319条）。

(d) 動産保存の先取特権（4号）　動産の保存費や動産に関する権利の保存・承認・実行のために要した費用の債権のために，その動産の上に認められる先取特権である（320条）。公平の観念にもとづくものである。

(e) 動産売買の先取特権（5号）　動産の代価およびその利息について，その動産の上に成立する先取特権である（321条）。公平の観念にもとづくものである。

(f) 種苗・肥料供給の先取特権（6号）　種苗・肥料の代価およびその利息債権について，その種苗・肥料を用いた後1年内に，これを用いた土地より生じた果実（蚕種または蚕の飼養に供した桑葉の使用によって生じた物を含む。）の上に成立する先取特権である（322条）。公平の観念と農業の保護育成にもとづくものである。

(g) 農業労務の先取特権（7号）　農業の労務者の最後の1年間の賃金債権について，その労務により生じた果実の上に認められる先取特権である（323条）。公平の観念と社会政策的理由にもとづくものである。

(h) 工業労務の先取特権（8号）　工業の労務に従事する者の最後の3カ月間の賃金債権について，その労務によって生じた製作物の上に認められる先取特権である（324条）。公平の観念と社会政策的理由にもとづくものである。

(**3**)　不動産の先取特権

不動産の先取特権は，債務者の特定の不動産を目的とする先取特権である（325条）。次の3種類が認められている。

(a) 不動産保存の先取特権（1号）　不動産の保存費や不動産の権利に関する保存・承認・実行のために要した費用の債権について，その不動産の上に認められる先取特権である（326条）。動産保存の先取特権と同様に，公平の観念にもとづくものである。

(b) 不動産工事の先取特権（2号）　不動産工事の設計・施行・監理をする者が，債務者の不動産に関してした工事（建物の改造等）の費用の債権について，その不動産の上に成立する先取特権である（327条1項）。ただし，この先取特権は，工事によって生じた不動産の価格の増加が現存する場合に限り，その増価額についてのみ認められる（327条2項）。公平の観念と当事者の意思の推測にもとづくものである。

(c) 不動産売買の先取特権（3号）　売主の代価およびその利息の債権について，その不動産の上に認められる先取特権である（328条）。観念の原則にもとづくものである。

第2節　先取特権の順位

1　先取特権が相互に競合する場合

同一の財産上に複数の先取特権が競合する場合がある。この場合における先取特権相互間の優先弁済を受ける順位を先取特権の順位という。

（1）　一般の先取特権間

306条に定めた順位——共益費用・雇用関係・葬式費用・日用品供給の債権の順位による（329条1項）。

（2）　一般の先取特権と特別の先取特権間

特別の先取特権が一般の先取特権に優先する（329条2項本文）。ただし，共益費用の先取特権は，その利益を受けた総債権者に対して優先するものとされる（329条2項但書）。

（3）　動産の先取特権間

原則として，次の順位による（330条1項）。ただし，第1順位の先取特権者であっても，債権取得の当時第2・第3順位の先取特権者が存在することを知っていた場合や第1順位者のために物を保存した者がある場合には，その優先権を行うことができない（330条2項）。第1順位の先取特権者は，これによりすでに利益を受けているからである。

(a) 第1順位　不動産賃貸・旅館宿泊・運輸の先取特権。

(b) 第2順位　動産保存の先取特権。ただし，数人の保存者があるときは，

(c)　第3順位　　動産売買・種苗肥料供給・農業労務・工業労務の先取特権。

　たとえば、学生Aが、友人Bから中古のエアコンを格安で購入し、知合いの電気屋Cに頼んで新品同様に修理させ、これを家主Dの承諾を得て下宿に備え付けた場合、このエアコンの上に成立する先取特権の順位は、原則として、D（不動産賃貸の先取特権）→C（動産保存の先取特権）→B（動産売買の先取特権）の順になる。しかし、Dが、AのB・Cに対する売買代金・修理代金の支払いがないことを知っていたときは、その順位は、C→B→Dの順になるわけである。

　なお、果実に関しては、第1順位は農業の労務者に、第2順位は種苗・肥料の供給者に、そして第3順位は土地の賃貸人に属するものとされている（330条3項）。果実の発生に対する寄与度を考慮したものである。

（4）　不動産の先取特権間

　325条に定めた順位——保存・工事・売買の順序に従う（331条）。保存・工事による利益に配慮したものである。

　ただし、同一の不動産について売買が順次なされた場合には、不動産売買の先取特権間の順位は、売買の前後による（331条2項）。

（5）　同一順位の先取特権間

　この場合には、それぞれその債権額の割合に応じて弁済を受けることになる（332条）。

2　先取特権と他の担保物権が競合する場合

　同一の目的物上に先取特権と他の担保物権が競合する場合には、次のような優先順位になるものと解されている。

（1）　留置権との関係

　留置権には優先弁済権がないから、留置権と先取特権が競合することはないが、事実上留置権が優先することになることについては、前述した。

（2）　質権との関係

　先取特権と質権が競合する場合、その優先順位は、次のようになる。

　(a)　動産質権との関係　　動産質権は、330条に定める第1順位の先取特権

と同一順位である（334条）。
　(b)　不動産質権との関係　　抵当権と先取特権が競合する場合と同様に扱われる。不動産質権には抵当権の規定が準用されるからである（361条）。
　(c)　権利質との関係　　民法に規定がなく，学説上，争いがある。両者の成立の前後によるとする見解と動産質権に関する規定を準用するとする見解の対立がみられる。

（3）抵当権との関係
　不動産上の先取特権と抵当権が競合する場合の優先順位は，次のとおりである。
　(a)　不動産保存・不動産工事の先取特権との関係　　これらの先取特権は，抵当権の後に登記されたものであっても，抵当権に優先する（339条）。抵当権者の利益を害することがないからである。たとえば，AのBに対する債権を担保するために，すでに抵当権が登記されているB所有の甲建物が地震で倒壊しそうになったので，工務店CがBから依頼されて甲建物の修理（保存行為）をした場合，Cは，その修理完了後に，直ちに修理代金を登記をすれば，Aに優先して弁済を受けることができることになる。
　(b)　不動産売買の先取特権との関係　　この場合については，民法の規定がなく，一般原則に従い，登記の前後によるものと解されている。
　(c)　不動産上の一般先取特権との関係　　いずれも登記があればその登記の前後により，登記がなければ一般の先取特権が優先する（336条参照）。

第3節　先取特権の効力

1　先取特権の一般的効力

（1）優先弁済的効力
　先取特権の中心的効力は，目的物から優先弁済を受けることである（303条）。そのために，先取特権者は，自ら目的物を競売することができるだけでなく（民事執行法181条・190条），他の債権者が行う競売手続から配当を受けることができる（同法51条・133条）。また，不動産先取特権については，担保不動産収益執行の方法により優先弁済を受けることが認められている（同法180条・

181条)。なお，債務者が破産した場合には，一般の先取特権者は破産財団からの優先弁済権を有し（破産法98条），特別の先取特権者は別除権をもつ（同法65条）。

(2) 第三取得者との関係

(a) 動産上の先取特権　　一般の先取特権・動産の先取特権には，いわゆる追及力はなく，債務者がその目的物である動産を「第三取得者に引き渡した後」は，これを行使することはできない（333条）。公示方法のない動産取引の安全を図るためである。

(イ) 「第三取得者」の範囲　　ここに「第三取得者」とは，先取特権の目的物である動産の所有権を取得した者をいう（大判昭和18年3月6日民集22巻147頁参照）。賃借人・質権者は含まれないが（大判昭和16年6月18日新聞4711号25頁），問題となるのは，譲渡担保権者を含むかどうかである。判例は，譲渡担保の設定を所有権の譲渡と構成し，譲渡担保権者も第三取得者に含むと解している（最判昭和62年11月10日民集41巻8号1559頁）。これに対し，学説では，むしろ譲渡担保の担保権としての実体に着目して，先取特権との関係を判断すべきであると解する立場が有力である。もとより第三取得者の善意・悪意を問わない。

(ロ) 「引き渡し」の意義　　ここにいう「引き渡し」は，占有改定でもよいかが問題となるが，判例・通説は，これを肯定している（大判大正6年7月26日民録23輯1203頁，前掲最判昭和62年11月10日参照）。したがって，たとえば，借家人Bが借家に備え付けている家具をCに譲渡した後，これをCから賃借し使用している場合，家主Aは，その家具の上に不動産賃貸の先取特権を行使することができない。ただし，この場合でも，その後にAが取得する賃料債権については，Aは，善意・無過失であれば，その家具の上に先取特権を即時取得することもある（前掲大判大正6年7月26日参照）。

なお，判例は，先取特権の目的たる動産が譲渡された後，債務者がそれを取り戻して債権者に代物弁済に供する行為は，新たな担保権の設定と同視でき，破産法による否認権の対象となるとしている（最判平成9年12月18日民集51巻10号4210頁）。

(b) 不動産上の先取特権　　一般の先取特権・不動産の先取特権であっても，

これを登記によって公示することができ（不動産登記法3条・83条），その登記をしなければ第三取得者に対抗することができない（177条）。したがって，これらの先取特権者と第三取得者との優劣は，登記の前後によることになる。

2　先取特権の特別の効力
（1）　一般の先取特権の場合
　民法は，一般の先取特権の実行の便宜と他の債権者との利害調整を図るために，次のような二つの特則をおく。
　(a)　対抗力　　一般の先取特権は，不動産について登記をしなくても，これをもって「特別担保（特別の先取特権・質権・抵当権等）を有しない債権者」——一般債権者に対抗することができる（336条本文）。一般の先取特権は，債権額が僅少で，登記することも難しいからである。ただし，登記をした第三者（特別の先取特権者・質権者・抵当権者・第三取得者等）には対抗することはできない（336条但書）。
　(b)　優先弁済の順序　　一般の先取特権者は，不動産以外の財産→特別担保の目的でない不動産→特別担保の目的である不動産の順序で，優先弁済を受けるものとされる（335条1項・2項）。もし，一般の先取特権者が，この順序で配当加入することを怠ったときは，これにより受けることができた限度で，登記をした第三者に対して先取特権を行使することはできない（335条3項）。
　しかし，以上の優先弁済の順序は，不動産以外の財産の代価に先立って不動産の代価を配当し，または他の不動産の代価に先立って特別担保の目的である不動産の代価を配当すべき場合には，適用されない（335条4項）。
（2）　不動産の先取特権の場合
　不動産の先取特権は，一定の時期に，一定の事項を登記する必要がある（337条・338条・340条）。不動産取引の安全を図るためである。しかし，不動産の先取特権は，その要件がきわめて厳格なため，実務上，あまり利用されていない。
　(a)　登記の時期・登記の事項　　次のとおりである。
　(イ)　不動産保存の先取特権　　「保存行為が完了した後直ちに」，その債権額を登記する必要がある（337条）。ここに「直ちに」とは遅滞なくの意味である。
　(ロ)　不動産工事の先取特権　　「工事を始める前に」，その費用の予算額を登

記しなければならない（338条1項本文）。ただし，工事の費用が予算額を超えるときは，先取特権は，その超過額については存在しない（338条1項但書）。なお，工事によって生じた不動産の増価額は，配当加入のときに，裁判所で選任した鑑定人に評価させる必要がある（338条2項）。評価の公正を期するためである。

(ハ) 不動産売買の先取特権　「売買契約と同時に」，まだ代価またはその利息の弁済がない旨を登記することを要する（340条）。

(b) 登記の効力　不動産の先取特権は，登記することによって「効力を保存する」とされている。ここにいう「効力を保存する」の意味については，これを登記がなければ先取特権は存在せず，優先弁済権だけでなく，競売権も認められないと解する説＝効力要件説と，登記がなければ第三者に対抗できず，優先弁済権が認められないだけで，競売権は認められると解する説＝対抗要件説が対立している。通説は，先取特権が法定担保物権であり，また，物権法上も登記は一般に対抗要件と解されることから，対抗要件説をとっている。

第4節　先取特権の消滅

1　共通の消滅原因

先取特権は，物権一般の消滅原因である目的物の滅失・没収・混同等によって消滅するほか，担保物権共通の消滅原因である債権の消滅および競売によっても消滅する。

2　特有な消滅原因

動産の先取特権は，その動産が第三取得者に引き渡されることによって消滅する（333条参照）。また，不動産の先取特権については，抵当権の規定が準用される結果（341条），代価弁済（377条）または抵当権消滅請求（378条以下）によっても消滅する。

第4章 質　権

第1節 序　説

1　質権の意義

　質権とは，債権者がその債権を担保するために，債務者または第三者より受け取った物を占有し，債務が弁済されない場合には，その物から他の債権者に先だって自己の債権の弁済を受けることのできる権利である（342条）。
　たとえば，BのAに対する金銭債権を担保するために，Aが所有するパソコンにBが質権を取得するような場合である。
　質権の特徴は，目的物の占有が質権者に移転して（占有担保），それを質権者が留置して債務の弁済を間接的に強制し（留置的効力），債務が弁済されない場合には，質権を実行して，その目的物から他の債権者に優先して弁済を受けることができる（優先弁済的効力）ことにある。
　そして，質権は，その目的物に応じて，動産質，不動産質および権利質に分類される。

2　質権の作用

　質権は，抵当権と同様に約定担保物権の一つであるが，目的物の占有が債権者に移転する点において，抵当権との大きな差異が生ずる。質権における目的物の占有移転は，債権者にとって強力な担保力になることは明らかである。
　その反面，債権者は目的物を保管しなければならない。また，ある物を質入した者は，以後，その物を使用・収益することができない。そのため，ある物に担保権が設定された後も，その物について使用・収益を継続しようとする場合には，動産については譲渡担保，不動産については抵当権，仮登記担保，譲渡担保等が利用されている。このように，動産質と不動産質については，実際

のところ，他の担保物権によって代替されている部分が多いが，権利質については，実務でも頻繁に利用されている。

3 質権の性質

質権には，附従性，随伴性，不可分性（350条・296条）および物上代位性（350条・304条）が認められる。

第2節 動　産　質

1 動産質権の設定

（1）当　事　者

質権設定の当事者は，質権を取得する者（質権者）と目的たる動産に質権を設定する者（質権設定者）である。質権者は債権者に限定されるが，質権設定者は債務者または第三者である。第三者が質権設定者となるのは，他人の債務のために，自己が所有する動産上に質権を設定する場合であり，かかる第三者を物上保証人という。物上保証人と債務者との関係には，保証人に関する規定が準用されるために，物上保証人が債務を弁済したり，または質権の実行によって質物の所有権を失った場合には，債務者に求償することができる（351条）。

（2）設 定 契 約

質権設定契約は要物契約であるために，それが有効に成立するためには，当事者の合意の他に，目的物が債権者に引き渡されることが必要とされる（344条）。ここでの引渡しは，現実の引渡し（182条1項）は当然のことながら，簡易の引渡し（182条2項）や指図による占有の移転（184条）であってもよいとされている。しかし，設定者が引き続き目的物を預かったり借り受けたりして手元におくという方法である占有改定（183条）では足りないとされている（345条）。占有改定の方法では，質権者に目的物を占有させることによって質権における公示を貫徹させることができず，また，質権における留置的効力を確保できないからである。

(3) 目　的　物

　動産質権の目的物は，譲渡可能な動産である（343条）。これは質権が優先弁済的効力を有するからである。そのため，禁制物（たとえば，麻薬，偽造通貨）は質入することができない。差押えが禁じられている動産（たとえば，衣類，寝具）（民事執行法131条）については，その譲渡性までもが否定されているとはいえないために，これらを質入することは可能であるとされる。自動車（自動車抵当法20条）や建設機械（建設機械抵当法25条）等のように，特別法によって登記・登録のなされた動産は，抵当権の設定が予定されているために，質権を設定することができない。

(4) 被担保債権

　動産質権によって担保される債権については，通常は金銭債権であるが，これに限定されない。特定の行為をなすことを内容とする債務であってもよい。そのような債務も履行を強制することが可能であるばかりではなく，不履行の場合には，損害賠償債権に変じるからである。

　将来増減する債権についても，担保物権に関する附従性の緩和として，これを質権の被担保債権とすることができる。これは根質と呼ばれ，金融実務で広く行われている。

(5) 対　抗　要　件

　動産質権は，目的物の占有の継続が第三者に対する対抗要件である（352条）。ここでの第三者とは，質権の設定者以外のすべての第三者をいう。

2　動産質権の効力

(1) 効力の及ぶ範囲

(a) 被担保債権の範囲　　動産質権の被担保債権の範囲は，設定行為において別段の定めがない限り，①元本，②利息，③違約金，④質権実行の費用，⑤質物保存の費用，および，⑥債務不履行または質物の隠れたる瑕疵より生じた損害賠償債権に及ぶ（346条）。抵当権の場合（375条）のような制限がないのは，後順位担保権者や第三取得者の出現が少ないからである。

(b) 目的物の範囲　　動産質権の効力の及ぶ範囲は，設定行為で定められ，かつ，引き渡された物である。従物についても，それが引き渡されていれば効

力が及ぶ。抵当権とは異なり，天然果実にも効力が及ぶ（350条・297条）。質権者が設定者の承諾を得て質物を賃貸したときは，賃料その他の法定果実にも効力が及ぶ（350条・298条2項）。また，質権には物上代位性がある（350条・304条）。

(c) 留置的効力　質権者は，被担保債権の弁済を受けるまで質物を留置することができる（347条）。しかし，質権者は，自己に優先する権利を有する者（たとえば，先順位の質権者（355条）），質権に優先する先取特権者（334条・330条2項）に対しては，留置的効力を主張できない（347条ただし書）。

(d) 優先弁済的効力　(イ) 優先弁済の方法　質権者は，被担保債権の目的が金銭となり，債務者において履行遅滞が生じた場合には，目的物より，他の債権者に優先して弁済を受けることができる（342条）。これには，民事執行法の手続に従って，質権者自らが質物について競売を申し立てる方法（同法190条）と，他の債権者の申立てによる競売に配当要求する方法がある（同法133条）。その他，動産質権においては，簡易な方法が認められている（354条）。すなわち，競売では費用倒れになってしまう場合や，質物に公定相場がある場合等の正当な理由がある場合には，質権者は予め債務者（設定者）にその請求を通知した上で，裁判所に対して，鑑定人の評価に従って，質物を直ちに弁済に充てることを請求できる（354条）。

(ロ) 流質契約の禁止　設定行為または債務の弁済期前の契約において，質権者が弁済として質物の所有権を取得する旨の合意しても，また，法律で定められているのと異なる方法によって質物を換価処分する旨の合意をしても，それは無効である（349条）。

このような合意を有効とすれば，債権者が債務者の窮迫に乗じて，債務者に不利益な内容の契約を押しつけるおそれがあるからである。弁済期が到来した後であれば，かかる合意も有効とされる。なお，流質契約の禁止は，商行為によって生じた債権を担保するための質権（商法515条）や営業質屋による質権（質屋営業法1条・19条）には適用されない。

(2) 転　　質

転質とは，たとえば，Aに対して100万円を融資して，A所有のパソコンに質権を取得したBが，Cより60万円の融資を受けようとする場合に，その保管

図1　転　質

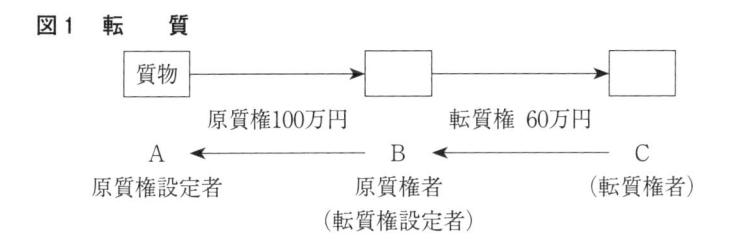

```
        質物
    ┌─────┐ ──────────→ ┌─────┐ ──────────→ ┌─────┐
    │     │  原質権100万円 │     │  転質権 60万円 │     │
    └─────┘ ←────────── └─────┘ ←────────── └─────┘
       A                    B                    C
   原質権設定者          原質権者            （転質権者）
                       （転質権設定者）
```

している質物または質権を自己のCに対する債務のために質入することをいう（図1参照）。

　転質には，Aの承諾を前提とする転質（承諾転質）（350条・298条）のほか，Aの承諾を前提としない転質（責任転質）がある（348条）。そして，責任転質の法的性質は，質物を被担保債権とは切り離して再度質入れすること（質物再度質入説）と解されている（大連決大正14年7月14日刑集4巻484頁）（多数説）。金融実務では主として承諾転質が利用されているが，その内容は契約によって定まるために，以下では，責任転質について解説する。

　(a)　有効要件　①質権設定契約の一般的要件を充足すること（たとえば，344条），②転質権の被担保債権額が原質権の被担保債権額を超過しないこと，および，③転質権の存続期間が原質権の存続期間内であることである。もっとも，②については，それを有効要件の問題としてではなく，優先弁済を受ける効力の問題として取り扱えば十分であるとするのが有力である。③についても同様に考えられている。しかし，前掲の大連決大正14年7月14日は，転質権の範囲（債権額・存続期間）は原質権のそれらを超えてはならないとし，これに反する行為は横領罪になるとする。

　(b)　対抗要件　質物の占有の継続が第三者への対抗要件となる（352条）。また，転質を原質権の債務者に対抗するためには，債務者に対する転質権設定の通知またはその者の承諾が必要とされる（364条または377条の類推）。

　(c)　効果　①転質権者は，転質権および原質権の被担保債権の弁済期が到来すれば，原質権を実行して（367条1項の類推）優先弁済を受けることができる。②転質権の被担保債権額が原質権のそれを超過しているときは，転質権者は，原質権の被担保債権額を限度として優先弁済を受けうるにとどまる。③原質権の被担保債権の弁済期が転質権のそれよりも先に到来したときには，原質

権の債務者は供託することにより，原質権と転質権を消滅させることができ，原質権と転質権は，この供託金（正確には供託金請求権）の上に存続する。④転質権設定者は，転質をしなければ生じなかったであろう損害については，それが不可抗力によるものであっても，賠償する責任を負う（348条後段）。

（3）　動産質権の侵害

質権者が第三者によって質物の占有を奪われた場合，質権者は質物についての継続占有を失っているために第三者に対抗することはできず（352条），占有回収の訴え（200条）によってのみ，当該物の返還を請求することができる（353条）。もっとも，設定者または債務者が質物を占有している場合には，質権にもとづいて，その返還を請求することができる。

3　動産質権の消滅

動産質に関する特別の消滅事由としては，①質権者による質物の無断使用・賃貸・担保処分等による設定者の質権消滅請求（350条・298条），②質権者による設定者への質物の任意返還がある。もっとも，②については，これを消滅事由としてではなく，質権の対抗力の喪失事由（352条）とする考え方もある。

なお，質権の留置的効力を主張しても，被担保債権の消滅時効の進行を妨げない（350条・300条）。

第3節　不動産質

1　不動産質権の設定

（1）　当　事　者
動産質の場合と同様。

（2）　設　定　契　約
動産質権と同様に要物契約である。

（3）　目　的　物
土地および建物である。立木，工場財団などについては，所有権や抵当権に関しては一個の不動産と取り扱われるが，質権の設定は認められていない。

（4） 被担保債権

　基本的には動産質権と異ならないが，後述するように，対抗要件として被担保債権額の登記が必要とされるために，その金額（金銭債権以外の場合にはその価格）が登記の要件となる。

（5） 対 抗 要 件

　不動産物権の一種として，登記が対抗要件となる（361条・177条）。

（6） 存 続 期 間

　不動産質権の存続期間は10年を超えることができない（360条）。これは，他人の不動産の使用・収益権を長期にわたって拘束することは不動産の効用を損なうことになるとの考えにもとづく。

2　不動産質権の効力

（1）　効力の及ぶ範囲

　(a) 被担保債権の範囲　　基本的には動産質と同様であるが，不動産質権は，被担保債権額について登記をしないと第三者に対抗できない（不登83条1項1号参照）。さらに，特約がないかぎりまたは担保不動産収益執行が開始されないかぎり利息を請求できないが（358条・359条），この特約も登記をしなければ第三者に対抗できない（不登95条1項2号参照）。その他，抵当権についての375条が準用される（361条）。

　(b) 目的物の範囲　　抵当権についての370条が準用される（361条）。しかし，不動産質権者は収益権を有するので（356条），その効力は果実にも及ぶ。物上代位性もある。

　(c) 留置的効力　　不動産質もまた質権として留置的効力を有する。

　(d) 使用・収益権　　不動産質権者は，別段の定めがないかぎりまたは担保不動産収益執行が開始されないかぎり，目的物を使用・収益することができるが（356条・359条），その反面，目的物に関する管理の費用や租税等の支払義務があり（357条・359条），前述したように，利息請求権を有しない。

　(e) 優先弁済的効力　　不動産質権も優先弁済的効力を有し，その実行は抵当権の実行に準ずる（361条）。不動産質でも，動産質と同様に，流質契約は禁止されており，また，動産質とは異なり，簡易な弁済充当は認められていない。

（2）転質
動産質と同様である。

（3）不動産質権の侵害
不動産質権者が質物たる不動産の占有を失っても，質権にもとづいて，返還を請求することができる。この場合，不動産質権者における登記を必要とするかどうかについては，必ずしも統一されていない。

3　不動産質権の消滅
基本的には動産質権と同様であるが，不動産質権に特別な消滅事由としては，存続期間の経過のほか，抵当権規定が準用されるために，代価弁済（378条）や抵当権消滅請求（379条以下）によって消滅する。また，不動産質権者が設定者へ任意に質物を返還しても，質権は消滅しないと同時に，質権そのものの効力に何らの影響を与えない（大判大正5年12月25日民録22輯2509頁）。

第4節　権利質

1　権利質の意義・性質・作用
権利質とは，債権，株式，無体財産権（知的所有権）等の財産権を目的とする質権である（362条）。

権利質は，他の質権と異なった性質を有する部分があるが，目的物の交換価値を支配する意味では，他の質権と同一である。

権利質は，抵当権の目的とされえない財産権を目的とすることから，金融実務において重要な役割を果たしている。

権利質の目的となる財産権は多様であり，財産権それぞれにおいて，その内容等において大きな差異が生ずるが，以下では，債権質を中心に概説する。

2　債権質
（1）債権質の設定
(a) 債権質の目的　債権質の目的となるのは，譲渡可能な債権である（343条）。たとえば，銀行預金債権，保険金請求権等がある。そのため，譲渡

あるいは担保に供することが禁止された債権は目的となり得ない（881条，恩給法11条1項本文参照）。譲渡禁止の特約のある債権については，質権者が善意である場合には有効に成立する（466条2項ただし書）。

(b) 設定契約　質権の要物契約性からすれば，本来，一般的な指名債権についても，質権を設定するに際しては債権証書の交付が必要とされるはずである。しかし，一般的な指名債権については，債権証書が作成されていない場合も多く，また，作成されていないものとして質権を設定したが後に債権証書が作成されていたことが判明する場合があり，さらには，何が当該債権の証書に該当するのか等の問題が生ずる。そのため，一般的な指名債権への質権設定に際しては，たとえ債権証書が存在する場合であっても，その交付は必要とされず，質権設定契約は諾成契約となる（363条の反対解釈）。ここにおいて，質権の要物契約性は大幅に緩和されている。しかし，指名債権であっても，その譲渡について証書の交付を要する証券的債権（たとえば，記名社債，記名国債等）については，証書の所持と権利の所在が一致するために，そこでは，証書の交付が質権設定の効力発生要件とされ，質権の要物契約性が維持されている（363条）。指図債権については，この債権の性質から，証券への裏書と証券の交付によって質権が成立すると解される。無記名債権は動産とみなされるために（86条3項），動産質権の設定として，証券の引渡しが必要とされる。

(c) 対抗要件　指名債権質の対抗要件は，債権譲渡と同様に，第三債務者に対する質権設定の通知，または第三債務者の承諾である（364条1項・467条1項）。さらに，質権の設定を第三債務者以外の第三者（たとえば，債権の譲受人，二重に質権を取得した者）に対抗するためには，右の通知または承諾が確定日付のある証書（たとえば，内容証明郵便，公正証書）でなされなければならない（364条1項・467条2項）。指名債権の一種である記名社債質（365条参照），記名国債質（記名ノ国債ヲ目的トスル質権ノ設定ニ関スル法律参照）には，格別な対抗要件が規定されている。また，指図債権の対抗要件は，証券への質入裏書であるが（366条），これは，上述したように，証券の交付とともに成立要件の一つでもある。無記名債権は，動産として，証券の占有の継続が対抗要件となる（352条）。

(2) 債権質の効力

効力の及ぶ範囲は、①被担保債権の範囲については、動産質権と同様である。②目的物の範囲については、権利質の効力は、質入された元本債権のほか、利息債権、質入された債権を担保している担保物権、保証債務にも及ぶ。しかし、これらの権利については、それぞれ質権の成立要件や対抗要件の充足が必要とされる。③留置的効力については、一般的に、動産質権のような効力を認めることはできない。しかし、債権に証書がある場合（証券的債権）において、その引渡しを受けること、また、質入された債権に拘束力を与えて（すなわち、質権設定についての第三債務者への通知またはその者の承諾によって）債権を保存しておくことに留置的効力類似の効力を見出すことができる。④果実収取権として、質権者は、法定果実である利息を直接に取り立て、これを優先弁済に充てることができる（367条・350条・297条1項）。⑤優先弁済的効力として、質権者は、自己の名において、第三債務者に対して、質権の目的物を直接自己に引き渡すよう請求できる（367条）。また、民事執行法による取立て、転付、換価をなすことができる（民事執行法193条）。これは質権の実行であるから債務名義は必要とされない。なお、債権質においても、流質契約は禁止されるが（349条）、金銭債権の質入にあっては、質入された債権の額が被担保債権の額を超えなければ、弁済の代わりに、この債権をただちに質権者に帰属させることができると解されている。これは、質権者が、被担保債権の範囲内で、直接債権を取り立てて弁済に充当する場合と実質的に変わらないからである。

3 その他の権利を目的とする質権

地上権・永小作権・不動産賃借権を目的とする不動産利用権、株式、特許権・実用新案権・意匠権・商標権・著作権を目的とする無体財産権（知的所有権）についても質権の設定は可能であるが、以上の債権質とは取扱いを異にする。

(1) 不動産利用権

地上権や永小作権を目的とする質権には不動産質に関する規定が準用される（362条2項）。そのため、その設定には、目的不動産を質権者に引き渡すことが必要とされ（344条）、また、質権者は、目的不動産について、使用収益権を

取得するが（356条），質権の存続期間の制限を受ける（360条）。不動産賃借権を目的とする質権も，当該賃借権が対抗要件を具備すれば（605条，借地借家10条・31条），不動産質権と同様に取り扱われる。

（2） 株　　　式

株式への質権設定は，それについての合意のほかに，株券の交付が効力発生要件となる（会社法146条2項）。また，株券の占有の継続のほか，質権者の氏名または名称および住所を株主名簿に記載するか記録することが対抗要件となる（会社法147条）。

（3） 無体財産権（知的所有権）

特許権・実用新案権・意匠権・商標権については，登録が権利発生要件とされているために，それらを目的とする質権の設定には帳簿への記載が効力発生要件となる（特許法98条1項3号，実用新案法25条3項，意匠法35条3項，商標法34条3項）。著作権については，それが登録なくして発生する権利であるために，登録は，著作権または出版権を目的とする質権の対抗要件となる（著作権法77条2号・88条1項2号）。これら無体財産権（知的所有権）に質権が設定されても，原則として，設定者は従前通り使用収益権を有し（特許法95条，実用新案法25条1項，意匠法35条1項，商標法34条1項，著作権法66条1項），質権の実行として権利の換価が行われて初めて上記の権限を失う（質権の実行は民事執行法193条1項前段に基づいて行われる）。そのため，質権の留置的効力は少なく，抵当権に類似した性質を有するともいえる。

第5章 抵　当　権

第1節　序　　　説

1　抵当権の意義

　たとえば，AがBより1,000万円を借り受ける場合，Aが所有する家屋に抵当権を設定すると，Aは，引き続き，当該家屋を手元にとどめて使用・収益・処分する権利を有するが，もしもAが弁済期までに債務を弁済しないときには，Bが，当該家屋の換価代金より優先弁済を受けることができる。

　このような担保物権を抵当権といい，抵当権は，質権と同様に約定担保物権であるが，目的物の占有が担保権者たる抵当権者に移転しないこと（非占有担保）に特色がある。抵当権では，抵当権者は，目的物について留置的効力も収益的効力も有することなく，優先弁済的効力を有するのみである。したがって，抵当権は，目的物の交換価値を支配する権利であるといえる。もっとも，詳しくは後述するように，抵当権者による目的物の賃料等に対する物上代位や，抵当権実行の方法として担保不動産収益執行が可能であることから，抵当権による交換価値の支配性は一歩後退したとの見方もできる。

2　抵当権の作用

　抵当権では，目的物の占有が抵当権者に移転することはなく，また，登記をもって抵当権を公示できることから，抵当権は，企業が事業資金を調達するために，その所有する企業施設を担保に供する場合はもとより，市民個人が住宅ローンを開設して土地や建物の不動産を購入する場合にも広く利用されている。

3　抵当権の機能と諸原則

　近代的な抵当権は，債権の担保を目的とする一方で，積極的に資金調達の媒

介手段として機能しなければならない。そのため，近代的な抵当権にあっては，以下のように，種々の原則が要求せられているが，それらのすべてが，わが国の抵当権において実現されているわけではない。したがって，わが国の抵当権は，厳格にいうならば，いまだ近代的な抵当権とはいえない状態にある。

（1） 公示の原則と公信の原則

抵当権が非占有担保であることから，抵当権の存在とその内容については，登記によって公示されなければならないのであり，これを公示の原則という。また，登記による公示を信頼した者は，たとえそれが誤っていたとしても，その信頼が保護されることを公信の原則という。

わが国の抵当権では，公示の原則は採用されているが（177条参照），公信の原則は採用されていない。

（2） 特定の原則

特定の原則とは，抵当権の目的物は特定の物でなければならないとする原則である。

この原則は，上述した公示の原則と表裏一体の関係にあるものであって，わが国においても採用されている。したがって，わが国においては，債務者の全ての財産上に成立する一般抵当権，特定の債権者を保護するための法定抵当権は認められていない。

（3） 順位確定の原則

順位確定の原則は二つの原則より構成される。第一原則は，抵当権の順位は登記の前後によって決せられるという原則である。第二原則は，先順位の抵当権が弁済その他によって消滅した場合であっても，後順位の抵当権は，その順位を昇進することなく，後順位にとどまるという原則である。

わが国においては，第一原則は採用されているが（373条1項），第二原則は採用されていないために，先順位抵当権の消滅によって，後順位抵当権はその順位が昇進する（順位昇進の原則）。しかし，例外的に，物権混同の例外として（179条1項ただし書），第二原則が実現する場合がある。そして，この場合には，物の所有者が自己の所有物の上に抵当権を有するという「所有者抵当」も例外的に成立することになる。

(4) 独立の原則

抵当権は，被担保債権から独立した存在であり，たとえ，被担保債権が不成立であったり，弁済によって消滅したとしても，抵当権の成立・存続には影響を与えないという原則である。しかし，わが国では，後述するように，抵当権の附従性が貫徹されているために，この原則は採用されていない（もっとも，根抵当にあっては，この附従性が大幅に緩和されている）。

4 特別法上の抵当権

民法上の抵当権は，不動産，地上権および永小作権のみを目的として設定され得る。しかし，金融取引の実際においては，これ以外の目的物についても抵当権の設定を必要としてきた。そのため，種々の目的物について抵当権の設定を可能とする特別法が制定され，実務の要請に応じている。

以下，そのような特別法における抵当権について簡単に説明する。

(1) 立木抵当

立木については，土地とは別個の不動産として，それに抵当権を設定しうる（立木ニ関スル法律2条2項）。

(2) 動産抵当

重要な動産で，登記または登録によって公示することが可能である動産については，それに抵当権を設定しうる。

そのような動産としては，農業動産信用法による農業用動産（同法12条），自動車抵当法による自動車（同法3条），航空機抵当法による航空機（同法3条），建設機械抵当法による建設機械（同法5条），商法による船舶（同法848条1項・851条）がある。

(3) 財団抵当

企業を構成する不動産，動産あるいは無体財産権等を一個の統一的な財産である財団として，それに抵当権を設定しうる。

財団抵当には，たとえば，工場抵当法による工場財団，漁業財団抵当法による漁業財団，道路交通事業抵当法による道路交通事業財団，鉄道抵当法による鉄道財団，観光施設財団抵当法による観光施設財団等がある。

（4） 企業担保

企業担保法により，株式会社が発行する社債を担保するために，会社の総財産を一体として，それに担保権が設定されうる。

財団抵当では，財団を構成する財産を財団目録に記載しなければならないために手続が繁雑となり，また，財産的価値を有する企業の「のれん」などは財団の構成物に入らないために，簡便な企業担保法が制定されている。

（5） 抵当証券

抵当証券法により，抵当権と被担保債権を証券化し，それを転々流通して投下資本の回収を図るものである。

抵当証券では，制限的ながら証券に公信力を持たせるために，異議申立ての催告制度が採用されている（同法10条）。

5　抵当権の法的性質

抵当権には不可分性（372条・296条），物上代位性（372条・304条）が認められる。附従性もあるが緩和される場面がある。とくに，根抵当においては顕著である。

また，随伴性は認められるが，根抵当では原則として随伴性を有しない。

第2節　抵当権の設定

1　抵当権設定契約

（1）　契約の性質

抵当権は，抵当権の成立を目的とする抵当権設定契約によって設定される。そして，この抵当権設定契約は諾成契約である。

（2）　契約の当事者

抵当権設定契約の当事者は，債権者と抵当権設定者（債務者または第三者）である（369条参照）。ここでの第三者は物上保証人と呼ばれ，質権における物上保証人の求償権に関する規定が準用される（372条・351条）。物上保証人から目的物を譲り受けた第三取得者についても，その地位は物上保証人に類似しているために，物上保証人の求償権に関する規定が準用される（最判昭和42年9

月29日民集21巻7号2043頁)。

なお，抵当権設定者が，目的物について処分権を有していなければ，抵当権設定契約は有効に成立しない。抵当権設定者が，将来，所有権を取得すべき不動産を目的とする設定契約は，その者が当該不動産について所有権を取得したときに成立する（大判大正4年10月23日民録21輯1755頁)。

2 対抗要件

(1) 登 記

抵当権も物権であるために，対抗要件は登記である（177条参照)。未登記抵当権も当事者間では有効であり，抵当権の実行としての競売権もある。しかし，競売権については，民事執行法181条との関係で，種々の文書の提出がなされねばならないために，大きな制約を受ける。

(2) 登記の流用

ここでの登記の流用とは，被担保債権が不成立・消滅したにもかかわらず，抵当権の登記が抹消されずに残っている場合，この登記を，同一の目的物について，他の同額の債権のために設定された抵当権を公示するために流用することである。

判例は，流用前に第三者（後順位抵当権者・第三取得者）が出現した場合には，登記の流用は無効であるが（大判昭和6年8月7日民集10巻875頁，大判昭和8年11月7日民集12巻2691頁)，流用後に第三者が出現した場合には有効であり，第三者に対抗できるとしている（大判昭和11年1月14日民集15巻89頁，また，仮登記担保の事案について最判昭和49年12月24日民集28巻10号2117頁)。

3 抵当権の目的

民法における抵当権の目的は，不動産，地上権および永小作権である（369条)。もっとも，地上権と永小作権については，それ自体の設定が稀であるために，それら物権を目的として抵当権が設定されるのはきわめて稀である。

なお，一棟の建物の一部も，「建物の区分所有等に関する法律」により，区分所有権として，抵当権の目的となりうる。

4　抵当権の被担保債権

（1）　被担保債権の内容

　抵当権の被担保債権は，通常は金銭債権であるが，それ以外の債権であってもよい。債務不履行の場合には，損害賠償債権として金銭債権に転換するからである。もっとも，金銭債権以外の債権の場合には，後順位抵当権者や第三取得者の利益を保護する観点より，これを金銭に算定して登記することが必要とされる（不登83条1項1号）。

（2）　被担保債権の態様

　抵当権の被担保債権は，一個の債権の一部（たとえば，1,000万円の金銭債権のうちの700万円）であってもよいし，数個（数口）の債権をあわせたものでもよい。

　また，債務者が異なる数個の債権について，一個の抵当権を設定することもできる（設定者が物上保証人の場合）。

　債権者が異なる数個の債権（たとえば，Bの債権2,000万円とCの債権1,000万円）を担保するために，一個の抵当権を設定することは，BとCが一個の抵当権を準共有することになり，相互に他人の債権についても（BがCの1,000万円の債権，CがBの2,000万円の債権について）抵当権を取得することになるために，これを否定するのが登記実務である（民事局長通達昭和35年12月2日民事甲3280号）。

　しかし，学説の多くは，BとCが準共有する抵当権の内容については，各自の被担保債権の割合（Bは2,000万円，Cは1,000万円）で持分権を有するにすぎないために，他人の債権について債権を取得することにはならないと反対する。

　これが認められれば，共同融資・協調融資に際して実益がある。

（3）　成立における附従性をめぐる問題

　(a)　将来の債権　　わが国の抵当権においては附従性が厳格に解されているために，本来，将来に発生する債権を担保するために，抵当権を設定することはできないはずである。しかし，判例は，この点について附従性を緩和する傾向にある。

　すなわち，抵当権が設定されてから実際に金銭が授受されるまで数カ月離れ

ている場合であっても，抵当権は有効であり（大判昭和5年11月19日裁判例(4)民111頁，大判昭和6年2月27日新聞3246号13頁），また，債権額4,000円のうち2,000円については債務者の必要に応じて交付するとの約定のもとに，4,000円を被担保債権額とする抵当権の成立を認めた（大判昭和7年6月1日新聞3445号16頁）。

このような判例の態度に通説も賛成するが，理論的には，ここでは単に抵当権における附従性の緩和のみならず，消費貸借契約における要物性（587条）の緩和という側面も考慮されているといえる。

(b) 無効な債権　抵当権によって担保される債権が無効である場合には抵当権も無効である。問題となるのは，このような無効な契約にもとづいて，すでに金銭が交付されているときである。

判例は，労働金庫の員外貸付によって貸付行為が無効とされた事案において，この債務を担保するために設定された抵当権が実行されて，第三者が抵当目的物を競落したときは，債務者は，右債務を弁済せずして，右貸付の無効を理由に，本件抵当権ないしその実行手続の無効を主張することは信義則上許されないとしている（最判昭和44年7月4日民集23巻8号1347頁）。

学説も結論的には判例の態度に賛成するが，理論構成として，金銭が授受された後の返還請求権は，消費貸借にもとづくものであれ，不当利得にもとづくものであれ，当事者にとっては経済的意味は同じであるから，このような場合，抵当権は有効と解すべきとする。

第3節　抵当権の効力

1　被担保債権の範囲

抵当権では，設定者が引き続き目的物を占有しているために，後順位で抵当権が設定されたり，また，一般債権者がそれを差し押さえるという事態が生じやすい。

これらの者は，目的物の価値より先順位抵当権者の債権額を控除した残存担保価値を把握して権利関係に立ち入ると考えられるために，その期待を保護することが必要とされる。そこで，抵当権によって担保される債権の範囲，換言

するならば，抵当権者が優先弁済を受けることができる債権の範囲については，以下のように，一定の制限が設けられている（375条）。

（1）元　本

元本については全額が抵当権によって担保されることは当然であるが，他の債権者（第三者）との関係では，登記された債権額（不登83条1項1号）についてのみ対抗力が生ずる（177条）。

（2）利　息

利息については，原則として，満期となりたる最後の2年分についてのみ優先弁済を受けることができる（375条1項本文）。もっとも，このような制限は，抵当権者と第三者（後順位抵当権者・一般債権者）との利益を調整することにあるために，かかる第三者が存在しない場合（債務者または物上保証人のみとの関係では），利息の全額について配当を受けることができる。

ここでの第三者に抵当目的物の第三取得者が含まれるか否かについて，判例は，第三取得者も抵当権設定者の有する負担をそのまま承継するものとして第三者に含まれないとし（大判大正4年9月15日民録21輯1469頁），通説もこれに賛成する。

しかし，学説のなかには，第三取得者もまた抵当目的物の残余価値を期待して買い受けるために，後順位抵当権者と同様に，第三者に含まれるという見解もある。

なお，最後の2年分以前の利息についても，満期後に特別の登記（権利変更の登記）をすれば，その登記の時より抵当権を行うことができる（375条1項ただし書）。

根抵当権については，根抵当権は，極度額までは，375条の制限なしに優先弁済を受けることができる（398条の3）。

（3）定期金

抵当権者が利息以外の定期金（たとえば，終身定期金，地代，家賃等）を請求できる場合には，利息と同様に，最後の2年分についてのみ，抵当権を行うことができる（375条1項本文）。

しかし，定期金については，それ自体が被担保債権であるために，このような制限に服せしめることに疑問がもたれている。

（4）遅延損害金

弁済期を徒過すると，債務者は遅延損害金を支払わなければならない（419条1項）。これについても，延滞されている利息その他の定期金と通算して2年分の損害金が抵当権によって担保される（375条2項）。

遅延損害金の利率については，約定利息よりも高率の特約を登記しておけば（不登88条1項2号），その特約利率による。

（5）違約金

違約金については明文の規定は存在しない。しかし，違約金は，一般に損害賠償の予定と推定されるために（420条3項），それが元本に対する率で定められている場合には，遅延損害金の場合と同様な取扱いとなる。

違約金が一定金額で定められている場合には，実務上，それを登記できないために（民事局長通達昭和34年7月25日民事甲1567号），第三者に優先的効力を主張できない。

2 抵当権の効力の及ぶ目的物の範囲

（1）付加物

ある不動産に抵当権が設定された場合，抵当権は，抵当地上に存する建物を除くほか，その目的たる不動産の付加物（付加一体物）に及ぶ（370条本文）。

設定行為において別段の定めがある場合（登記を要する。不登88条1項4号）や，債権者が，424条により，債務者の行為を取り消し得る場合には，抵当権の効力は付加物（付加一体物）には及ばない（370条ただし書）。

ここでの問題は，付加物（付加一体物）には何が含まれるのかである。

（a）付合物　付合物（たとえば，立木・庭石・建物の増築部分・附属建物）（242条）は，不動産の構成部分として，不動産の所有権に吸収されるために，付合される時期が抵当権設定の前か後かを問わず，付加物に含まれて抵当権の効力が及ぶ。

判例は，雨戸・表入口用ガラス戸について，建物の内外を遮断する建具類は取外しが容易であっても建物の一部を構成することから，付合物とみなしている（大判昭和5年12月18日民集9巻1147頁）。

ただし，抵当権設定者以外の者が権原によって不動産に附属させた物（たと

えば，抵当権設定当時以前に登記された地上権にもとづいて植栽された樹木）には抵当権の効力は及ばない（242条ただし書）。

　(b) 従物　たとえば，抵当建物に附属せしめられている畳や建具のような従物（87条）に抵当権の効力が及ぶか否かについて，

　㈤　抵当権設定当時にすでに従物が存在する場合につき，判例は，先例を変更して，従物が付加物に含まれないことを前提としながらも，従物は主物の処分に従うことから（87条2項），これら従物にも抵当権の効力が及ぶとしている（大連判大正8年3月15日民録25輯473頁）。

　その後の判例も，宅地に抵当権が設定された場合における当該宅地の石灯籠・取外しのできる庭石について（最判昭和44年3月28日民集23巻3号699頁），ガソリンスタンド用店舗建物に抵当権が設定された場合における当該店舗建物の諸設備である地下タンク・ノンスペース型計量機・洗車機について（最判平成2年4月19日判時1354号80頁），抵当権の効力が及ぶとした。

　㈥　これに反して，抵当権設定当時には存在しなかった従物や抵当権設定後に取り換えられた従物にも抵当権の効力が及ぶか否かについて，判例の態度は必ずしも明らかではない。このことから，本来的には従物と理解できる雨戸・表入口用ガラス戸について，上述の判例が，付合物とみなしている意義を見出すことができる。

　他方，学説については，従物が附属された時期を問うことなく抵当権の効力が及ぶとすることでほぼ一致しているものの，その理論的根拠を，370条に求める立場と87条2項に求める立場が対立している。

　ここでは，前者を採用し，従物は主物と経済的・有機的に一体性を有するために付加物に該当し，それが付属された時期を問わず，常に抵当権の効力が及ぶと解するのが妥当である。

　(2) 従たる権利

　抵当権の効力は，抵当不動産の従たる権利にも及ぶ。たとえば，借地上の建物に抵当権が設定された場合，抵当権の効力は借地権にも及ぶ（なお，612条1項，借地借家20条1項を参照）。

　(3) 果　　実

　抵当権では，抵当不動産の使用・収益権は抵当権設定者に留保されているた

めに，抵当権の効力は，たとえば，稲立毛のような天然果実や賃料のような法定果実には及ばないのが原則である。しかし，被担保債権が債務不履行に陥った場合には，抵当権の実行が可能となる状態になるために，その後に生じた抵当不動産の果実に対しても抵当権の効力が及ぶ（371条）。もっとも，ここで抵当権の効力が果実に及ぶことと，これら果実から優先弁済を受け得ることは別に考えるべきであり，果実に対して実際に優先弁済権を行使するためには，別途，後述するような，物上代位または担保不動産収益執行の方法によることになる。債務不履行後，担保不動産収益執行手続開始前の天然果実については，それを管理人が収穫できないために，動産執行手続の方法によることになるであろう。

（4）　抵当不動産より分離された動産

たとえば，抵当土地上の立木が伐採された場合である。このような場合，当初の判例は，伐採木は動産となっており，不動産に関する権利である抵当権の効力は伐採木には及ばないとしていたが（大判明治36年11月13日民録9輯1221頁），その後，競売開始による差押えの効力が生じた以後について，差押えの効果として，伐採の禁止および伐採木の搬出の禁止を認めた（大判大正5年5月31日民録22輯1083頁）。

さらに，抵当権実行の着手前（差押え前）の伐採についても，抵当権そのものを理由として伐採木の搬出を禁止するに至った（大判大正7年4月20日新聞3407号15頁）。

他方，学説としては，①分離された動産が抵当目的物の場所から搬出されれば抵当権の効力は及ばないとする説，②抵当権設定登記の公示力の及ぶ範囲で抵当権の効力が及ぶとする説，③物上代位（372条・304条）の法理を適用することによって抵当権の効力が及ぶとする説，④第三者が即時取得するまで抵当権の効力が及ぶとする説等がある。

3　抵当権と物上代位

（1）　物上代位の意義

物上代位とは，抵当目的物が売却，賃貸，滅失，または損傷によって，金銭その他の物（価値代表物）に具体化した場合，抵当権者は，これらの物に対し

ても，抵当権の効力を及ぼすことができることである（372条・304条）。抵当権は，先取特権や質権と同様に，目的物の交換価値を把握する権利であるために，目的物の交換価値が現実化した場合には，その具体化された交換価値にその効力を及ぼすことができる。

（2）　代位の目的物

(a)　売却代金　　抵当権では追及効があるために，抵当目的物の売却代金に物上代位を認める意義はないようにも思える。しかし，多数説は，法文の規定を無視することなく売却代金にも物上代位しうるとするが，実際上の不都合を回避するために，一定の制限を加えている。

すなわち，一つに，売却代金に対する物上代位の結果，売却代金が被担保債権に不足する場合であっても，代価弁済（378条）との均衡上，抵当権は消滅する。二つに，抵当目的物の買主が抵当債務を引き受ける場合（抵当目的物の時価より被担保債権額を控除して売却代金が決定された場合），売却代金に対する物上代位は認められない。

また，判例は，買戻特約付売買の買主の不動産を目的として抵当権を取得した者は，①買戻特約の登記に後れて目的不動産に設定された抵当権は，買戻しによる目的不動産の所有権の買戻権者への復帰によって消滅するが，抵当権設定者である買主やその債権者等の関係においては，買戻権行使時まで抵当権が有効に存在していたことによって生じた法的効果までが買戻しによって覆滅されないこと，②買戻代金は，実質的には買戻権の行使による目的不動産の所有権の復帰についての対価とみることができ，目的不動産の価値変形物であること等を理由とし，抵当権にもとづく物上代位権の行使として，買戻権の行使により買主が取得した買戻代金を差し押さえることができるとした（最判平成11年11月30日民集53巻8号1965頁）。

(b)　賃料・用益物権等の対価　　従来，これについては，賃料等が交換価値のなし崩し的な具体化であることを根拠に物上代位を肯定する立場と，設定者に目的物の使用・収益権が認められる抵当権にあっては，少なくとも差押え以前に，その収益の結果としての賃料等に物上代位できるとすることは妥当ではないとする立場があった。しかし，判例は，抵当不動産の賃借人が供託した賃料の返還請求権についても，抵当権者が物上代位することを認めた（最判平成

元年10月27日民集43巻9号1070頁)。

このように，判例によれば，賃料債権には物上代位できるものの，転貸料債権については，①所有者は被担保債権の履行について抵当不動産をもって物的責任を負担するが，抵当不動産の賃借人はこのような責任を負担しないために，自己の債権が被担保債権の弁済に供されることはないこと，②372条が準用する304条の「債務者」には，文言上，賃借人（転貸人）は含まれないこと，③これを認めると，正常な取引によって成立した抵当不動産の転貸借関係における賃借人（転貸人）の利益が不当に害されること等を理由とし，抵当不動産の賃借人を所有者と同視することを相当とする場合を除き，原則として，それに対する物上代位を否定している（最決平成12年4月14日民集54巻4号1552頁）。

(c) 目的物の滅失・損傷等によって受けるべき金銭その他の物　これには，不法行為にもとづく損害賠償請求権，土地収用法にもとづく補償金（同法104条），土地改良法にもとづく補償金・清算金（同法123条2項）等が該当する。火災保険金請求権についても，目的物との間に経済的関連性を有する価値代表物であって，それに抵当権の効力を及ぼすのが当事者の合理的意思の解釈にも合致するとして，判例（大連判大正12年4月7日民集2巻209頁）および通説は物上代位を肯定する。これに関連して，実際に火災保険金請求権が発生した場合，すでに火災保険金請求権について質権を設定せしめて対抗要件を取得していた質権者と，それ以前に抵当権の登記を経由していたが，質権の対抗要件の具備後に物上代位によって差押えをなした抵当権者の間ではいずれが優先するかという問題がある。下級審裁判例と学説は分かれている。

(3) 物上代位権行使の要件

(a) 差押えの内容　抵当権者が物上代位によって優先弁済を受けるためには，価値代表物が設定者に払い渡されるか引き渡される前に，それを差し押さえねばならない（372条・304条ただし書）。

差押えの内容については，一つに，差押えは抵当権者による優先権を保全するために，民法によって特別に与えられた権利であるために，抵当権者は，他の債権者に先立って自ら差押えをしなければ物上代位権を行使できないとする考え方がある（物上代位権保全説）。二つに，差押えは物上代位の目的物が債務者に引き渡されて債務者の財産と混同することを防止すること，換言すれば，

価値代表物の特定性を維持することであり，他の債権者が差押えをすれば，自ら差押えをする必要はなく，物上代位権の公示は抵当権設定登記をもって足りるとする考え方がある（特定性維持説）。三つに，差押えは物上代位の目的債権の債務者である第三債務者が二重弁済を強いられる危険性を防止するために必要であり，抵当権者自らによる差押えは，第三債務者のみに対する対抗要件であり，第三者に対する対抗要件は抵当権設定登記であるとする考え方がある（第三債務者保護説）。

かつての判例は，物上代位権保全説を採用していたが（前掲・大連判大正12年4月7日），近時では，第三債務者保護説が採用されている（最判平成10年1月30日民集52巻1号1頁等）。

また，債権（賃料債権）について一般債権者による差押えと抵当権者による物上代位による差押えが競合した場合には，一般債権者による差押命令の第三債務者への送達と抵当権設定登記の先後によって両者の優劣が決せられ（最判平成10年3月26日民集52巻2号483頁），他の債権者が差し押さえている場合には，抵当権者は，配当要求することによって優先弁済を受けることができない（最判平成13年10月25日民集55巻6号975頁）。なお，判例は，物上代位の目的債権（賃料債権）についての転付命令が第三債務者に送達される時までに抵当権者が被転付債権の差押えをしなかった場合は，抵当権者は被転付債権について，抵当権の効力を主張することはできないとした（最判平成14年3月12日民集56巻3号555頁）。

(b) 債権譲渡と物上代位　債権が譲渡され，その譲受人が第三者対抗要件を取得した場合であっても，①債権譲渡は，304条1項ただし書の払渡しまたは引渡しに含まれない，②債権の譲受人は物上代位を抵当権登記より知ることができる，③物上代位が認められないとすれば，債権譲渡によって抵当権者の利益が不当に害される，④第三債務者は，差押命令送達前の弁済については抵当権者に対抗でき，弁済前の債権については供託すれば免責されるために，第三債務者の利益は害されない等の理由から，抵当権者は，自ら債権を差し押さえて物上代位権を行使することができる（前掲最判平成10年1月30日，最判平成10年2月10日判時1628号3頁）。

(c) 相殺と物上代位　抵当権者が物上代位権を行使して賃料債権の差押え

をした後に，抵当不動産の賃借人が，抵当権設定登記の後に賃貸人に対して取得した債権を自働債権とする賃料債権との相殺をもって抵当権者に対抗できるか否かについては，判例は，①物上代位による差押えがなされた後にあっては，抵当権の効力が物上代位の目的となった賃料債権にも及び，このことは抵当権設定登記によって公示されているとみることができること，②そのため抵当権設定登記の後に取得した賃貸人に対する債権と物上代位の目的となった賃料債権とを相殺することに対する賃借人の期待を，物上代位権の行使により賃料債権に及んでいる抵当権の効力に優先させる理由はないこと等を理由として，これを否定する（最判平成13年3月13日民集55巻2号363頁）。

（d）担保不動産収益執行と物上代位の調整　抵当権者は物上代位によって債務者の有する賃料債権等に対してその効力を及ぼすことができるが，他方で，担保不動産収益執行も不動産担保権の実行として抵当不動産から生ずる賃料等の収益から被担保債権の弁済を受ける方法である。そのため，両制度が衝突することが生じ得るために，その調整が必要とされる。その結果，物上代位による債権執行の手続が先行している場合は，給付義務者に対して担保不動産収益執行の開始決定の効力が生じたときは，給付義務者に対する給付請求権に対して実施されている物上代位による債権執行手続は，その効力が停止される（民事執行法188条・93条の4第1項）。ここで，その効力が停止されるということは，その後に担保不動産収益執行の手続が取り消され，または取り下げられたときには再びその効力が復活することを意味する。また，物上代位の手続によって債権差押命令を得た抵当権者は，担保不動産収益執行の手続において，当然に，すなわち，二重開始決定や配当要求等の格別の行為を必要とすることなく，順位に応じて配当を受けることができる（民事執行法188条・93条の4第3項）。

4　抵当権の優先弁済的効力

(1) 意　義

弁済期が到来しても弁済がなされない場合，抵当権者は，抵当不動産を換価してその売却代金よりまたは担保不動産収益執行によってその賃料等より優先弁済を受けることができる。この優先弁済的効力が抵当権の中心的な効力である。

抵当不動産につき他の債権者の申立てによって競売手続が開始された場合であっても，抵当権者は，抵当不動産の売却代金より，その優先順位に従って弁済を受けることができる（民事執行法188条・85条・87条1項4号）。しかし，抵当不動産につき他の債権者の申立てによって担保不動産収益執行が開始された場合には，原則として，配当が行われるまでの期間内に自ら担保不動産収益執行の申立てをしなければ，少なくとも優先弁済を主張できない（民事執行法107条4項）。

（2）他の債権者との優劣

(a) 一般債権者との関係　対抗要件たる登記を経由した抵当権者は，無担保の一般債権者に優先する。

なお，抵当権者は，一般債権者としての資格で債務者の一般財産に強制執行することができるが，一般債権者の利益を保護するために，抵当権者は，抵当不動産の代価で弁済を受けることができなかった部分についてのみ，一般財産より配当を受けることができる（394条1項）。もっとも，抵当不動産の換価に先立って一般財産の配当がなされる場合には，ただちに配当に参加することができるが，債権者の請求があれば，配当額を供託しなければならない（394条2項）。

(b) 抵当権相互の関係　抵当権登記の前後による（373条）。

(c) 先取特権との関係　一般の先取特権との関係では，その先取特権に登記がある場合には登記の前後によるが，未登記抵当権に対しては，常に先取特権が優先する（336条）。不動産の先取特権との関係では，不動産売買の先取特権とは登記の前後によるが，不動産保存および工事の先取特権は，登記をすれば常に抵当権に優先する（339条）。

(d) 質権との関係　不動産質との優劣は登記の前後による（361条・373条）。

(e) 租税（国税・地方税）債権との関係　抵当権の設定時以前に法定納期限等の到来した国税・地方税の租税債権は，抵当権に優先する（国税徴収法16条，地方税法14条の10）。

（3）抵当権の実行

(a) 担保不動産競売　抵当権の実行は，原則として，抵当権者の選択によって民事執行法の定める担保不動産競売・担保不動産収益執行による（民事

執行法180条)。

　(イ)　担保不動産競売の要件　　不動産競売の申立てには，実質的要件と形式的要件が充足されなければならない。

　実質的要件は，次の通りである。

　①　抵当権が存在すること。後順位抵当権者も競売の申立てができるが，剰余主義が採用されているために，先順位者が優先弁済を受けると剰余を生ずる見込みがないときは，民事執行法63条所定の申出と保証を提供しないと競売手続は取り消される（同法188条・63条2項）。

　②　被担保債権の弁済期が到来していることである。特別法における例外ではあるが，弁済期の到来前の競売申立てが認められる場合がある（仮登記担保契約に関する法律12条）。

　形式的要件は，次の通りである。

　①　抵当権の存在を証明する文書の提出（民事執行法181条）　　たとえば，抵当権の存在を証する確定判決や公正証書の謄本，抵当権の登記に関する登記事項証明書である。したがって，未登記または仮登記抵当権者による競売の申立ては困難である。

　②　障害事由の不存在　　抵当権設定者に会社更生手続が開始されたときは，抵当権者は更生担保権者となり（会社更生法2条10項），抵当権にもとづく競売の申立てはできない（同法50条1項，ただし7項の例外規定がある）。なお，抵当権設定者に破産手続が開始されたときは，抵当権者は別除権者として保護され（破産法2条9項・10項），破産手続によらないで競売の申立てをなすことができる（同法65条1項）。

　(ロ)　担保不動産競売手続　　不動産競売手続は，おおむね次のような順序による。

　①　競売開始決定　　不動産競売の申立てを受けた執行裁判所は，申立ての適否を審査したうえで，競売開始決定を行うが，この開始決定には，不動産を差し押さえる旨の宣言が含まれている（民事執行法188条・45条1項）。そして，それが不動産所有者（抵当権設定者）に送達されて差押えの効力が生ずる（民事執行法188条・46条）。なお，執行裁判所は，競売開始決定前であっても，競売の申立てをしようとする者の申立てにより，とくに必要があるときは，債務

者または不動産所有者もしくは不動産占有者による価値減少行為に対して保全処分を命ずることができる（民事執行法187条）。

② **売却の準備**　執行裁判所は配当要求の終期を定めて公告をなし，一定範囲の債権者に対して，債権の届出を催告する（民事執行法188条・49条）。また，執行裁判所は，執行官による目的不動産の現況調査（不動産の形状や占有関係等），評価人による不動産評価等にもとづいて売却基準価額を決定し（民事執行法188条・60条），物件明細書を作成する（同法188条・62条1項）。物件明細書は執行裁判所に備え置かれるほか，インターネットを通じて，一般の閲覧に供される（民事執行法188条・62条2項）。また，執行裁判所は，差押債権者の申立てがある場合には，不動産の買受希望者をこれに立ち入らせて見学させること（内覧）ができるが，不動産占有者の権原が差押債権者等に対抗できるときには，プライバシー保護の観点から，この者の同意が必要とされる（民事執行法188条・64条の2）。

③ **売却の実施**　執行裁判所は売却の日時や場所等を公告し（民事執行法188条・64条），入札，競り売り等の方法で売却を実施する。売却に際しては，抵当権者や抵当不動産の第三取得者が買受人になることはできるが（390条），債務者は買受人になることはできない（民事執行法188条・68条）。債務者は，本来，抵当債務を弁済すべき者であるためである。

④ **売却の決定**　最高価額買受申立人が決まれば，売却決定期日が開かれて売却許可決定がなされる（民事執行法188条・69条）。買受人が代金を納付すると，目的不動産の所有権は買受人に移転し（民事執行法188条・79条），目的不動産上の担保権は，消除主義の採用によって消滅する（同法188条・59条，ただし，留置権および使用収益できて対抗力を有する不動産質権については引受主義が採用されて存続する）。なお，買い受けた不動産について，債務者その他の者が買受人に対抗できない権原によって占有している場合には，買受人は，原則として6カ月以内に，執行裁判所に対して引渡命令の申立てをなすことができる（民事執行法188条・83条）。

⑤ **配当**　買受人が代金を納付した後に，執行裁判所は配当表を作成し（民事執行法188条・85条），これにもとづいて配当が実施される（同法188条・84条1項）。すなわち，まずは，競売費用が控除され，第三取得者が目的物に支

出した必要費と有益費が償還されたうえで（391条），各担保権者の順位に応じた配当がなされる（民事執行法188条・87条）。もちろん，抵当権者の被担保債権のうち，抵当不動産より優先弁済を受けることができなかった部分については，一般債権（無担保債権）として存続する。

(b) 担保不動産収益執行

(イ) 特色　担保不動産収益執行とは，不動産から生ずる収益を被担保債権の弁済に充てる方法による不動産担保権の実行である（民事執行法180条2号）。これは強制執行としての強制管理に類似する方法である。そのため，基本的には，強制管理に関する規定が準用されている（民事執行法188条）。しかし，強制管理とは異なり，抵当権者は担保権者としての資格でこれを申し立てることができるとともに，順位に応じて優先弁済を受けることができる。不動産からの収益（たとえば賃料）については，抵当権者が物上代位することも可能であるが，抵当権設定者が実際には抵当不動産の管理を放棄し，または，それを怠っているような場合には十分な満足を得ることができない。しかし，担保不動産収益執行においては，裁判所によって管理人が選任され，その者が，抵当不動産の管理行為，たとえば，賃料の取立て，新たな賃貸借契約の締結，賃貸借契約の解除を行う等，抵当不動産から生ずる収益を包括的，継続的かつ積極的に管理することが可能とされる。そして，担保不動産収益執行は，抵当不動産の収益から弁済を受ける方法であることから，実際には，多くの賃料等が生ずる規模の大きなテナント・ビルのような抵当不動産について実益がある。

(ロ) 担保不動産競売と担保不動産収益執行との関係　抵当権者による抵当権の実行方法としては，担保不動産競売と担保不動産収益執行の二つがある（民事執行法180条）。これら二つの手続は，独立したものとして理解されるために，抵当権者は，それぞれ独立して申し立てることができる。そのため，抵当権者は，担保不動産競売のみを申し立てること，担保不動産収益執行のみを申し立てること，あるいは担保不動産競売と担保不動産収益執行を併用することのいずれも可能とされる。もっとも，担保不動産収益執行手続が開始されている抵当不動産について担保不動産競売がなされ，その所有権が買受人に移転した場合には，その後，不動産からの収益は得られなくなるために，当該手続の取消しがなされる（民事執行法180条・111条・53条）。

(ハ) 担保不動産収益執行手続　担保不動産収益執行手続は，おおむね次のような順序による。

① 申立て　担保不動産収益執行も不動産担保権の実行方法の一つであるために，基本的には，担保不動産競売の場合と異ならない。根抵当権にあっては，根抵当権者が申立てを行うと（その後における手続の開始が条件となるが），元本の確定という効力が生ずる（398条の20第1項1号）。他の担保権者による申立てでは元本は確定しない。

② 開始決定　執行裁判所が開始決定をするが，開始決定においては，執行裁判所は，担保権者のために不動産を差し押さえる旨の宣言をし，債務者に対して収益の処分を禁止し，債務者が賃貸料の請求権その他の不動産の収益に係る給付を求める権利を有するときは，その給付義務を負う第三者（たとえば，債務者からの不動産の賃借人）に対して，給付目的物（たとえば，賃料）を管理人に給付すべき旨を命じなければならない（民事執行法188条・93条1項）。そして，この開始決定は，債務者および給付義務者に送達しなければならないが，後者に対する送達の効力は，それが給付義務者に送達された時に生ずる（民事執行法188条・93条3項および4項）。なお，一人の担保権者による担保不動産収益執行の申立ての後に，他の担保権者が同じく申立てをなした場合には，執行裁判所は，二重の開始決定を行う（民事執行法188条・93条の2）。担保権者たる抵当権者がその資格で配当要求するためには，後述するように，自ら申立てをしなければならないためである。

③ 管理人の選任　担保不動産収益執行の開始決定と同時に，執行裁判所は管理人を選任する（民事執行法188条・94条1項）。管理人は，複数であってもよく，信託会社や銀行等の法人も管理人となることができる（民事執行法188条・94条2項）。管理人は，善管義務を負いながら（民事執行法188条・100条），担保不動産について，管理，収益の収取，換価をすることができる（同法188条・95条1項）。このことから，管理人は，担保不動産について，賃貸借契約を締結（ただし，短期賃貸借の期間を超える賃貸借契約の締結には債務者の同意が必要），解除，更新することができ（民事執行法188条・93条2項・95条2項），抵当不動産について，債務者の占有を解いて，自ら占有することもできる（同法188条・96条）。また，管理人は，担保不動産から収取することができる収益

とは，後に収穫すべき天然果実，および，すでに弁済期が到来し，または後に弁済期が到来する法定果実である（民事執行法188条・93条2項）。なお，管理人によって設定された賃貸借は，それが競売手続後に設定されたものであるとしても，民法395条（抵当建物引渡猶予制度）が適用され，さらには，民法387条（抵当権者の同意をもって登記済賃貸借に対抗力を付与する制度）の適用があると解される。

④　配当　　管理人は，担保不動産の管理による収益等から租税その他の公課，管理人の報酬等の管理費用を控除し（民事執行法188条・106条），残額について，執行裁判所が定める期間ごとに配当を実施する（同法188条・107条）。手続開始に係る差押えの登記前に登記した担保権者や雇用関係の先取特権者は，配当が実施されるまでの期間内に自ら担保不動産収益執行を申し立てることにより，優先弁済を受けることができる（民事執行法188条・107条4項）。なお，上述したように，手続開始決定によって効力が停止した物上代位者は，格別な行為を必要とすることなく，配当手続のなかで，その順位に応じた配当を受けることができる。

⑤　終了　　担保不動産収益執行手続は，申立ての取下げや執行裁判所による手続の取消しによって終了する。ここで，手続の取消事由としては，配当等に充てるべき金銭を生ずる見込みがない場合（いわゆる無益執行の場合）（民事執行法188条・106条2項）や各債権者が配当等によりその債権および執行費用の全部の弁済を受けた場合（同法188条・110条）がある。また，担保不動産収益執行は，そこから収益を得ることを前提としているために，この手続が開始されている担保不動産について，担保不動産競売が開始され，その所有権が買受人に移転した場合にも取り消される（民事執行法188条・111条・53条）。

（c）　流抵当の特約　　弁済期前の契約をもって，債務を弁済できない場合には，競売手続を回避（私的実行）して，抵当目的物を抵当権者に帰属させることを内容とする特約である。このような特約について，抵当権では禁止規定が存在しないために有効とされているが，それを登記して第三者に対抗することはできない。また，たとえ，当事者間では有効とされるものの，仮登記担保契約（仮登記担保契約に関する法律3条1項）との均衡上，抵当権者には清算義務が課せられるべきである。

5　抵当建物引渡猶予制度

（1）　制度新設の経緯

　抵当権では，設定者が抵当不動産を使用・収益することができるために，抵当不動産を目的として第三者が利用権の設定を受けることがある。そのため，抵当権の実行に際しては，抵当権者や抵当不動産の買受人と抵当不動産の利用者との利益を調和する制度が望まれる。従前，このような制度として，短期賃貸借の保護（旧民法395条）が存在していた。すなわち，この制度においては，抵当権設定登記後に登記された利用権であっても，それが短期の賃貸借（602条）であり，かつ，抵当権者を妨害するものでない場合には，その利用権を，競売における抵当不動産の買受人に対抗できるとしていた。しかし，この制度においては，一方において，たとえば，競売開始決定後における更新は認められていなかったために，賃借人の保護は，賃貸借契約の期間満了が競売開始決定の先後という偶然的事情によって決せられ，賃借人の保護制度としての合理性に疑問が持たれていた。他方では，たとえば，虚偽の賃貸借の作出や「占有屋」の配置等による抵当権の妨害工作の手段として利用されている部分が多かった。そこで，従来の短期賃貸借保護制度は全面的に廃止され，抵当建物引渡猶予制度が新設された。

（2）　制度の内容

　(a)　抵当権と賃借権との関係

　(イ)　原則　　抵当権に後れる賃貸借は，それが長期賃貸借または短期賃貸借の場合でも，抵当権者および競売による買受人に対抗することができない（旧395条の廃止。ただし，この抵当建物引渡猶予制度が施行される前の短期賃貸借で抵当権の登記後に対抗要件を備えた短期賃貸借については経過措置によって保護され得る）。

　(ロ)　例外　　抵当権に後れる賃貸借であっても，当該賃貸借が登記（605条参照）されており，かつ，当該登記前に，登記されたすべての抵当権者が同意し，当該同意について「登記」がなされた場合には，当該抵当権者および競売における買受人に対抗することができる（387条1項）。そして，抵当権者がここでの同意を与えるに際しては，それが抵当不動産について利用権を存続させることから，その抵当権を目的とする権利を有する者（たとえば，転抵当権者），

その他，抵当権者の同意によって不利益を受ける者（たとえば，抵当権およびその順位の譲渡・放棄における受益者）の承諾を必要とする（387条2項）。

　ここで，すべての登記済抵当権者の登記が要求されているのは，競売における買受人の利益保護，換言すれば，取引の安全を図るためであり，また，文言上，「登記」とされていることから，借地借家法における対抗手段は除外されているものと解される（なお，387条は土地を目的とする賃貸借にも適用される）。

　また，買受人は賃借権付の不動産所有権を取得するとともに，賃貸人としての地位を承継する。そのため，買受人と賃借人間で生ずる問題については，基本的には，従前の，賃貸人と登記済賃借人の問題として処理されるものと考えられる。もっとも，敷金については，任意的記載事項として賃借権設定登記に記載できることになるために（不登81条4号），賃借人は，敷金が登記されている場合に，登記されている敷金額についてのみ賃貸人に敷金返還請求権を対抗することができるものと解される。

　このような例外を認めることは，抵当不動産が賃貸用の建物（たとえば，オフィスビル）であって，賃料収入が担保価値の維持に貢献している場合には意義があるものと思われるが，従前，この例外が適用される前提条件としての賃借権の登記（605条）はあまり行われていなかった。そのため，この例外が，上記物件等について実際に適用されるためには，今後における種々の面における環境整備等が必要不可欠になるものと考えられる。

　(b)　抵当建物使用者の建物引渡猶予

　(イ)　要件　抵当権者に対抗することができない賃貸借によって抵当建物を使用または収益する者（以下，これを建物使用者という）は，当該建物が競売された場合には，新たな転居先を捜さねばならず，また，その引越準備をしなければならない。そのために，買受人による買受の時から6カ月間は，建物の引渡しが猶予される（395条1項）。買受人による引渡命令の申立ても，通常は，代金納付日から6カ月以内であるが，引渡猶予が与えられている場合には，9カ月以内に伸長される（民事執行法188条・83条2項）。

　ここでの猶予が与えられる建物使用者は，賃貸借にもとづく建物使用者であるために，たとえば，建物の不法占拠者のように，賃貸借にもとづかない建物

使用者は除外される。また，ここでの建物使用者は，競売手続の開始前からの建物使用者を意味し，競売手続開始後の建物使用者は除外されるが（395条1項1号），競売手続の開始後の賃貸借にもとづく建物使用者であっても，それが強制管理または担保不動産収益執行の管理人が行った賃貸借にもとづく建物使用者である場合には，引渡しの猶予が与えられる（同条同項2号）。

　もっとも，建物使用者は建物を利用することによって利益を得ているために，それは不当利得に相当することになり，建物使用者は賃料相当額を買受人に対して支払わなければならない。そのため，建物の買受人が，建物使用の対価として1カ月分以上の請求をなしても，これを建物使用者が支払わない場合には，もはや引渡しの猶予は与えられない（395条2項）。

　(ロ)　建物使用者と買受人との関係　　建物使用者による建物の使用は，競売による建物買受人との間の賃貸借契約にもとづくものではなく，395条の規定にもとづくものであるために，買受人は賃貸借契約における賃貸人としての義務（たとえば，修繕義務）は負わないものと考えられるが，建物使用者が建物について必要費・有益費を出費した場合には，それによって，建物の価値が維持され，または価値の増加が生ずることから，建物使用者の買受人に対する費用償還請求権を認めることができよう。この場合，建物使用者が費用償還請求権を被担保債権として，建物について留置権を行使することができるかについては，公平の観点からの考察が必要とされる。その際，295条2項を類推適用して留置権の行使を否定するか，または必要費のみについては，留置権の行使を認めることもできよう。また，建物使用者による不適切な使用等によって建物の価値が減少した場合には，買受人（建物所有者）に対する不法行為責任（709条）が発生することも考えられる。さらに，建物使用者の敷金返還請求権は買受人には承継されないために，この者に返還請求することはできない（民事執行法188条・59条2項）。

　(ハ)　建物使用者と第三者との関係　　建物に対する第三者からの侵害があった場合，建物利用者と買受人との間では賃貸借関係が存在しないため，建物利用者は債権者代位権を行使して，妨害の排除等を求めること（423条の転用事例の適用）はできず，占有訴権（198条以下）の行使によって妨害の排除等を求めることができるにすぎない。

6 法定地上権

(1) 法定地上権の意義

たとえば，土地と建物を所有するAが，その債権者であるBのために土地についてのみ抵当権を設定していたところ，その後，抵当権が実行されて，Cが当該土地を競落したとする（図2参照）。

図2 決定地上権の意義

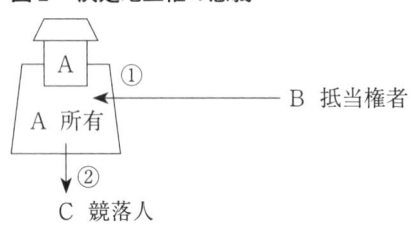

```
       ┌─A─┐ ①
       │A所有│ ← B 抵当権者
       └───┘
         │ ②
         ↓
       C 競落人
```

このような場合，Aは，第三者Cの所有する土地上に土地の利用権限なくして建物を有するために，Cの請求によって，建物を収去し，土地を明け渡さなくてはならない（抵当権設定当時，土地と地上建物が異なった所有者に帰属している場合には，その建物のために利用権が設定されているはずである）。かといって，Aは，予め，このような場合に備えて，自己が所有する土地に自己名義で利用権を設定しておくことも，混同の法理によって不可能とされる（179条・520条。なお，借地借家15条参照）。そのため，このような場合，Aは，Cの所有となった土地に当然に地上権を有するものとされるのが法定地上権である（388条）（図2参照）。法定地上権の規定は，抵当権と利用権を調整する制度であり，また，建物を保護するという公益的要請にもとづくものである。したがって，抵当権設定当事者の特約をもって，その成立を排除することができないとされている（大判明治41年5月11日民録14輯677頁）。

(2) 法定地上権の成立要件

判例および通説は，法定地上権が成立するためには，(a)～(d)の四つの要件が充足されねばならないとする。

(a) 抵当権設定当時に土地に建物が存在すること

(イ) 更地に抵当権が設定された場合　抵当権者は，更地として土地の担保評価をなしているために，その後に，建物が建築されても，建物所有者のため

に法定地上権は成立しない（大判大正4年7月1日民録21輯1313頁）。もしも，この場合に法定地上権の成立を認めると，土地の交換価値が低下し，抵当権者が害される結果となるからである。土地に抵当権が設定されるに際して，抵当権者が建物の建築を事前に承諾していたとしても，抵当権者が土地を更地として評価して抵当権の設定を受けていることが明らかなときは，法定地上権は成立しない（最判昭和36年2月10日民集15巻2号219頁）。また，抵当権設定当事者間において，将来，抵当土地上に建物を建築したときは競売の時に地上権を設定したものとみなすとの合意がなされたとしても，その合意は土地の競落人を拘束するものではなく，法定地上権は成立しない（大判大正7年12月6日民録24輯2302頁）。

　㈠　建物が改築・再築された場合　　①　普通抵当の場合　　土地に抵当権が設定された当時に建物が存在していれば，その後に，当該建物が改築されたり，再築されたとしても，法定地上権は成立するが，その内容は，旧建物におけると同一の範囲内である（建物の再築の場合につき，大判昭和10年8月10日民集14巻1549頁）。

　②　共同抵当の場合　　共同抵当の場合における建物の改築・再築については普通抵当の場合と異なる。すなわち，土地と地上建物に共同抵当権が設定された後に，建物が取り壊され，新建物が建築された場合は，新建物について土地抵当権と同順位の共同抵当権が設定されたとき等特段の事情がないかぎり，新建物のために法定地上権は成立しない。なぜなら，建物が取り壊されたときは土地について法定地上権の制約のない更地としての担保価値を把握しようとするのが，抵当権設定当事者の合理的意思であり，抵当権が設定されない新建物のために法定地上権の成立を認めるとすれば，抵当権者は，当初は土地全体の価値を把握していたのに，その担保価値が法定地上権の価額相当の価値だけ減少した土地の価値に限定されることになって，不測の損害を被る結果となり，抵当権設定当事者の合理的な意思に反するからである（最判平成9年2月14日民集51巻2号375頁）。

　さらに，新建物が建築された時点での土地の抵当権者が新建物について土地の抵当権と同順位の共同抵当権の設定を受けた場合であっても，新建物に設定された抵当権の被担保債権に法律上優先する国税債権が存在するときは（国税

徴収法8条・16条），特段の事情ある場合には当たらず，新建物のために法定地上権は成立しない。なぜなら，新建物に設定された抵当権の被担保債権に法律上優先する債権が存在する場合は，新建物に右抵当権に優先する担保権が設定されている場合と実質的に異なるところがなく，抵当権者にとっては，新建物に抵当権の設定を受けないときは土地全体の担保価値を把握することができるのに，新建物に抵当権の設定を受けることによって，かえって法定地上権の価額に相当する価値を把握することができない結果となり，その合理的意思に反するからである（最判平成9年6月5日民集51巻5号2116頁）。

(b) 土地と地上建物が同一人に帰属すること

(イ) 親族間で土地と地上建物を別々に所有する場合　土地と地上建物の所有者が親子・夫婦の関係にあるときは，そこでは何らかの約定利用権が存在するはずであるので法定地上権は成立しない（最判昭和51年10月8日判時834号57頁）。

(ロ) 抵当権設定後に土地・地上建物が譲渡された場合　抵当権設定当時に同一所有者に属していた土地と建物の一方が，その後に第三者に譲渡されて別人の所有に属するにいたった場合でも法定地上権は成立する（大連判大正12年12月14日民集2巻676頁）。抵当土地が譲渡されるときは，その譲受人は利用権の負担を覚悟すべきであり，建物が譲渡されるときは，土地の抵当権者は最初から法定地上権の成立を予想して担保価値を評価したはずだからである。

また，抵当建物が譲渡されるときも，抵当権者は建物に法定地上権が成立するものとして担保価値を評価しているからである。

(ハ) 抵当権設定後に土地・地上建物が同一人に帰属した場合　以前は別人の所有に属していた土地と建物が，抵当権設定後に同一人の所有に属するに至った場合には，抵当権設定当時に存在していた権利以上の権利を競落人に与えるわけにはいかないので法定地上権は成立しない（最判昭和44年2月14日民集23巻2号357頁）。

(ニ) 土地・地上建物が共有関係にある場合　共有地上に建物を有する共有者の一人が自己の共有持分に抵当権を設定した場合は，単独では土地の処分権を有しないために，他の土地共有者の同意のないかぎり，建物のために法定地上権は成立しない（最判昭和29年12月23日民集8巻12号2235頁）。これとは逆に，建物の共有者の一人が，その敷地たる土地を単独で所有する場合において，土

地に抵当権が設定された後，抵当権の実行によって，当該土地を第三者が競落したときは，自己のみならず他の建物共有者のためにも土地の利用を認めているというべきであるから，法定地上権は成立する（最判昭和46年12月21日民集25巻9号1610頁）。また，土地と地上建物の双方が共有である場合に，建物共有者の一人の債務を担保するために，共有者の全員がそれぞれ持分に抵当権（共同抵当）を設定したとしても，他の土地共有者がその持分にもとづく土地の使用・収益権を放棄していることが明らかなど特段の事情がないかぎり，共有土地について法定地上権は成立しない（最判平成6年12月20日民集48巻8号1470頁）。

　㈭　後順位抵当権が設定された時に土地と地上建物が同一人帰属している場合　建物に抵当権が設定された当時，土地と建物は別人の所有に属していたが，当該建物に後順位の抵当権が設定された時点で双方が同一人に帰属しているならば法定地上権は成立する（大判昭和14年7月26日民集18巻772頁）。法定地上権が成立しても，先順位抵当権者の利益が害されないからである。これに対して，抵当土地に後順位抵当権が設定された場合は，たとえ後順位抵当権設定当時，土地と地上建物が同一人に帰属していたとしても法定地上権は成立しない（最判平成2年1月22日民集44巻1号314頁）。先順位抵当権者は，法定地上権の負担のない土地として担保価値を把握していたために，法定地上権が成立するとなれば，先順位抵当権者が不利益を受けることになるからである。

　㈻　土地・地上建物の登記の要否　抵当権設定当時，土地に地上建物が存在していれば，建物に登記（保存登記または移転登記）がなくとも法定地上権は成立する（大判昭和14年12月19日民集18巻1583頁，最判昭和48年9月18日民集27巻8号1066頁）。抵当権者は，抵当権の設定に際して現地調査をなし，地上建物が存在すれば，それを前提に土地の担保価値を把握するのが通例であるためである。また同様に，建物に抵当権が設定された当時，土地に建物所有者名義の移転登記がなされていなくともよい（最判昭和53年9月29日民集32巻6号1210頁）。

　(c)　土地と地上建物の一方または双方に抵当権が設定されたこと　388条前段によれば「土地又は建物」を抵当の目的とした場合に法定地上権が成立すると規定するが，判例（最判昭和37年9月4日民集16巻9号1854頁）および通説は，土地と地上建物の双方が抵当権の目的となり，競売の結果，それぞれが別人の所有に帰属するに至った場合や，一方のみが競売された場合にも法定地上

権は成立するとする。

　(d)　競売が行われて土地と地上建物が別人に帰属すること　　ここでの競売は，担保権の実行としての競売でも強制競売でもよい。

(3)　法定地上権の内容と対抗要件

　(a)　内容　　法定地上権の範囲は，地上建物の敷地に限定されることなく，その利用に必要な範囲に及ぶ（大判大正9年5月5日民録26輯1005頁）。存続期間については，当事者の協議によるが，協議が整わないときは，借地借家法3条によって定まるものと解され，地代については，当事者の請求により，裁判所によって定められる（388条後段）。

　(b)　対抗要件　　法定地上権も地上権の登記または建物の登記（借地借家10条1項）を備えなければ第三者に対抗できない。

(4)　一括競売

　土地に抵当権が設定された後，当該土地上に建物が建築された場合，一方で，抵当権者による抵当権の実行を容易にするために，他方で，可能なかぎり建物の存続を図る（同一人が土地と建物を競落する）ために，抵当権者は，土地とともに建物も競売することができる（389条1項本文）。ただし，建物所有者が土地について抵当権者に対抗することができる権利を有する場合，土地とともに建物を競売することができない（389条2項）。また，土地とともに建物を競売する場合であっても，抵当権者は建物の売却代金からは優先弁済を受けることができない（389条1項ただし書）。

7　抵当不動産の第三取得者の地位

(1)　第三取得者の保護

　抵当権設定者は抵当不動産を自由に処分することができる。そして，第三者が抵当不動産を譲り受けると，この者（第三取得者）は抵当不動産の所有権を取得できるものの，ひとたび抵当権が実行されて他の者がこれを競落すると，その所有権を失う結果となる。そこで，このような場合に，第三取得者に抵当権を解放される方途を拓き，併せて，抵当不動産の流通を図るという制度が採用されたのであり，それが代価弁済（378条）と抵当権消滅請求（379条以下）である。

（2） 代価弁済

　代価弁済とは，抵当権者が所有権または地上権を買い受けた第三取得者に対し，その売主に支払うべき売買代金を直接自己に支払うよう請求し，第三取得者がこれに応じて売買代金を弁済すると，抵当権はその者のために消滅するという制度である。

　たとえば，A所有の不動産（時価1,000万円）に，Bが抵当権（抵当債権額700万円）を取得している場合，その後，当該不動産がAよりC（第三取得者）に売却（売却代金500万円）されたときは，Bは，Cに対して，その500万円を直接自己に支払うよう請求できる。そして，CがBの請求に応じて500万円を支払うと，CはAに対する代金債務を免れるとともに，Bの抵当権は，Cのために消滅する。そして，Cの代価弁済によって完済されないBの債権額（200万円）は，Aに対する無担保債権として残る。

　第三取得者が地上権取得者である場合には，抵当権自体は消滅しないが，地上権は抵当権者に対抗しうるものとなる。このように，代価弁済は，抵当権者の方から働きかけをする制度であり，第三取得者のための制度として十分に機能していない。

（3） 抵当権消滅請求

　(a) **意義**　たとえば，代価弁済で例示したABの関係において，抵当不動産の第三取得者Cが，抵当不動産の価額を（たとえば，不動産が値下がりしたために）400万円と評価し（ここでの金額はCが自由に定めることができるものであって，A・C間の売買代金とは関係がない），抵当権者Bに対して，この金額を受領させる代わりに抵当権を消滅させるよう請求する制度である。ここで，BがCの申出を受け入れると，Bの抵当権は，Cの提供金額（400万円）をもってCのために消滅し，残額300万円は，BのAに対する無担保債権として残る。もちろん，Bとしては，Cによるこのような申出を拒否するために競売を申し立てることができる。

　(b) **滌除から抵当権消滅請求への経緯**　従前，抵当不動産の第三取得者のために抵当権が消滅する制度としては，上述した代価弁済とともに滌除が存在した。そして，滌除は，代価弁済とは異なり，抵当不動産の第三取得者がイニシャティブを握る制度であると理解されていた。しかし，滌除に関しては，①

抵当権者としては，抵当不動産の時価が被担保債権を下回っているために，その値上がりを待っているときでも競売を強いられること，②抵当権者が投資家としての地位を継続したいと思う場合にも弁済を受領しなければならないこと，③増価競売の申立てや保証提供の負担によって抵当権者が第三取得者による申出金額の承認を強いられること，④実際には，滌除が抵当権の執行を妨害する手段として濫用されていること等の問題点が指摘されていた。その他，滌除という文言が一般的ではないとの指摘もなされていた。そこで，一方において，滌除の制度自体は文言を変えて存続させながら，他方において，従前の滌除における問題点を除去し，それを本来の合理的な内容に改変したものが抵当権消滅請求である。

 (c) 請求権者　抵当権の消滅請求の請求権者は，抵当不動産の流通の促進を図る観点から，抵当不動産について所有権を取得した第三取得者に限定される（379条）。抵当不動産についての永小作権者や地上権者はこの請求をなすことができない。主たる債務者，保証人およびそれらの承継人は，債務の全額を弁済すべきであるために，請求権者から除外されている（380条）。停止条件付第三取得者も，条件の成否が未定の間は第三取得者としての地位を現実に取得したとはいえないために，請求権者から除外されている（381条）。

 (d) 請求の手続　第三取得者は抵当権者から抵当権を実行する旨の通知を受けることはないが（旧381条削除），抵当権実行としての競売による差押えの効力が発生するまでは，抵当権消滅請求をなすことができる（382条）。第三取得者は，抵当権実行の通知を受けなくとも，抵当権が実行される可能性を承知して抵当不動産を取得しているために，抵当権を消滅させるためには自発的な行動が期待され，また，抵当権実行の通知がなされると，従前の滌除の例にあったように，抵当権の消滅請求を行使する意思のない者にもその機会を与え，かえって抵当権消滅請求の濫用を招来するおそれのあること等から，抵当権実行の通知がなされなくとも格別な不都合は生じないものと解されている。

 抵当権消滅請求の具体的手続としては，まず，第三取得者より抵当権消滅請求をなすことについての書面による通知が登記（仮登記を含む）をした各債権者（抵当権者のほか先取特権者や質権者を含む）に対してなされる（383条）。債権者が抵当権消滅請求の通知を受けてから2カ月以内に抵当権を実行して競

売の申立てをしないときは，第三取得者による提供金額を承諾したものとみなされる（384条）。第三取得者がこの承諾された金額を債権の順位に従って払い渡しまたは供託すると，抵当不動産上のすべての抵当権（先取特権や質権も）は，抵当権消滅請求権者たる第三取得者のために消滅する（386条）。

(e) 抵当権者による抵当権消滅請求の拒絶　抵当権者が抵当不動産の第三取得者による抵当権消滅請求を拒絶するためには，抵当権消滅請求の通知を受けてから2カ月以内に抵当権の実行として競売の申立てをしなければならず（384条1号），また，その期間内に，その旨を債務者および抵当不動産の譲渡人に対して通知しなければならない（385条）。

　従前の滌除の場合と異なり，抵当権者は増価競売の申立てをする必要はない。抵当権者による競売の申立期間が2カ月以内とされたことは（従前の滌除における増価競売の申立期間は1カ月以内，旧384条参照），この期間内において，抵当権消滅請求の通知を受けた抵当権者は，抵当不動産の時価，競売における売却金額の調査および競売への準備等をなすことができるものと解されている。また，抵当権者の申立てによる競売手続が，当該競売において買受けの申出がなく最終的に競売手続が取り消された場合であっても，384条における承諾擬制の効果が生じない（384条4号の括弧内）。このように，競売手続において買受人が現れない場合には抵当権消滅請求は無に帰すことになるために，これによって，濫用的な抵当権消滅請求を防止する効果が生ずる。しかし，抵当権消滅請求には回数制限に関する特段の規定が設けられていないために，第三取得者が提供金額を調整して再度の申立てをすることも可能であると解されている。そして，このような抵当権消滅請求が繰り返して行われる場合には，最終的には，権利の濫用または信義則にて，その適否を判断することも考えられる。

　なお，抵当権者の申立てによる競売は，抵当権消滅請求を拒絶するための普通の競売であるために，抵当権者は，登記をした他の債権者の承諾を得ることなく，その申立てを自由に取り下げることができる（旧386条の内容削除）。

8　抵当権の侵害

(1)　抵当権侵害の意義

　抵当権も物権であるために，抵当権の内容が第三者の行為によって不当に侵

害された場合には，抵当権にもとづいてその侵害の排除を求め，また不法行為にもとづいて損害賠償を請求することができる。しかし，抵当権は，目的物の占有の移転を前提としない非占有担保であるために，他の物権に対する侵害とは異なった側面を有する。

すなわち，抵当目的物が通常の経済的用途に従って利用されているかぎりは，それを第三者に用益させたとしても抵当権が侵害されているとはいえないし，損害賠償請求についても，抵当目的物の交換価値が減少したものの，なお被担保債権額を超えているかぎりは，抵当権者は損害を被っていないといえる。なお，抵当権の侵害に関しては，期限の利益の喪失や増担保の問題も生ずる。

（2）　抵当権にもとづく物権的請求権

抵当不動産への侵害があり，それによって目的物の価値が減少するときは，抵当権にもとづく妨害排除請求をなすことができる。侵害行為にもかかわらず，依然として目的物が弁済に十分な価値を有しているとしても，抵当権の不可分性により，妨害排除請求権は生ずるものと解することができる。

妨害排除請求が認められる例としては，抵当山林における立木の無断伐採と搬出の禁止請求（大判昭和7年4月20日新聞3407号15頁），法律上は無効であっても，事実上，抵当権の行使に障害となりうる登記の抹消請求（大判昭和15年5月14日民集19巻840頁），抵当目的物の一部である従物についてのみになされた強制執行に対する第三者異議の訴え（民事執行法38条）を掲げることができる。

さらに，最大判平成11年11月24日（民集53巻8号1899頁）は，旧短期賃貸借の保護（旧395条）に関する事案で，しかも傍論ではあるが，「第三者が抵当不動産を不法占有することにより抵当不動産の交換価値の実現が妨げられ抵当権者の優先弁済請求権の行使が困難となるような状態があるときは，抵当権に基づく妨害排除請求として，抵当権者が右状態の排除を求めることも許されるものというべきである」と述べて，抵当権にもとづく抵当不動産の不法占有者に対する妨害排除請求権の行使を認める判断を示した。その後，最判平成17年3月10日（判時1893号24頁）は，前掲最大判平成11年11月24日を引用しつつ，抵当不動産の所有者から占有権原の設定を受けてこれを占有する者（有権原占有者）であっても，抵当権設定登記後に占有権原の設定を受けたものであり，その設定に抵当権の実行としての競売手続を妨害する目的が認められ，その占有

により抵当不動産の交換価値の実現が妨げられて抵当権者の優先弁済請求権の行使が困難となるような状態があるときは，抵当権者は，当該占有者に対して，抵当権にもとづく妨害排除請求をなすことができると判示した。さらに，抵当権にもとづく妨害排除請求権の行使にあたり，抵当不動産の所有者において抵当権に対する侵害が生じないように抵当不動産を適切に維持管理することが期待できない場合には，抵当権者は，当該占有者に対し，直接自己への抵当不動産の明渡しを求めることができると判示した。

（3） 抵当権侵害に対する損害賠償請求

第三者の侵害行為により，抵当目的物の価値が減少し，被担保債権の全額について満足を受けることができない場合には，抵当権侵害として，不法行為（709条）にもとづく損害賠償を請求することができる。そして，損害賠償を請求しうる時期については，抵当権の実行が可能であり，損害賠償訴訟時における目的物の時価を基準として損害の発生を確定できることから，弁済期以後であれば可能であるとされる（大判昭和7年5月27日民集11巻1289頁，大判昭和11年4月13日民集15巻630頁）。なお，抵当権者が抵当権にもとづく妨害排除請求によって抵当不動産に対する第三者の占有者を排除できる場合（上述（2）参照），抵当権者は，抵当不動産を自ら使用できず，民事執行法上の手続等によらずに使用による利益を取得することもできず，また，抵当権者が抵当権にもとづく妨害排除請求によって取得する占有は，抵当不動産の所有者に代わり抵当不動産を維持管理することを目的とする占有であって，使用及び使用による利益の取得を目的とするものではないために，抵当権者は抵当不動産に対する第三者の占有により賃料額相当の損害を被るものではなく，抵当権者が当該占有者に対して賃料相当損害金を請求することはできない（前掲最判平成17年3月10日参照）。

（4） 期限の利益の喪失と増担保請求

(a) 期限の利益の喪失　債務者が，自己の責めに帰すべき事由（故意または過失）により，抵当不動産を滅失，損傷または減少させたときは，債務者は期限の利益を失う（137条2号）。もっとも，通常の金融実務では，抵当権侵害がある場合には，債務者の責めに帰すべき事由の有無を問わず期限の利益を失う旨の特約がなされている。

(b) 増担保請求　　民法上の規定は存在しないが，通常の金融実務では，抵当不動産の損傷や滅失等の担保不足に備えて，抵当権者が相当な担保を追加するように請求できる旨の特約がなされている。かかる特約が存在しない場合であっても，債務者の責めに帰すべき事由によって担保価値が下落した場合には，当事者の担保関係の合理的な解釈によって増担保請求を認めるとするのが有力説である。

第4節　抵当権の処分

1　抵当権の処分の意義

抵当権の処分とは，完全にではないが，抵当権を被担保債権とは切り離して処分することである（附従性の緩和）。その形態としては，転抵当（376条1項前段），抵当権の譲渡・放棄および抵当権の順位の譲渡・放棄（376条1項後段），および，抵当権の順位の変更（374条）がある。これらが認められることにより，抵当権者による投下資本の回収が容易とされ（転抵当の場合），あるいは抵当権者の協力により債務者（設定者）による資金の調達が容易とされる（その他の処分の場合）。

2　転　抵　当

抵当権者は，その抵当権をもって他の債権の担保なすことができ（376条1項前段），これを転抵当という。

たとえば，BがAに1,000万円を融資してA所有の建物に抵当権を設定せしめていたが，B自らもCより600万円の融資を受けたいので，この抵当権をさらに担保に供する場合である（図3参照）。

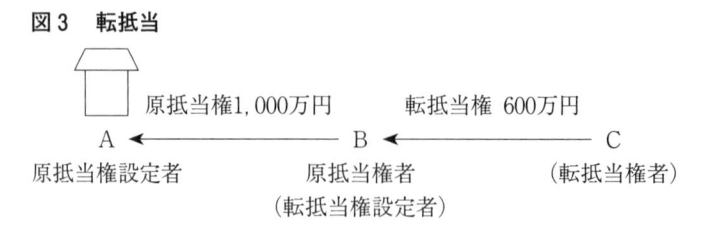

図3　転抵当

　　　　　　　原抵当権1,000万円　　　転抵当権　600万円
　　　　　A　←──────　B　←──────　C
　　　原抵当権設定者　　　　原抵当権者　　　　（転抵当権者）
　　　　　　　　　　　　　（転抵当権設定者）

この場合，Bは，Aの承諾なくして転抵当を設定することができるのであって，それを責任転抵当という（なお，Aの承諾を得る転抵当は承諾転抵当といい，その内容は契約によって定まる）。責任転抵当の法的性質については，種々の学説が提起されているが，いずれにしても，以下の要件や効力の問題と必ずしも結合しないために，省略する。

（1）要　件

転抵当権設定契約は諾成契約である。転抵当の被担保債権額は，原抵当権のそれを超過してもよい。また，転抵当権の被担保債権の弁済期は，原抵当権のそれよりも後に到来してもよい。

（2）対抗要件

転抵当権の設定も不動産の物権変動であるから，第三者との関係では登記（付記登記）が必要とされる（376条2項）。また，原抵当権の被担保債権の債務者，保証人，その承継人との関係では，467条の規定に従った通知または承諾が必要とされる（377条1項）。

（3）効　果

(a) 転抵当権者は，転抵当権および原抵当権の被担保債権の弁済期が到来すれば，転抵当権を実行して，転抵当権の被担保債権の範囲で優先弁済を受けることができ，残額が生ずれば，それは原抵当権者の優先弁済に充てられる。

(b) 転抵当権の被担保債権額が原抵当権のそれを超過しているときは，原抵当権の被担保債権額を限度として優先弁済を受ける。

(c) 原抵当権の被担保債権の弁済期が転抵当権のそれよりも先に到来したときは，原抵当権設定者は供託をなすことによって原抵当権および転抵当権を消滅させることができ，原抵当権および転抵当権は，供託金の上に存続する。

なお，原抵当権者は，転抵当権者に与えた担保価値を消滅させることができないために，一般的には弁済を受けることはできず，また，競売の申立てもできないと解される。しかし，判例は，原抵当権の被担保債権額が転抵当権の被担保債権額を超過しているときは，原抵当権者も自ら競売を申し立てて超過額につき弁済を受けることができ，転抵当権者の受け取るべき金額については弁済または供託すべきであるとする（大決昭和7年8月29日民集11巻1729頁）。

最近の有力説は，転抵当権の被担保債権額は利息の発生によって差額が不確

定であること，また抵当権の不可分性の原則（372条・296条）から，判例の態度に反対する。

3　抵当権の譲渡・放棄

　抵当権の譲渡・放棄とは，同一の債務者に対する債権者で抵当権を有しない者の利益のために，その被担保債権と切り離して抵当権のみを処分することである（376条1項後段）。抵当権の譲渡がなされると，抵当権の譲渡人である抵当権者は，その譲受人との関係では無担保債権者となる。また，抵当権の放棄がなされると，抵当権を放棄した抵当権者は，その放棄を受けた無担保債権者と平等の立場で，債権額に比例して分配を受ける。

　たとえば，債務者Aの所有する土地（時価800万円）を目的として，Bが1番抵当権（債権額600万円），Cが2番抵当権（債権額200万円）を取得しており，さらにDが無担保債権（200万円）を有していたとする（図4参照）。

図4　抵当権の譲渡・放棄

```
          ┌──────┐ ←── B 1番抵当権者（債権額600万円）
    A     │      │ ←── C 2番抵当権者（債権額200万円）
          │      │ ←── D 無担保債権者（債権額200万円）
          └──────┘
       （時価　800万円）
```

　この場合，BがDに抵当権を譲渡すると，不動産の売却代金（800万円）のうち，本来はBに配当されるべき600万円から，まずはDが200万円の配当を受け，その残りからBが400万円の配当を受ける。

　また，BがDのために抵当権を放棄すると，本来はBに配当されるべき600万円がBとDの債権額に比例して分配されることになるために，Bは450万円，Dは150万円の分配を受けることになる。

　Dは，抵当権を実行して優先弁済を受けることができるが，それには，Bの被担保債権額および弁済期の制限を受けるために，抵当権の譲渡・放棄は第三者（たとえばC）の利益には影響を与えない。

　なお，対抗要件については，転抵当の場合と同様に理解することができ，第三者への対抗要件としては付記登記が必要とされる（376条2項）。また，債務

者，保証人，抵当権設定者およびその承継人との関係では，債務者への通知または債務者の承諾が必要とされる（377条1項）。

4 抵当権の順位の譲渡・放棄

抵当権の順位の譲渡・放棄とは，同一債務者に対する他の債権者で後順位の抵当権を有する者の利益のために，その順位のみを譲渡・放棄することである（376条1項後段）。対抗要件は，抵当権の譲渡の場合と同様である。

たとえば，債務者A所有の土地（時価1,000万円）を目的として，Bが1番抵当権（債権額400万円），Cが2番抵当権（債権額200万円），Dが3番抵当権（債権額600万円）を取得していたとする（図5参照）。

図5　抵当権の順位の譲渡・放棄

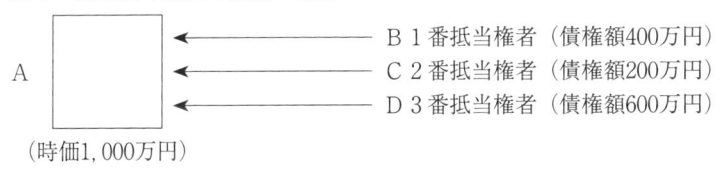

```
         ┌─────┐ ←──────── B 1番抵当権者（債権額400万円）
      A  │     │ ←──────── C 2番抵当権者（債権額200万円）
         │     │ ←──────── D 3番抵当権者（債権額600万円）
         └─────┘
      （時価1,000万円）
```

この場合，BからDに抵当権の順位の譲渡が行われると，譲渡人Bは後順位となるために，譲受人Dは自己と譲渡人Bの配当額の合計額において優先弁済を受け，譲渡人は，残額があれば弁済を受けることができる。これを右の例に当てはめると，不動産の売却代金が1,000万円とすれば，BとDの配当額800万円から，まずはDが600万円の配当を受け，残額200万円をBが受ける（順位の譲渡がなければ，Bが400万円，Cが200万円，Dが400万円の配当）。他の第三者はこれによって影響を受けることはなく，Cは依然として200万円の配当を受けることができる。

また，抵当権の順位の放棄が行われると，放棄者と放棄を受ける者は同順位となる。したがって，上の例で，BがDのために抵当権の順位を放棄すれば，BとDが同順位となって，BとDの配当額の合計額（800万円）を両者の債権額（B400万円，D600万円）に比例して分配することになる。その結果，Bが320万円，Dが480万円の配当を受けることになる。

なお，このような順位の譲渡・放棄は，昭和46年に後述する抵当権の順位の

変更という制度が新設された現在では，その役割が小さくなっている。

5　抵当権の順位の変更
（1）意　　義
　抵当権の順位の変更とは，複数の抵当権者間において行われる順位の変更である（374条1項本文）。これは，従来，抵当権の順位譲渡の手続を何回か繰り返すような方法で行われていた順位の変更方法が複雑であったために，これを簡易な手続に改めたものである（昭和46年の民法改正によって，旧373条に2項・3項が追加されたが，平成16年の民法現代語化に伴って，374条1項・2項となった）。

　たとえば，債務者Aの所有する土地（時価800万円）を目的として，Bが1番抵当権（債権額600万円），Cが2番抵当権（債権額200万円），Dが3番抵当権（債権額700万円）を取得していたとする（図6参照）。

図6　抵当権の順位の変更

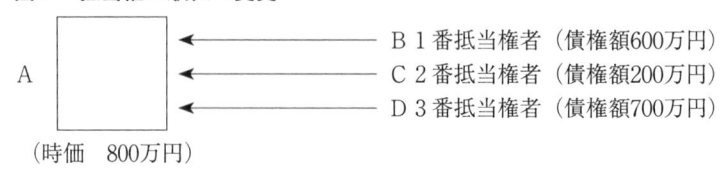

```
         ┌──────┐  ←──── B 1番抵当権者（債権額600万円）
    A    │      │  ←──── C 2番抵当権者（債権額200万円）
         │      │  ←──── D 3番抵当権者（債権額700万円）
         └──────┘
     （時価　800万円）
```

　このような場合，抵当権の順位をD・B・C，あるいはD・C・B等に変更することを抵当権の順位の変更という。

（2）要　　件
　抵当権に順位の変更は，その順位を絶対的に変更するものであるから，各抵当権者の合意が必要である（374条1項本文）。元の順位をD・C・Bに変更する場合でも，Cの順位は元の順位と変わらないが，Cは配当において影響を受けるために，Cの同意も必要とされる。もっとも，元の順位をB・D・Cに変更する場合には，Bの同意は必要とされない。

　利害関係人（たとえば，376条の抵当権の処分を受けている者，被担保債権の差押債権者・質権者等）がいる場合には，その者の承諾も必要とされる（374条1項ただし書）。債務者，抵当権設定者，保証人等は利害に影響されるところがないので利害関係人ではない。

順位の変更は，登記をなすことによって絶対的な効力を生ずる（合意の当事者や利害関係人に対してはもとより，債務者や抵当権設定者に対しても効力を生ずる）。ここでの登記は，権利関係を明確にするために，376条の処分の場合とは異なり，効力発生要件とされている（374条2項）。

（3）効　果

土地の売却代金を800万円とすれば，抵当権の順位をD・B・Cに変更すると，それぞれが700万円，100万円，0円となる。D・C・Bに変更すると，それぞれが700万円，100万円，0円となる。

第5節　抵当権の消滅

（1）抵当権の消滅

抵当権は，物権共通の消滅原因（目的物の滅失，取得時効の完成，混同，放棄，公用収用等），担保物権共通の消滅原因（被担保債権の弁済・時効，免責的債務引受等）で消滅する。さらに，特有の消滅原因として，代価弁済，抵当権消滅請求，競売，担保不動産収益執行によっても消滅する。民法は，これらの消滅原因のうち，時効と放棄に関して三つの特別規定（396条以下）を設けている。そこで，以下では，この特別規定など特殊な消滅原因を取り上げる。

（2）抵当権の時効消滅

抵当権は，その附従性のために，被担保債権とは分離して消滅すべきものではないから，債務者および抵当権設定者（物上保証人）に対する関係では，被担保債権と同時でなければ時効によって消滅しない（396条）。ただ，判例は，396条が「債務者及び抵当権設定者」に限定していることから，抵当不動産の第三取得者や後順位抵当権者との関係では，396条の適用はなく，被担保債権が中断によって時効にかからなくとも，抵当権は独立に20年の時効（167条2項）で消滅するとする（大判昭和15年11月26日民集19巻2100頁）。

学説は，判例の態度に賛成するものが多いが，抵当権の効力を弱めるものであるとして反対する説も有力である。

（3）目的物の時効取得による消滅

抵当不動産について取得時効が完成すると，占有者はその不動産を原始取得

するために，抵当不動産上の抵当権も消滅する。しかし，債務者や抵当権設定者は，自ら義務や責任を負っているために，抵当不動産の時効取得による抵当権の消滅という効果をこれらの者にも及ぼすことは不合理であり，信義則にも反することになる。そのため，債務者や抵当権設定者については，抵当不動産の時効取得による抵当権の消滅が制限されている（397条）。ここでの問題として，抵当不動産の第三取得者にも397条が適用されるかどうかであるが，判例は，第三取得者についても，本条における債務者または物上保証人と同様に扱って，本条は適用されないとする（大判昭和15年8月12日民集19巻1338頁）。

学説も，これを支持するのが多数であるが，有力な反対説もある。もっとも，その後の判例には，抵当不動産が未登記で対抗力を有しないものならば，取得時効を抗弁として提出できるのであって，第三取得者は時効取得することができるとするものがある（最判昭和43年12月24日民集22巻13号3366頁）。

（4） 抵当権の目的たる用益権の放棄

地上権または永小作権をもって抵当権の目的としたときは，地上権者または永小作権者がその権利を放棄したとしても，これを抵当権者に対抗することができない（398条）。判例は，本条の趣旨を拡張し，借地上の建物に抵当権を設定した者が，借地権を放棄したり，借地契約を合意解除しても，借地権の消滅を抵当権者に対抗できないとする（放棄につき大判大正11年11月24日民集1巻737頁，合意解除につき大判大正14年7月18日新聞2463号14頁）。通説もこれを支持する。

（5） 目的物の滅失

抵当権は，抵当目的物が滅失することによっても消滅する。たとえば，抵当建物が崩壊して木材となった場合，建物は不動産としての本質を失って動産となったのであるから，抵当権は消滅する（大判大正5年6月28日民録22輯1281頁）。

多数説はこれを支持するが，一部学説は，物上代位の規定を適用することによって，このような木材についても抵当権の効力が及ぶとする。

第6節　共 同 抵 当

1　共同抵当の意義

　共同抵当とは，同一の債権を担保するために，二つ以上の不動産の上に設定された抵当権である（392条）。

　たとえば，AがBに対する債務（5,000万円）を担保するために，自己所有の土地（時価8,000万円）と建物（時価2,000万円）に抵当権を設定したような場合である。

　共同抵当は，一つの不動産の価格のみでは被担保債権額に満たない場合に担保価値を集積するために，あるいは担保不動産の価格の下落による危険を分散するために，金融実務では頻繁に利用されている。このような背景には，わが国では，土地と建物が別個の不動産とされていること，および，一般的に土地が細分化されていることに存する。

　共同抵当は登記によって公示され，その登記を管轄する登記所に共同担保目録が備え付けられる。ただ，共同抵当における登記は，後順位抵当権者等に対する対抗要件としての意味を持たない。なぜなら，共同抵当であることを明らかにすることによって利益を受けるのは，後述するように，後順位抵当権者であるからである。したがって，後順位抵当権者は，この登記がなくとも，実体関係から共同抵当であることを主張することが認められる。

2　共同抵当の実行

　共同抵当権者は，共同抵当不動産のすべてについて競売を申し立てて優先弁済を受けてもよいし，そのいずれかのみに競売を申し立てて優先弁済を受けてもよい。しかし，この結果，後順位抵当権者が不利益を被る可能性が生ずる。そこで，民法は，一方で，共同抵当権者による抵当権実行の自由選択を認めながら，他方で，後順位抵当権者の利益を保護するために一定の配慮をなしている。

（1）同時配当の場合

　同時配当とは，共同抵当権者が共同抵当の目的である各不動産を同時に競売

し，その代価を配当する場合である。この場合，共同抵当権者は，各不動産の価額（＝売却代金）の割合に応じて配当を受ける（392条1項）。

先の例によれば，Bは，土地の売却代金（8,000万円），建物の売却代金（2,000万円）から，4：1の比率で，それぞれ4,000万円（土地），1,000万円（建物）の配当を受ける。したがって，当該土地には，2番抵当権者C（債権額5,000万円），当該建物には，2番抵当権者D（債権額1,500万円）が存在するとすれば，それぞれの売却代金の残存額より，Cは4,000万円，Dは1,000万円の配当を受けることができる（なお，後順位抵当権者が抵当不動産の売却代金から配当を受けることができなかった債権額であるCの1,000万円，Dの500万円は，Aに対する一般債権（無担保債権）として残る）（表1参照）。このような各不動産の価額の割合に応じた配当は，一方の不動産に後順位抵当権者が存在しない場合にも適用される（大判昭和10年4月23日民集14巻601頁）。

表1 同時配当の場合

共同抵当目的物	売却代金	1番(共同)抵当権		2番抵当権	
		債権額	配当額	債権額	配当額
土　地	8,000万円	B 5,000万円	4,000万円	C 5,000万円	4,000万円
建　物	2,000万円		1,000万円	D 1,500万円	1,000万円

（2）異時配当の場合

異時配当とは，共同抵当権者が，一部の不動産のみについて抵当権を実行して弁済を受ける場合である。この場合，共同抵当権者は，その債権額の全額について優先弁済を受けることができるが（392条2項前段），その不動産の後順位抵当権者は，他の目的不動産より，共同抵当権者が同時配当の場合に配当を受ける範囲において，共同抵当権者に代位して配当を受けることができる（同条同項後段）。

たとえば，先の例で，Bが土地のみを競売して，その売却代金（8,000万円）より優先弁済を受けた場合，当該土地の後順位抵当権者であるCは，共同抵当の他の目的物である建物より，Bが同時配当の場合に配当を受ける1,000万円を限度として，Bに代位して配当を受けることができる。したがって，Cは，土地の売却代金の残存額より3,000万円，建物の売却代金（2,000万円）より

1,000万円，合計4,000万円の配当を受けることができる（表2参照）。

表2　異時配当の場合

共同抵当目的物	売却代金	1番(共同)抵当権		2番抵当権	
		債権額	配当額	債権額	配当額
土　地	8,000万円	B5,000万円	5,000万円	C5,000万円	土地・建物より合計4,000万円
建　物	2,000万円		代位したCに1,000万円	D1,500万円	1,000万円

　以上とは逆に，共同抵当権者Bがまずは建物についてのみ抵当権を実行して，その債権の一部（2,000万円）しか弁済を受けず，Bの共同抵当権が土地の上に残っている場合がある。このような場合，建物の後順位抵当権者Dは，同様に，将来的には，Bに代位して，土地の売却代金より1,000万円の配当を受けることができる（大連判大正15年4月8日民集5巻575頁）。

　このように，後順位抵当権者であるC・Dが代位によって配当を受けようとする場合には，Bの抵当権の登記に代位の付記登記をしなければならない（393条）。そして，判例は，代位されるべき抵当権登記が抹消されて，その後に，第三者のために抵当権が設定されたような場合，代位者は，このような新抵当権者に対して，代位の主張はできないとする（大判昭和5年9月23日新聞3193号13頁）。

（3）　物上保証人または第三取得者との関係

　共同抵当の目的物の一部または全部が物上保証人または第三取得者のような債務者以外の者に属する場合，これら第三者は抵当権が実行されて債権者が弁済を受けると，求償権の範囲内において債権者に代位する（500条・501条）。他方，抵当権が実行された不動産の後順位抵当権者も他の不動産の抵当権に代位する。そのため，ここにおける衝突をいかに調整するかが問題とされる。

　たとえば，先の例で，共同抵当の目的物である土地は債務者Aに属するが，建物は物上保証人Eに属するとする。この場合，共同抵当権者Bが建物について抵当権を実行すると，Bは建物の売却代金（2,000万円）を取得して，EはBに代位するが，土地についての後順位抵当権者Cによる代位（392条2項後段）とが衝突する。同様に，建物についての後順位抵当権者Dとの関係も問題

となる。

判例は，目的物の全部が債務者に属する場合と同様に（大判昭和4年1月30日新聞2945号12頁），目的物の全部が同一の物上保証人に属する場合は，392条2項後段の規定が適用されるとする（最判平成4年11月6日民集46巻8号2625頁）。しかし，目的物の一部が物上保証人に属する場合に，先に当該目的物が競売されたときは，物上保証人は他の共同抵当権の目的不動産から自己の求償権の満足を得ることを期待していたのであるから，その後，他の不動産に後順位の抵当権が設定されたことによって，右の期待を失わせるべきではないから，物上保証人の代位が後順位抵当権者のそれに優先するとする（前掲・大判昭和4年1月30日，最判昭和44年7月3日民集23巻8号1297頁）。したがって，先の例では，その後の土地の競売による売却代金（8,000万円）より，まずはBが残りの3,000万円の配当を受け，2,000万円についてEがBに代位して配当を受ける。Cは3,000万円の配当を受けるのみである（表3参照）。

表3　物上保証人との関係

共同抵当目的物	売却代金	1番（共同）抵当権		2番抵当権	
		債権額	配当額	債権額	配当額
土　地	8,000万円	B 5,000万円	B 3,000万円 E 2,000万円 （Dがさらに代位）	C 5,000万円	3,000万円
建　物	2,000万円		2,000万円	D 1,500万円	Eに代位して 1,500万円

また，このような場合，物上保証人が所有する不動産の後順位抵当権者は，物上保証人が代位する抵当権について，物上代位的な関係によって優先弁済を受けることができ（大判昭和11年12月9日民集15巻2172頁，最判昭和53年7月4日民集32巻5号785頁，最判昭和60年5月23日民集39巻4号940頁），この優先弁済権は，物上代位そのものではないために，それを保全する要件として差押えを必要としない（前掲・最判昭和53年7月4日）。したがって，先の例では，Dは，EがBに代位して土地の売却代金より配当を受ける2,000万円のうち，1,500万円については，差押えをなすことなく，Eに優先して弁済を受けることができる（表3参照）。

以上とは逆に，共同抵当権者が先に債務者所有の土地を競売した場合，先の

例では、土地の売却代金（8,000万円）より、Bが5,000万円、Cが3,000万円の配当を受ける。その際、Cは、前述したように、建物の所有者である物上保証人Eに優先できないために、建物の売却代金についてBに代位することはできない。

　学説は、物上保証人との関係についておおむね判例の態度を支持する。しかし、抵当目的物の第三取得者との関係については、抵当目的物の一部が他人に譲渡されたという偶然的事情の発生によって、後順位抵当権者が常に不利な地位に陥るのは妥当でないとして、第三取得者の出現時期によって代位の可否を決定すべきとする有力説がある。

　すなわち、先の例を参考にすれば、土地についての後順位抵当権者Cが出現する前にEが建物を取得した場合は、第三取得者EはCの存在を前提としないで、換言すれば、土地への代位を期待して取得したために、土地についてBに代位することができる。これに対して、Cの出現後に、Eが建物を取得した場合は、Cの保護が図られるべきであるために、Eは代位することができないとする。

第7節　根　抵　当

1　根抵当権の意義と機能

　根抵当権とは、一定の範囲に属する不特定の債権を極度額の範囲において担保するための抵当権である（398条の2第1項）。

　たとえば、小売店Aが商社Bから継続的に購入する商品の代金債務を1,000万円の限度で担保するために、Aが自己所有の土地に抵当権を設定するような場合である。

　普通抵当権では、被担保債権が弁済されると、抵当権の附従性によって抵当権も消滅してしまうために、このような継続的な商品供給契約に対応することが困難となる。そこで、このような抵当権の附従性が大幅に緩和されている根抵当権（根抵当権は確定するまでは附従性を有しない）が必要とされる。

　根抵当権は、上記の例のような継続的商品供給契約のほか、当座貸越契約、手形割引契約等に利用される。しかし、根抵当権は、あくまでも「一定範囲に

属する不特定債権」を担保するものであるから，たとえば，債権者（根抵当権者）の債務者（根抵当権設定者）に対する一切の債権を担保するように定める根抵当権（いわゆる包括根抵当）は認められていない。

根抵当権は，以前は，金融実務によって開発され，判例や学説によって承認されていた担保方法（非典型担保）であったが，昭和46年の民法改正によって新たに民法に追加されたものである。

2 根抵当権の設定

（1） 根抵当権設定当事者

根抵当権の設定当事者は，根抵当権者（債権者）と根抵当権設定者（債務者または物上保証人）である。そして，設定契約においては，被担保債権の範囲，債務者，極度額が定められなければならない（398条の2第1項・2項）。

（2） 根抵当権の内容

根抵当権の内容は，以下の三つによって定まる。

(a) 被担保債権の範囲　根抵当権によって担保される不特定の債権は，一定の範囲に属するものでなくてはならず（包括根抵当の禁止。398条の2第1項），原則として，債務者との一定の種類の取引によって生ずる債権に限定される（398条の2第2項）。取引によって生ずる債権とは，①たとえば，甲商品の継続的供給契約や当座貸越契約からの債権のように，債権者・債務者間の特定の継続的取引契約（具体的な継続的信用取引契約）から生じた債権（398条の2第2項前段），②たとえば，商品供給契約や銀行取引からの債権のように，債権者・債務者間の一定種類の取引（抽象的な継続的信用取引）によって生ずる債権（398条の2第2項後段）である。②の銀行取引に関して，判例は，被担保債権の範囲が「信用金庫取引による債権」とされた場合，信用金庫の根抵当債務者に対する保証債権も被担保債権に含まれるとする（最判平成5年1月19日民集47巻1号41頁）。

その他，債務者との取引によって生ずる債権ではないが，例外的に，③たとえば，特定の工場の排水によって継続的に生ずる損害賠償債権のような，特定の原因にもとづいて債務者との間に継続的に生ずる債権（398条の2第3項前段），④たとえば，債務者が第三者のために振り出した手形や小切手が転々流

通して，たまたま根抵当権者が取得したいわゆる回り手形・小切手上の請求権のような，手形上または小切手上の請求権である（398条の2第3項後段。ただし，これを無制限に認めると，極度額に余裕のある根抵当権者が債務者に対する手形や小切手を買いあさって被担保債権に入れてしまうことがあるために，398条の3第2項によって一定の制限が設けられている）。

(b) 極度額　根抵当権者によって優先弁済を受けることができる最高限度額を極度額という。根抵当権においては，元本，利息，遅延利息等についても普通抵当権のような制限はなく（375条参照），極度額を限度として優先弁済を受けることができる（398条の3第1項，債権極度額を採用）。判例は，この極度額を根抵当権者による換価権能の限度としてとらえ，他に後順位抵当権者等の第三者が存在しない場合であっても，極度額以上の優先弁済を否定する（最判昭和48年10月4日判時723号42頁）。多数説は反対する。

(c) 確定期日　根抵当権の確定によって担保される元本が特定する。そして，当事者は，設定契約をもって，5年以内において根抵当権の確定する期日を定めることができる（398条の6第1項・3項）。

3　根抵当権の対抗要件

根抵当権の対抗要件は設定登記である（177条）。登記の内容は，被担保債権の範囲（不登88条2項1号），極度額（不登88条2項1号），債務者（不登88条1項2号）である。確定期日の定めがある場合には，これも登記事項となる（不登88条2項3号）。ただし，被担保債権の範囲の変更や共同根抵当関係等においては，登記が効力発生要件とされている。

4　根抵当権の変更

根抵当権の内容は，原則として元本の確定前であるならば，根抵当権者と根抵当権設定者との合意によって変更することができる。

（1） 被担保債権の範囲および債務者変更

元本の確定前にあっては，当事者の合意によって，被担保債権の範囲や債務者を変更することができる（398条の4第1項）。ここでの変更とは，それぞれを交換，追加または削除することを内容とする。これら変更には，後順位抵当

権者その他の第三者の承諾は必要とされないが（398条の4第2項），元本確定前の登記が効力発生要件とされる（398条の4第3項）。

（2） 極度額の変更

極度額を増減することができるが，これには利害関係人の承諾が必要とされる（398条の5）。極度額を増額する場合には後順位抵当権者や差押債権者等，減額する場合には転抵当権者等の利害関係人全員の承諾が必要とされる。多数説は登記を効力発生要件とする。

（3） 確定期日の変更

確定期日が定められている場合，根抵当権設定当事者は，5年以内の期日において，それを変更または廃止することができる（398条の6第1項・2項・3項）。変更については，その期日前に登記しておかないと，元本は旧期日で確定する（398条の6第4項）。

5 根抵当権の処分

（1） 被担保債権の処分

元本の確定前にあっては，被担保債権は流動的であるために，被担保債権が処分されたとしても根抵当権は随伴性を有しない。すなわち，元本の確定前における債権の譲受人や代位弁済者は根抵当権を行使することができず，また，根抵当権者は，債務の引受人の債務について根抵当権を行使することができない（398条の7）。同様に，債権者または債務者の交替による更改があったとしても，当事者は，根抵当権を新債務に移すことができない（398条の7第3項）。

（2） 根抵当権の転抵当

根抵当権者は，元本の確定前に，その根抵当権に転根抵当権を設定して投下資本を回収することができる（398条の11第1項ただし書）。しかし，普通抵当権とは異なり，原根抵当権設定者は，従来通り，その債務を原根抵当権者（転根抵当権設定者）に弁済することができるために（398条の11第2項で377条2項の適用を排除），転根抵当権実行時には，原根抵当権者（転根抵当権設定者）の債権が僅少になっていることもある。

（3） 根抵当権の全部譲渡

根抵当権者は，元本の確定前に，根抵当権設定者の承諾を得て，根抵当権の

全部を第三者に譲渡することができる（398条の12第1項）。これによって譲渡人は無担保債権者となり，譲受人が根抵当権者となる。この譲渡については，登記が第三者への対抗要件となる。現実には，譲渡に際しては，譲受人が根抵当権を有効に利用できるように，根抵当権設定者との合意により，被担保債権の範囲や債務者の変更が行われることが多い。

（4）　根抵当権の分割譲渡

根抵当権者は，元本の確定前に，根抵当権設定者の承諾を得て，根抵当権を二つに分割し，その一方を譲渡することができる（398条の12第2項）。

たとえば，Bの極度額1,000万円の根抵当権を800万円と200万円に分割して，後者をCに譲渡するような場合である。分割前に根抵当権を目的とする権利者（たとえば，転根抵当権者や差押債権者）が存在する場合には，その者の承諾が必要とされる（398条の12第3項）。分割譲渡がなされると，譲渡人と譲受人は同順位の独立した根抵当権者となり，競売に際しては，それぞれの極度額（B800万円，C200万円）を限度として配当を受ける。なお，分割譲渡では登記が第三者への対抗要件である。

（5）　根抵当権の一部譲渡

根抵当権者は，元本の確定前に，根抵当権設定者の承諾を得て，その一部を譲渡することができ，これによって，一つの根抵当権が譲渡人と譲受人とで準共有される（398条の13）。たとえば，Bの極度額1,000万円の根抵当権がCに一部譲渡されると，それを譲渡人Bと譲受人Cが準共有する。そして，競売に際しては，BとCは極度額（1,000万円）を限度として配当を受け，それぞれの債権額に応じて割振りがなされる（398条の14第1項）。

たとえば，売却代金が極度額より多く，Bの根抵当権が確定して債権額400万円，Cの債権額1,600万円の場合，Bは200万円，Cは800万円の配当を受ける。ただし，当事者は，元本の確定前に，これと異なる割合を定めたり，一方が他方に優先して弁済を受けることを定めたりすることができる（398条の14第1項ただし書）。さらに，根抵当権の共有持分は，他の共有者の同意を得て，全部譲渡の方法で譲渡することができる（398条の14第2項）。

（6）　根抵当権の順位の譲渡等を受けた根抵当権の譲渡

根抵当権者が，元本の確定前に，先順位の普通抵当権者より抵当権の順位の

譲渡または放棄を受けた場合，このような処分の利益を受けている根抵当権につき，その譲渡または一部譲渡がなされたときは，その譲受人もその処分の利益を受けることができる（398条の15）。

6　根抵当権の相続・合併

（1）　根抵当権者または債務者の相続

　元本の確定前に根抵当権者が死亡すると，相続人は，相続開始時点ですでに発生していた債権のほか，相続人と根抵当権設定者との新たな合意によって，相続人が相続開始後に取得する債権も根抵当権によって担保される（398条の8第1項）。

　他方，債務者が死亡した場合も，相続開始時にすでに発生している債務のほか，根抵当権者と根抵当権設定者との合意によって，相続人が相続開始後に負担する債務も根抵当権によって担保される（398条の8第2項）。

　以上の合意には後順位抵当権者等の承諾を必要としないが（398条の8第3項），合意について相続開始後6カ月以内に登記しないときは，元本は相続開始の時に確定したものとみなされる（同条4項）。

（2）　根抵当権者または債務者の合併

　元本の確定前に根抵当権者である法人について合併が行われると，合併の時に存在する債権のほか，合併後に法人が取得した債権も当然に根抵当権によって担保される（398条の9第1項）。

　他方，債務者である法人について合併が行われると，合併後の法人が負担する債務も当然に根抵当権によって担保される（398条の9第2項）。相続の場合と異なり，新たな債権・債務について合意を前提としないのは，合併の場合，従来の取引が新法人に引き継がれるのが通常だからである。ただし，これを望まない場合，根抵当権設定者（債務者の合併にあっては，自己の都合で合併したのではないことから債務者でない根抵当権設定者に限定）は，合併を知ってから2週間以内または合併の日から1カ月以内に元本の確定を請求することができる（398条の9第3項・4項・5項）。

7　根抵当権の確定

（1）確定の意義

根抵当権の確定とは，根抵当権によって担保される元本債権が特定することであり，これ以後に発生する元本債権は担保されない。確定によって，根抵当権は普通の抵当権と同性質のものとなるが，利息や遅延損害金等については，上述したように，極度額まで担保される。

（2）確定事由

根抵当権は，以下の場合に確定する。すなわち，①確定期日が到来した時（398条の6）。②相続の場合において，相続開始後6カ月内に根抵当権相続の合意の登記がなされないときは，相続開始の時（398条の8第4項）。③合併の場合において，根抵当権者から確定請求があったときは，合併の時（398条の9第3項・4項）。④確定期日の定めがない場合に，根抵当権設定後3年を経過してから，根抵当権設定者が根抵当権の確定請求をして2週間が経過した時（398条の19第1項・3項）。⑤確定期日の定めがない場合に，根抵当権者は何時でも根抵当権の確定請求をなすことができ，根抵当権者が確定請求をしたときは，その請求をした時（398条の19第2項・3項）。なお，根抵当権者はそれによる根抵当権確定の登記を単独で申請することができる（不登93条）。⑥根抵当権者が抵当不動産について競売もしくは担保不動産収益執行または物上代位による差押えを申し立て，その競売もしくは担保不動産収益執行手続の開始決定または差押えがなされたときは，その申立ての時（398条の20第1項1号）。⑦根抵当権者が抵当不動産に対して滞納処分による差押えをした時（398条の20第1項2号）。⑧第三者による競売手続の開始または滞納処分による差押えがあったことを根抵当権者が知ってから2週間を経過した時（398条の20第1項3号）。⑨債務者または根抵当権設定者が破産の宣告を受けた時（398条の20第1項4号）。

（3）確定後の法律関係

(a)　根抵当権設定者の極度額減額請求権　　元本の確定時に，元本債権額が極度額を大幅に下回っている場合，根抵当権者は，利息，遅延損害金等を極度額まで担保させるために根抵当権を実行しないことが考えられる。そのため，根抵当権設定者は，根抵当権の極度額を確定した元本債権額とその後2年間に

発生するであろう利息や損害金等の合計額（375条参照）まで減額するよう請求できる（398条の21第1項）。これは，根抵当権者に対する一方的意思表示によって効力が生ずる。なお，後述する純粋共同根抵当においては，一つの不動産について極度額減額請求をすれば，全体について減額されたことになる（398条の21第2項）。

(b) 物上保証人等の根抵当権消滅請求権　物上保証人あるいは抵当不動産の第三取得者，地上権者，永小作権者もしくは対抗力を有する賃借人は，元本確定時の債務の額が極度額を上回っている場合には，極度額に相当する金額を弁済するか，供託することによって根抵当権の消滅を請求できる（398条の22第1項）。この請求も根抵当権者に対する一方的意思表示によって効力が生じ，また，極度額を超える債務額は，根抵当権者であった者の無担保債権として残存する。このような規定内容は，普通抵当権の抵当権消滅請求に類似するために，抵当権消滅請求をなしえない者（380条・381条）は，この請求をなすことができない（398条の22第3項）。後述する純粋共同根抵当においては，一つの不動産について根抵当権消滅請求をすれば，全体について消滅したことになる（398条の22第2項）。

8　共同根抵当

（1）　累積共同根抵当

累積共同根抵当とは，複数の不動産のおのおのについて極度額を定め，根抵当権者の被担保債権を累積負担させるものであり（398条の18），根抵当権の共同担保の原則である。たとえば，Aが所有する甲土地（極度額500万円）と乙土地（極度額500万円）についてBのために累積共同根抵当が設定されると，Bは，おのおのの不動産について極度額500万円（合計1,000万円）まで優先弁済を受けることができる。

累積共同根抵当では，数個の根抵当権は，それぞれ独立したものであるために，後順位抵当権者の代位は生じない。そして，このような累積共同根抵当は，取引額の拡大に応じて追加担保をなす場合に便利である。

（2）　純粋共同根抵当（狭義の共同根抵当）

純粋共同根抵当とは，普通の共同抵当と同様に，複数の不動産のおのおのが

被担保債権額につき共通の負担をするものである。

　たとえば，上記の例では，Bは，A所有の甲・乙両不動産から合計500万円の限度で優先弁済を受けるにすぎない。

　民法では，純粋共同根抵当は，複雑な法律関係が生ずるおそれがある等の理由から，例外として存在し（以下の要件を欠く場合には，原則としての累積共同根抵当となる），根抵当権の設定と同時に，この種の共同担保である旨の登記がなされなければならず（398条の16），さらに，おのおのの不動産について，被担保債権の範囲，債務者および極度額のすべてが共通していなければならない。おのおのの不動産から弁済を受ける方法については，普通の共同抵当の場合と同様である（398条の16により392条・393条が適用される）。

　被担保債権の範囲，債務者もしくは極度額の変更，または根抵当権の全部譲渡・一部譲渡は，すべての不動産につき登記しなければ効力を生じない（398条の17第1項）。また，一つの不動産について確定事由が生ずると，他の不動産上の根抵当権も確定する（398条の17第2項）。

　純粋共同根抵当は，隣接する数筆の土地，土地と地上建物等，複数の不動産が社会的には同一財産と取り扱われる場合に適しているが，その他の場合でも，利用頻度が高いとされている。

第6章　仮登記担保

第1節　序　　説

1　仮登記担保の意義

　仮登記担保とは，「金銭債務を担保するため，その不履行があるときは，債権者に債務者又は第三者に属する所有権その他の権利の移転等をすることを目的としてなされた代物弁済の予約，停止条件付代物弁済契約その他の契約で，その契約による権利について仮登記又は仮登録のできるもの」をいう（仮登記担保契約に関する法律1条）。たとえば，BがAから2,000万円の借金をし，その担保として，もしBがその借金を返済できなかったときは，Bの所有する5,000万円相当の自宅を代物弁済としてAに移転すると約し，その旨を仮登記しておくような場合がこれである。

　仮登記担保は，もともとは抵当権実行の煩雑さを回避するとともに，少額な金銭を貸し付け高額な財産（不動産）の丸取りができるといううま味があることから，金融取引上，かつてさかんに活用された。しかし，それは反面，債権者の暴利行為を許容するという弊害をもたらした。そこで，判例は，一方で，暴利行為に相当するものについては，公序良俗（90条）違反として無効とし（最判昭和27年11月20日民集6巻10号1015頁参照），また，他方で，仮登記担保の担保としての実態に注目して，目的物価額と被担保債権額の差額を清算すべきものとするようになり（最判昭和42年11月16日民集21巻9号2430頁参照），やがて，昭和49年に，仮登記担保に関する従来の判例理論を集大成するものとして最高裁大法廷判決（最大判昭和49年10月23日民集28巻7号1473頁）の出現をみるに至った。そして，このような判例法の展開を受けて，昭和53年に，「仮登記担保契約に関する法律」（以下「仮登記担保法」という）が制定されたのである。この結果，従来の仮登記担保の弊害は一掃され，実務上，ほとんど利用されな

くなった。

2 仮登記担保の性質

仮登記担保は，譲渡担保・所有権留保とともに，非典型担保——権利（所有権）移転型の担保物権である。したがって，仮登記担保も，担保物権の通有性としての附従性・随伴性・不可分性・物上代位性を有することになる。

第2節　仮登記担保の設定

1　設定契約

仮登記担保は，債権者と債務者または第三者との間の合意——仮登記担保契約により設定される。この仮登記担保契約は，諾成・不要式の契約である。債権者を仮登記担保権者といい，債務者または第三者（物上保証人）を仮登記担保設定者という。

2　被担保債権

仮登記担保は，金銭債権の担保を目的とするものである。したがって，仮登記担保の被担保債権は，金銭債権であることを要する。金銭債権であれば，現に発生している債権だけでなく，将来発生する債権であってもよく，また，特定の債権に限られず，継続的な取引関係から生ずる不特定の債権であってもよい。このような不特定の債権を担保する仮登記担保を根仮登記担保とよぶ。

3　目　的　物

仮登記担保の目的物は，仮登記・仮登録のできるものでなければならない。仮登記のできる権利には地上権・賃借権等（不登3条・105条参照）があり，また，仮登録のできるものには自動車・船舶・航空機等の所有権があるが，仮登記担保の目的物とされるのは，実務上は，そのほとんどが不動産の所有権である。そのため，仮登記担保法も，主として土地・建物に関する仮登記担保について規定している（仮登記担保法20条参照）。

なお，先取特権・質権・抵当権の典型担保物権は，たとえ登記ができても，

仮登記担保の目的とすることはできない。これらは被担保債権と分離できないからである。

4 公示方法

仮登記担保は，仮登記・仮登録によって公示される（同法3条，不登105条2号）。この仮登記担保における仮登記（仮登録も同じ）を担保仮登記という（仮登記担保法4条1項・20条）。仮登記には，本来対抗力がないが，順位保全の効力——将来なされる「本登記の順位は仮登記の順位による」という効力が認められている（不登106条）。たとえば，ＡＢ間でＡ所有の甲別荘の売買予約がなされ，Ｂへの所有権移転の仮登記がされた後，ＡＣ間で甲別荘の売買契約が締結され，Ｃへの所有権移転登記がされた場合に，Ｂが仮登記にもとづいて本登記（所有権移転登記）をするときは，その順位は，Ｂへの所有権移転の仮登記をしたときの順位によるとされるから，結果的には，Ｂは，甲別荘の取得をＣに対抗することができることになる。したがって，仮登記担保においては，担保仮登記は対抗要件としての意義を有するものといえる。

第3節 仮登記担保の効力

1 所有権取得的効力・優先弁済的効力

仮登記担保の効力には，その私的実行による所有権取得的効力と競売による優先弁済的効力が認められる。すなわち，仮登記担保権者は，債権の弁済を受けない場合には，競売手続によらず，目的物の所有権を取得することができる（仮登記担保法1条）。これを仮登記担保の私的実行という。ただし，他の債権者により競売手続が開始した場合には，仮登記担保権者は，もはや私的実行をすることはできず，その手続に参加して優先弁済を受けることになる（同法13条）。

2 被担保債権の範囲

仮登記担保の効力が及ぶ被担保債権の範囲は、その担保権の実行方法によって異なる。

（1） 私的実行による場合

　仮登記担保権者は，自ら担保権を実行し，その目的物の所有権を取得しようとする場合には，元本のほか，利息・遅延損害金等の全額について，権利を行うことができる（同法13条2項・3項の反対解釈）。この場合には，民法374条は適用されない。

（2） 競売手続による場合

　仮登記担保権者は，他の債権者による競売手続に参加して優先弁済を受ける場合には，元本のほか，その満期となった最後の2年分の利息・遅延損害金についてのみしか権利を行うことができない（同法13条2項・3項）。

　なお，根仮登記担保については，競売手続・破産手続・再生手続・更生手続上，優先弁済的効力を有しないものとされている（同法14条・19条5項）。根仮登記担保では，被担保債権の公示がされず，第三者を保護する必要があるからである。

3　目的物の範囲

　仮登記担保の効力の及ぶ目的物の範囲は，抵当権の場合と同じであり，目的物の付加物・従物にも及ぶ（370条参照）。たとえば，建物の代物弁済予約の場合，その増築部分についても，仮登記担保の効力が及ぶことになる。

　また，仮登記担保には，物上代位性が認められている（304条参照）。後順位担保権者（担保仮登記後に登記・仮登記された先取特権・質権・抵当権を有する者）・後順位仮登記担保権者（担保仮登記後にされた担保仮登記権利者）も，仮登記担保設定者の有する清算金請求権に物上代位することができる（仮登記担保法4条1項・2項）。なお，根仮登記担保権者には，この物上代位は認められない（同条2項カッコ書）。

第4節　仮登記担保の実行

1　仮登記担保の私的実行

　仮登記担保権者が，競売手続によらず，その目的物の所有権を取得するための私的実行の手続は，次のとおりである。

（1）実行通知

まず，仮登記担保権者は，仮登記担保設定者に対し，代物弁済予約・売買予約にあっては予約完結の意思表示をした日，停止条件付代物弁済契約にあっては停止条件が成就した日以後に，清算金の見積額（清算金がないと認めるときは，その旨）を通知しなければならない（同法2条1項）。たとえば，BのAに対する1,000万円（被担保債権額）の借金を担保するために，B所有の時価3,000万円の土地に仮登記担保が設定されている場合には，清算金の額は2,000万円となるから，Aは，Bに対し，その金額を通知する必要がある。

また，後順位担保権者・後順位仮登記担保権者・担保仮登記にもとづく本登記について登記上利害関係を有する第三者があるときは，仮登記担保権者は，遅滞なく，これらの者に対しても，実行通知をした旨，その到達日および通知事項を通知する必要がある（同法5条）。これにより競売申立・物上代位・代位弁済等の機会を確保させるためである。

（2）清算

(a) 清算期間　仮登記担保権者は，この実行通知が仮登記担保設定者に到達した日から2カ月を経過しなければ，その所有権を取得することができない（同法2条1項）。この期間を清算期間という。仮登記担保設定者による目的物の受戻しのための期間である。

(b) 清算方法　仮登記担保権者は，清算期間の経過時に，目的物の価額が被担保債権額を上回るときは，その清算金を仮登記担保設定者に支払わなければならない（同法3条1項）。これに反する特約で仮登記担保設定者に不利なものは，無効となる（同法3条3項）。たとえ清算金の額が通知した見積額を下回ったときでも，仮登記担保権者は，そのことを主張することができない（同法8条）。

これに対し，目的物の価額が被担保債権額を下回ったときは，清算期間の経過によって，債権は，反対の特約がない限り，その目的物の価額の限度で消滅する（同法9条）。

なお，仮登記担保権者の清算金支払義務と仮登記担保設定者の目的物の本登記・引渡義務とは，同時履行の関係（533条）に立つものとされている（同法3条2項。最判昭和58年3月31日民集37巻2号152頁参照）。

(c) 清算金請求権の処分　仮登記担保設定者の清算金請求権は，清算期間が経過するまでは，譲渡その他の処分をすることができない（同法6条1項）。もし，清算期間の経過前または後順位担保権者等に対する通知がされない間に清算金が支払われた場合には，その弁済をもって，これらの者に対抗することができない（同法6条2項）。

(d) 清算金の供託　仮登記担保権者は，清算金請求権について差押えまたは仮差押えの執行があったときは，清算期間の経過後，清算金を債務履行地の供託所に供託して，その限度で債務を免れることができる（同法7条1項）。この供託がなされたときは，仮登記担保設定者の供託金還付請求権について，差押えまたは仮差押えの執行がなされたものとみなされる（同法7条2項）。仮登記担保権者は，強制競売等の場合を除き，供託金を取り戻すことはできない（同法7条3項）。

(3) 受戻権

仮登記担保設定者は，清算金の支払を受けるまでは，債権等の額――債権が消滅しなかったものとすれば支払うべき債権等の額に相当する金銭を仮登記担保権者に提供して，目的物の所有権の受け戻すことができる。これを受戻権という。仮登記担保設定者を保護するために認められた権利である。ただし，清算期間の経過から5年経ったとき，または第三者が所有権を取得したときは，もはや受け戻すことはできない（同法11条）。

(4) 後順位担保権者との関係

たとえば，すでにAの担保仮登記の目的となっている債務者C所有の建物に，新たに債権者Bの抵当権が設定された場合，ABの関係が問題となる。この場合，Aは，仮登記担保権を実行して，仮登記にもとづいて所有権移転の本登記をすることができる。この登記申請をするときは，Aは，Bの承諾書を添付しなければならない（不動産登記法109条1項・不登令別表69）。しかし，Aが私的実行をするにつき，Bに対する通知を怠っているときは，この承諾書を請求することはできないものと解されている（最判昭和61年4月11日民集40巻3号584頁）。

これに対し，Bは，Cの有する清算金請求権に物上代位することができるし（仮登記担保法4条1項・8条2項），また，その清算期間内であれば，たとえ被

担保債権の弁済期前であっても，競売申立てをすることもできる（同法12条）。

2　競売手続による優先弁済
（1）競売手続の開始

仮登記担保権者は，清算金の支払をするまでに，先順位担保権者によって競売手続が開始された場合には，もはや私的実行をすることはできず，その手続に参加して，配当を受けるほかない。後順位担保権者によって競売手続が開始された場合も同様に取り扱われている（同法15条1項）。

なお，根仮登記担保は，競売手続においては，その効力を有しない（同法14条）。

（2）優先弁済の順位

仮登記担保の目的物について競売手続が開始した場合，仮登記担保権者は，抵当権者とみなされ，仮登記された時の順位で，優先弁済を受けるものとされている（同法13条）。

第5節　仮登記担保と用益権

1　法定借地権
（1）土地のみの仮登記担保の場合

土地とその上の建物が同一の所有者に属する場合に，土地についてのみ仮登記担保が設定され，その担保仮登記にもとづく本登記がされたときは，その建物の所有を目的として土地の賃貸借がなされたものとみなされる（同法10条前段）。これを法定借地権という。法定地上権（民法388条）と趣旨は同じであるが，仮登記担保上で法定借地権としたのは，実際上，借地権として地上権が設定されることがほとんどないからである。法定借地権の存続期間および賃料は，合意によるが，合意がなければ，当事者の請求により，裁判所が定めることになっている（仮登記担保法10条後段）。

（2）建物のみの仮登記担保の場合

建物のみに仮登記担保が設定された場合には，法定借地権は発生しない。この場合，仮登記担保権者は，仮登記担保の設定に際し，その土地について，あ

らかじめ建物所有を目的とする停止条件付の土地賃貸借を締結し、これを仮登記しておくことができるからである（東京地判昭和60年8月26日判時1191号93頁参照）。

2　短期賃借権

　たとえば、BがAに対する借金のために仮登記担保を設定しているマンションについて、BC間で短期賃貸借契約（602条）が締結され、Cが居住している場合、Cの短期賃借権は、旧395条の類推適用により、Aの仮登記担保権実行に際しても保護されるかどうかが問題になる。この点については、判例・通説は、短期賃貸借が濫用されるきらいがあることから、同条の類推適用を否定し（最判昭和56年7月17日民集35巻5号950頁）、Cの短期賃貸借権は保護されないものと解してきた。平成15年改正の新395条においても、同様に解すべきであろう。

第6節　仮登記担保の消滅

1　共通の消滅事由

　仮登記担保は、通常の担保物権と同様、被担保債権の弁済・時効等によって消滅するほか、目的物の滅失によっても消滅する。問題となるのは、仮登記担保の目的物である不動産の第三取得者は、被担保債権の消滅時効を援用できるかどうかである。判例は、この「第三者は、当該仮登記担保権の被担保債権の消滅によって直接利益を受ける者というを妨げない」として、これを肯定している（最判昭和60年11月26日民集39巻7号1701頁。なお、最判平成4年3月19日民集46巻3号222頁参照）。

2　特有な消滅事由

　仮登記担保は、その私的実行の結果、目的物の所有権が債権者に移転することにより消滅する。

第7章　非典型担保

　民法典の定める典型担保のうち，約定担保物権として質権や抵当権がある。これらは所有権を制限するという制限物権型の担保物権である。ところが，取引界では，典型担保以外の非典型担保がよく用いられており，それらの多くは権利移転型の担保物権となっている。
　仮登記担保・譲渡担保・再売買予約などがそうであるが，これらは判例法上認められてきたものである（なお，昭和53年には仮登記担保法が制定された）。

第1節　譲渡担保

1　譲渡担保の意義

　譲渡担保とは，権利移転という形式をとり，実質的に担保的機能を果たす担保物権である。たとえば，印刷業を営むBが印刷機を担保にしてAから200万円を借金するという場合，動産である印刷機に抵当権を設定することはできない。そうかといって質権を設定すれば，印刷機をAに引き渡さなければならなくなる。そうなるとBは仕事ができず借金の返済もできなくなる。そこで，Aに印刷機を売ったことにして（所有権を移転し），代金相当額を受け取り（借金し），そうした上でAから印刷機を借りて仕事を続け，もし借金の返済ができないときには，Aはこの印刷機の所有権にもとづき（他へ売却したりして），債権の回収を図るということがよく行われる。これが質に代わる動産の譲渡担保である。
　また，不動産の譲渡担保も行われる。借金しているBが，その担保としてBの不動産所有権をAに移転するのである（その旨の登記をしたり，登記に代えて権利証を交付したりする）。権利移転の形式をとり，実質的には抵当権と同じ担保機能を果たす。抵当権の設定・実行手続は面倒で費用もかかるので，そうした難点を回避するために不動産の譲渡担保が行われる。

☆　譲渡担保の有効性　　譲渡担保は，担保のために（所有権移転の意思はないのに），所有権移転の形式を用いるのは通謀虚偽表示（94条）になるのではないかとの議論があったが，判例は，通謀虚偽表示にはならないとした（大判明治45年7月8日民録18輯691頁）。当事者は，所有権移転の効果を生じさせる意思で譲渡するのだから，その意思表示は虚偽表示ではないというのである（大判大正3年11月2日民録20輯865頁）。今日の学説は一致してこれを支持する。また，動産譲渡担保は，345条（質権設定者による質物の占有の禁止）や349条（流質契約の禁止）などの規定を回避する脱法行為にあたるのではないかとの議論もあったが，判例は，それを禁止する法規がないので，これを無効とする理由はないとした（前掲大判大正3年11月2日）。学説もこれを支持する。

2　譲渡担保の法的構成

譲渡担保の法的構成につき，所有権移転という形式を重視するか，あるいは担保目的という実質を重視するかによって学説は分かれる。今日では，中間説に位置する学説が多い。各説は，第三者との関係をどう処理するかという点で異なるが，しかし，いずれの説でも債務不履行があったときは，債権者は目的物の所有権を（確定的に）取得するが，清算義務を負うという点で異論がない。後述するが，もし債権者が清算金を提供しないで，債務者に対して目的物の引渡しを請求してきたときは，債務者は，清算金の提供があるまで目的物を留置するか，同時履行の抗弁権を行使して引渡しを拒むことができる。

(a)　所有権移転肯定説　　所有権が譲渡担保権者に移転するという考え方（所有権的構成）であるが，完全に移転するというものではない。①所有権が外部的に譲渡担保権者に移転するという「外部的移転説」（この説は，所有権が内外ともに譲渡担保権者（債権者）に移転するという判例（大連判大正13年12月24日民集3巻555頁）を批判したものである），②譲渡担保権者は，信託の目的を超えて目的物を処分してはならないという債権的な拘束を受けるとする「信託的譲渡説」などがある。

(b)　所有権移転否定説　　所有権は移転しないという考え方である（担保的構成）。これには，①譲渡担保を抵当権に準じて扱おうとする「抵当権説」，また②不動産の譲渡担保は私的実行をともなう抵当権であり，動産の譲渡担保は動産抵当であり，また権利の譲渡担保は私的実行をともなう権利質だとする

「担保権説」がある。

　(c)　中間説　広義の担保的構成に属するが、これには、①債権担保という範囲内で債権者は目的物を処分しうる権限を授権されているとする「授権説」、②目的物の所有権は一応債権者に移転するが、目的物から担保価値という側面を除いた部分が譲渡担保設定者に留保されるとする「設定者留保権説（二段物権変動説）」、③譲渡担保権者は実質的に所有権を取得したとはいえず、譲渡担保設定者も債務の弁済によって所有権を留保ないし復帰させうるという意味での期待権を有するとみる「期待権説」がある。

3　譲渡担保と売渡担保

　AがBに500万円を貸した場合に、その貸金債権の担保としてBの財産権をAに移転するという形式をとるのが譲渡担保である（狭義の譲渡担保）。AがBに貸した500万円につき、これをB所有の財産を500万円で買ったということにし、Bが期限までに500万円を支払えば、その財産の買戻しを認めるもの（この場合、BのAに対する債務は存在しない）は売渡担保とされてきた。今日では、どちらも債権担保を目的としており、法律行為の解釈としてはできるだけ譲渡担保と解するのが望ましいとされ、両者の区別はそれほど重要ではなくなっている。

4　譲渡担保の消滅

（1）　弁済による消滅

　債務者が債務を弁済すれば被担保債務は消滅し、譲渡担保も消滅して、目的物の所有権は完全に設定者に復帰し、設定者は返還を請求することができる。

　不動産譲渡担保の場合、設定者は移転登記の抹消請求をしてもよいし、所有権移転登記請求をしてもよい（大判大正7年4月4日民録24輯465頁）。また、代位弁済も認められる。

　なお、債務の弁済は譲渡担保の目的物の返還に対して先履行の関係にあり、両者は同時履行の関係に立たないとされている（最判平成6年9月8日判時1511号71頁）。

(2) 時効消滅
被担保債権が消滅時効にかかると譲渡担保も消滅する。
(3) 目的物の滅失・損傷
目的物の滅失・損傷により譲渡担保は消滅するが，被担保債権は消滅しない。

5 不動産譲渡担保

(1) 不動産譲渡担保の設定
(a) 不動産譲渡担保設定契約は，債権者と債務者または第三者（物上保証人）との間で行われる。所有権を債権者に移転するという行為と，それが債権を担保するためであるという合意があれば譲渡担保設定契約は成立する。

(b) 登記（公示方法）につき，かつては不動産譲渡担保設定の対抗要件として，所有権移転登記が利用されてきたが，登記実務上，登記原因を「譲渡担保」とすることが認められている。なお，譲渡担保が登記原因になっている場合，被担保債権額は表示されず，また，担保の設定段階にあるのかどうか，実行されているのかどうかも分からず，その意味で十分な公示機能を果たしているとはいえない。

(2) 対内的効力
(a) 効力の及ぶ目的物の範囲が問題となるが，抵当権に準じて，担保権設定後の従物にも効力が及び（370条参照），また，不可分性（296条参照）や物上代位性（304条参照——最決平成11年5月17日民集53巻5号863頁）なども認められると解される。

(b) 被担保債権の範囲　不動産の譲渡担保は所有名義を債権者に移すので，抵当権におけるような後順位担保権者が現れることはなく，抵当権のように被担保債権の範囲を制限する必要はない（374条・398条ノ3，仮登記担保契約に関する法律13条2項などを参照）。

(c) 目的物の利用関係　不動産譲渡担保においては，目的物の所有権移転の形式をとるが占有を移す必要はなく，目的不動産の利用関係については当事者の合意によって自由に決めることができる。普通，賃貸借契約が結ばれて設定者が賃借人となる場合が多い。しかし，その実質は担保権であるから，その場合の賃貸借は，設定者に利用権を認め，そして対価を支払うべきことを意味

するだけであり,本来の賃貸借とは区別されべきであると解されている。つまり,賃料とされるのは貸金の利息であり,賃料の不払による賃貸借の解除というのは,利息の不払による譲渡担保権の実行を意味する。また,目的物の引渡請求は,被担保債権の履行到来によるべきであり,賃貸借の期間満了によるべきでないと解されている。

　(d) 設定者の義務　　譲渡担保の設定者が,目的物を滅失・損傷した場合には,設定者は目的物保管義務の債務不履行によって,あるいは担保権者に対する所有権侵害（不法行為）によって,損害賠償責任を負う。

　(e) 担保権者の義務　　担保権者は,担保の目的以上に目的物に対して権利を行使することはできない。したがって,弁済期前に目的物を処分したり損傷した場合には,債務不履行責任を負う（最判昭和35年12月15日民集14巻14号3060頁——山林の売渡抵当につき担保権者が立木を不法に伐採した事案において,担保権者の履行不能による債務不履行責任が肯定された）。

（3）　対外的効力

　弁済期の到来前に目的物につき利害関係をもつにいたった第三者と担保権者および設定者との関係が問題となる。

　(a) 担保権者の処分　　不動産の登記名義が担保権者になっているときには,対外的には担保権者が所有権者とみられ,担保権者が弁済期前に不動産の処分した場合に第三者は善意・悪意を問わず所有権を取得する（大判大正9年9月25日民録26輯1389頁および従来の通説であり,いわば所有権の構成である）。これに対して,最近の有力説は,譲渡担保が担保であるという点を重視して考え,第三者は94条2項の類推適用によって保護すればそれで十分であり,悪意の第三者に対しては設定者は所有権を主張できるとする（設定者保留権説・期待権説など）。

　(b) 設定者の処分　　不動産の登記名義が担保権者（債権者）のものとなっているのが普通であるので,設定者が不動産を処分することはほとんどない（もし,そのような処分があれば,それは対抗要件の問題として処理される）。

　(c) 譲渡担保権の実行と清算義務　　債務の弁済がないときは,譲渡担保権者（債権者）は譲渡担保権を実行する——担保権者は不動産の所有権を確定的に取得する——ことができる。

目的不動産の価格が被担保債権額を上回る場合には，債権者には清算義務がある。すなわち，債権者が債務を弁済しない場合に債務者所有の不動産を弁済に代えて確定的に債権者に所有権を移すという合意のもとに所有権移転登記がなされたとしても，換価処分または適性価格によって清算する必要があり，債権者の不動産引渡請求は清算金支払と引換えによってのみ認めうるとされる（最判昭和46年3月25日民集25巻2号208頁）。清算方法として，債権者が担保不動産を第三者に処分し，その代金をもって弁済に充て残額があればそれを債務者に支払う処分清算型と，債権者が自ら担保不動産を取得し，評価した上で清算し，評価額が被担保債権額を上回っていれば，その差額を債権者に支払う帰属清算型とがあり，後者を原則とすべきとされている（仮登記担保に関する最大判昭和49年10月23日民集28巻7号1473頁参照）。なお，清算金算定の基準をいつにするかにつき，帰属清算型である場合に債権者の支払うべき清算金の有無およびその額は，債権者が債務者に対して清算金の支払もしくはその提供をした時，目的不動産の適性評価が債務額および評価に要した相当費用などの額を上回らないという通知をした時，または債権者が目的不動産を第三者に売却等した時を基準にするとされている（最判昭和62年2月12日民集41巻1号67頁）。

(d) 受戻権（弁済による受戻し）　債務者は弁済期が到来した後であっても，債務を弁済して譲渡担保不動産を受け戻すことができる。いつまでなら受け戻すことができるかというと，帰属清算型の場合には清算のときまで，処分清算型の場合には処分のときまで受け戻すことができる。なお，譲渡担保権設定者の清算金請求権と受戻権との関係についてであるが，譲渡担保権設定者が受戻権を放棄しても，それによって清算金請求権を取得することにはならないとされている。両者はその発生原因が異なるからだという（最判平成8年11月22日判時1592号61頁）。

6　動産譲渡担保

(1)　動産譲渡担保の意義と設定

動産の譲渡担保は，すでに（7章第1節）の冒頭で例を上げたように，AからBが金融を受ける際，Bは担保としてその所有する印刷機のような動産の所有権を債権者Aに移転した上で，そのままBがその機械を使用し続け，弁済で

きないときには，Aはその機械の所有権にもとづいて債権回収を図るというものである。動産譲渡担保の設定は，債権者と債務者または第三者（物上保証人）との間での担保のために所有権を移転するという合意による。「担保差入証」がよく作成されるが，それは契約成立の要件ではない。引渡しが対抗要件となり，目的物は，普通，占有改定（183条）による引渡しが行われるが，判例はこれを有効としている（最判昭和30年6月2日民集9巻7号855頁ほか）。

（2）　動産譲渡担保の効力

　動産譲渡担保の効力は不動産譲渡担保の効力と基本的には同様に考えてよい。ただ，動産譲渡担保の場合には，設定者が現実に占有しているので，とくに第三者の即時取得や設定者の債権者による強制執行といった問題が生ずることが多い。

　(a)　対内的効力　　設定者は目的物の使用収益をすることができる（具体的には当事者の合意によって決まる）。目的物が第三者によって即時取得された場合（後述）には，保存義務違反による損害賠償責任を負う。

　(b)　対外的効力　　債権者（譲渡担保権者）は権限以上の処分をすることはできない。ただ，実際問題として，設定者が現実に占有しているので，債権者による処分というのはあまり考えられない。

　(c)　設定者による処分と第三者の即時取得　　上の例でいうと，Bが従来通り使用している機械を他人Cに売ってしまった場合，Aに所有権を移転しているはずであるが，Cは即時取得（善意取得——192条）の要件を満たすことによって，その機械の所有権を取得する。その結果，譲渡担保権者Aは所有権を失うことになる。

　(d)　設定者への差押えと譲渡担保権者による第三者異議の訴え　　上の例で，Bが使用している（譲渡担保の目的物である）機械に対し，A以外のBの一般債権者Dが強制執行した場合，譲渡担保権者Aはどのような権利を主張できるだろうか。判例によれば，Aは所有権を主張し，第三者異議の訴えによりその強制執行を排除することができるとしている（最判昭和56年12月17日民集35巻9号1328頁）。第三者異議の訴えというのは，強制執行がなされたとき，その目的物が債務者の所有物ではないことなどを理由として，第三者が強制執行の排除を求める訴えをいうが（民事執行法38条），譲渡担保権者によるこのような第

三者異議の訴えを認めると，譲渡担保権者以外の一般債権者が思わぬ不利益を受けることになる。そこで，譲渡担保を担保物権性という観点から，この場合のAは担保権者に過ぎないから，第三者異議の訴えを否定し（現行民事執行法において優先弁済の訴えの規定がないが），優先弁済権の主張のみを認めるのが適切だとする有力説もある。

（3） 動産債権譲渡対抗要件特例法

平成16年の「動産及び債権の譲渡の対抗要件に関する民法の特例等に関する法律」（動産債権譲渡対抗要件特例法）は，従来の債権譲渡対抗要件特例法を改正し，法人が行う動産譲渡の対抗要件に関して民法の特例等を定めた——判例に委ねられてきた譲渡担保に関して，動産に限って，そして，法人が一括して担保に供する場合に限って法人登記を利用するという動産譲渡担保立法が成立したのである。主な点をあげておこう。

法人が動産を譲渡した場合に，動産譲渡登記ファイルに動産譲渡登記がされたときには，当該動産について民法178条の引渡があったものとみなされる（同法3条1項。ただし，動産につき貨物引換証，預証券，質入証券，倉荷証券，船荷証券など指図証券が作成されているものを除く）。指定法務局等に，磁気ディスクをもって調製する動産譲渡登記ファイルを備え，所定の登記事項を記録する（同法7条1項・2項）。動産譲渡登記の存続期間は，10年を超えることができない。ただし，10年を超えて期間を定める特別の事由がある場合は，この限りではない（同法7条3項）。何人も，指定法務局の登記官に対し，動産譲渡登記ファイルに記録されている登記事項概要証明書の交付を請求することができる。また動産の譲渡につき利害関係を有する者は，登記事項証明書の交付を請求することができる（同法11条1項・2項）。

7 集合物譲渡担保

（1） 集合物譲渡担保の意義

動産の譲渡担保の特殊な例として，集合物譲渡担保がある（集合動産譲渡担保・流動動産譲渡担保とも呼ばれる）。

たとえば，AからBが融資を受けるにあたり，その担保として，B所有の在庫商品全部の所有権を一括してAに移転することを約するのがその例である。

商品に増減・変動があっても譲渡担保の実行のときの在庫商品が担保の目的となる。取引界では，このように流動する動産を一つの集合物として担保化することがよく行われるが，判例・学説はその有効性を認めている。なお，この集合物譲渡担保の法律構成としては，集合物（集合動産）を構成する個々の物の変動にもかかわらず，その集合物の上に譲渡担保の効力が及ぶとする見解が有力である。

(2) 集合物の特定

集合物譲渡担保については，その目的物が種類・銘柄・存在場所・数量などによって特定できることが要件となる。

たとえば，Bの債権者Aは，倉庫業者Cの倉庫に寄託しているB所有の食用乾燥ネギフレークを担保にとり，44トン中28トンの所有権を取得した。Bが倒産したためAは債権回収しようとしたところ，Cはその乾燥ネギを他に無断で処分したため，Aは所有権を侵害されとしてCに対して不法行為にもとづき損害賠償を請求した。集合物の一部に譲渡担保を認めることができるかどうか，目的の特定がなされていたかどうかが問題となった。最高裁は，構成部分の変動する集合動産でも，その種類，所在場所および量的範囲を指定するなどの方法で目的物の範囲が確定される場合には，一個の集合物として譲渡担保の目的となりうるが，44トン中28トンというだけでは譲渡担保の対象が特定されていないので，譲渡担保の効力は生じないとした（最判昭和54年2月15日民集33巻1号51頁「乾燥ネギフレーク譲渡担保事件」）。物権の対象となる物が物権の支配を受けるためには，特定性が必要だというのである（なお，構成部分の変動する集合物譲渡担保において，目的物が特定されているとした判例として，最判昭和62年11月10日民集41巻8号1559頁がある）。

8　債権その他の権利の譲渡担保

たとえば，AがBに対して持っている200万円の指名債権を担保目的として，Aの債権者Cに移転するというのが，いわゆる指名債権の譲渡担保である。

民法上は債権その他の権利についての担保物権として権利質（362条）があるが，これに代えて取引界では，この譲渡担保がよく行われる。指名債権のほかに手形・株式その他の有価証券の譲渡担保も行われる。手形の譲渡担保はと

くに銀行取引においてよく行われているようである。さらに，売掛代金債権などの債権群（集合債権）の譲渡担保も活用されるといわれている。このような集合債権の譲渡担保について，第三者対抗要件を具備するためには，指名債権譲渡の対抗要件（民法467条2項）の方法によるとされている（最判平成13年11月22日民集55巻6号1033頁）。また，集合債権譲渡担保が有効であるためには，目的の債権が特定されていなければならないが，この点につき，債権譲渡の予約にあっては，予約完結時において（要するに，譲渡の効果が発生する時点において），譲渡の目的となるべき債権を譲渡人が有する他の債権から識別することができる程度に特定されていれば，有効に譲渡できるとされている（最判平成12年4月21日民集54巻4号1562頁）。なお，譲渡担保に供する債権の債務者が多数いる場合に，これらの者に確定日付ある通知を発するのに困難を伴うというので，これに対処するため平成10年に債権譲渡登記制度が定められ，法人が金銭の支払を目的とする指名債権を譲渡した場合においては，債権譲渡登記ファイルに譲渡の登記をすることによって，債務者以外の第三者に対する関係では，民法467条の規定による確定日付のある証書よる通知があったものとみなされるということになった（動産債権譲渡対抗要件特例法4条1項）。

第2節 所有権留保，ファイナンス・リース

1 所有権留保

（1） 所有権留保とは

　自動車のディーラーAがBとの間で自動車の売買契約をするに際して，Bが割賦払を希望したので，Aがそれを認め，自動車の所有権を留保して売買することとした場合，これを所有権留保売買という。

　所有権留保とは，買主が売買代金を完済する前に目的物の占有を買主に移転する売買で，代金債権の担保のために目的物の「所有権」を売主に留保する取引をいう。売買で代金が割賦払の約束になっているとき，目的物は先に買主に引き渡されるが，所有権は，代金全額の支払が完了するまで売主のもとにとどめる（留保する）というのが，所有権留保である。つまり，それは代金債権の確保という担保の役割を果たしており，自動車やピアノ，洋服などの商品の割

賦販売で広く利用されている。

　一般に買主は，代金の分割払を希望しても，目的物はすぐに使用・収益したいと考えるであろう。先の事例で，Bは契約が成立すればすぐに自動車を利用したいと希望するのは当然である。しかし，売主の側からみれば，目的物を先渡し，長期の分割払を認めるのだから，リスクが大きい取引である。買主が不払をした場合，売主は，目的物も債権も失うということになりかねない。そこで，売主は，そのようなリスクを避けるために，引き渡した目的物そのものを担保として，買主の不払等があったときには自分の所有権にもとづいてそれを取り戻し，優先的に弁済を受けるという手段をとるのである。

　ところで，現在の民商法の規定する担保権では，右のようなシステムに対応できない。抵当権の対象は不動産であり，動産には適用がない。動産を担保する手段としては，質権・留置権・先取特権があるが，質権・留置権は，いずれも担保権者である売主が商品の占有・所持をし続けなければならず，買主の要望に応えることはできない。また，動産売買の先取特権は，担保権としての優先性に絶対性がなく担保権としては不安定である。このような状況にあって，実務において利用されてきたのが所有権留保である。

　取引実務では，割賦払の契約をする場合に，所有権留保の特約をつけることが広く行われている。判例も，特約の有効性を認める（大判昭和9年7月19日刑集13巻1043頁）。また，割賦販売法は，割賦販売により販売された指定商品の所有権は，不払金の完済がなされるまで，割賦販売業者に留保されたものと推定する（割賦販売法7条）との規定を設けている。

（2）　所有権留保の法的性格と効果

(a)　法的性格　　所有権留保は，二当事者間取引の場合だけが問題となるのではなく，割賦購入あっせんやローン提携販売などのような三当事者間取引でも広く用いられている。この場合には，所有権留保の担保権としての機能が重視され，二当事者間におけるような売買契約の特約にとどまるものではなくなる。

　所有権留保の法的性格についても，二当事者間の割賦販売が主流であったとき（最判昭和49年7月18日民集28巻5号743頁など）に比べると変化がみられ，判例も次第に担保権として理解するようになってきている（東京高判昭和44年1

月24日判時547号10頁等）。

　これまで所有権留保は，割賦金が完済されるまで所有権が売主に留保され，買主は，代金を完済することを条件（停止条件）として所有権を取得するという特約をしていると考えられてきた。つまり，信用供与をするのは，実際の売主であるとの前提から出発し，所有権留保が売買契約と結合している点が重視されたのである。しかし，この見解は，所有権留保が三当事者間の信用取引に拡大されて利用される場合をよく説明できない。ここに，積極的に所有権留保は担保権であるとの法的構成が主張される根拠がある。

　(b) **効果**　売主は，買主が債務の不履行をした場合，契約を解除して所有権にもとづき目的物をとりあげることができる。実行方法は，実質的に譲渡担保と同じである。

　買主の債権者が目的物を差し押さえたときには，売主は差押を第三者異議の訴えにより排除することができる（前掲・最判昭和49年7月18日）。

　買主は，目的物を使用し，果実を収取することができるが，所有権が留保されているので原則として処分権がない。処分した場合には，次項で述べるように，即時取得との問題が生ずる。

(3) 所有権留保の問題点

　たとえば，ディーラーAから転売の権限が与えられているサブディーラーBが，ディーラーAとの間の売買契約で所有権留保の特約をして，ついでその自動車をユーザーCに売却するという場合，次のような問題が生ずる。つまり，Cが代金をBに完済したが，そのBが倒産してAに代金を支払っていない場合に，Aは所有権にもとづいてCに自動車の返還を請求できるのか問題となる。常識的に考えて，Cが自動車を回収されるという結果は納得がいかないであろう。そこで，このような場合のCの保護については，いくつかの法技術が考えられる。

　Cを保護する根拠として，即時取得を認める場合がある（前掲最判昭和49年7月18日が前提とする考え方）。すでに学んだように，動産の取引では，自分の権利を第三者に主張するための手段（「対抗要件」という）としては「引渡」が認められている（178条）。そして，取引の安全を図るために「即時取得」制度が設けられている。そこで，即時取得の要件をみたした場合には，これによ

りCを保護しようとするのである。しかし、自動車は動産であるが、やや特殊な動産である。自動車には登録制度があり、登録が所有権の得喪・変更の公示方法とされている（道路運送車両法4条・5条）。このため、買主は売主に所有権があるかどうかを容易に確認することができる。確認しなければ、過失ありとされ、192条の要件を欠くことになる。つまり、自動車には原則として即時取得の適用が認められていないと考えられる（最判昭和62年4月24日判時1243号24頁）。

即時取得以外に、Cを保護するための見解として次のようなものが主張されている。つまり、BはAの代理人としてCに売却するから、この売却によって自動車の所有権は確定的にAからCに移転するとする見解や、Bの売買は非権利者による他人Aの権利の処分となるが、権利者Aが権利の処分に同意を与えていれば（転売授権）、処分は有効なのでCは権利を取得するとする見解（建設機械の転売の事例であるが、大阪高判昭和54年8月16日金融商事判例600号34頁）などがある。

最高裁は、先の事例のような場合に、もともとAがBに対して自ら負担すべき代金回収不能の危険をCに転嫁しようとするものであり、自己の利益のために代金を完済したCに不測の損害を与えるから、Aの主張は、権利の濫用として許されないとする（最判昭和50年2月28日民集29巻2号193頁、最判昭和57年12月17日判タ491号56頁）。

2 ファイナンス・リース

（1）　ファイナンス・リースとは

ファイナンス・リースは、図のように、物件の持主（所有者）であるリース

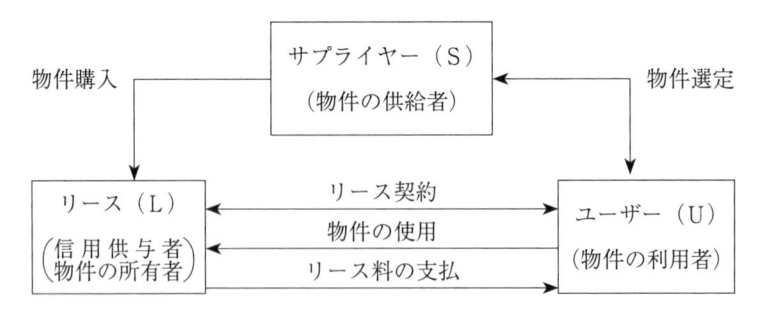

会社（lessor. 以下ではLという），利用者であるユーザー（以下ではUという），物件のもともとの所有者であり，それをユーザーに供給する供給者（supplier. 以下ではSという）の三者で行われるのが普通である。

　ファイナンス・リースは，基本的に諾成・双務・有償の契約として行われる財産権利用型の契約であるが，経済的にみれば，その実質は，金融制度の一種としての役割を果たしている。それは，物件の購入資金を貸し付ける代わりに，物件そのものをリース会社が購入して，これを賃貸する取引であるので，実質的にみれば融資としての性質をもっているからである。この点をとらえて，ファイナンス・リースは「物融」の一種であるといわれる。このようなリースは，賃貸の側面と信用付与（金融）の側面をあわせもっているから，このいずれを重視するかによって，法的構成が異なってくる。前者を重視すれば，特殊な賃貸借，後者であれば賃貸借類似の無名契約となる。

　このようにリース契約は，Uである企業にとっては，機械や設備などの物件を効率よく利用するための手段となっているが，実質的には融資を受けるのと同じ結果になっている。企業はいっぺんに設備投資をするのと違い，リース料の支払だけで済むので資金が固定化しなくてよく，設備を新しくする意欲をもつことができる。また税法上，リース料は損金とされるので節税対策としての利点もある。さらに，設備の更新がしやすくなる，あるいは費用の管理の改善や事務の省力化もできるといったメリットがあるとされる。しかし，リース契約の約款によれば，中途解約は認められず，解約ができる場合でも残存するリース料は全額支払わなければならず，また，リース会社は物件に故障や欠陥があっても責任を負わない場合があるなどの問題点がある。

　以上述べたように，リース契約は，形式的には賃貸借に近い関係であるが，実質的には，リース会社が物件の購入資金をユーザーに融資して，その債務をユーザーがリース会社に分割して支払うという売買に近い関係にある。そして，この場合，リース料は，リース物件をユーザーが使いきるとの前提で物件価格に含まれているのが普通なので，リース物件からリース料を引くと，形式的な所有権しか残らない。したがって，リース物件自体は動産として担保に取れるが，リース債権とともに担保にとらなければ，担保としての意味はあまりない。

(2) リース契約と割賦販売

リース契約は、割賦販売法が規制している「割賦購入あっせん」と目的やシステムがよく似ている。一般的には、割賦販売法の規制を逃れるための脱法行為とはみなされていない（最判昭和57年10月19日別冊NBL11号188頁）が、同法の規制をのがれるために利用される場合がある。そこで、次にその違いを整理しておこう。

割賦販売は、商品の代金を分割して支払うという特殊な売買である。物件の所有権は普通、担保目的のために販売業者等が留保しており（割賦販売法7条はこれを推定する）、代金を全部支払ったとき購入者に所有権が移る。これに対して、リース契約では、物件の所有権はつねにリース会社にある。

税の納付などは、自動車を割賦で購入する場合を考えればよく分かるが、割賦販売の場合には購入者が行う。しかし、リース契約ではリース期間終了後、物件はリース会社に返却することになっているのが普通だから、リース会社が行う。また、割賦販売ではクーリング・オフが認められるが、リースには認められていない。

このように形式的にみれば、割賦販売とリース契約の違いは明らかのようである。しかし、現実にはこの区別はそれほど明確であるとはいえない。たとえば、リース契約において、リース期間が終わるときにユーザーに買取選択権がある場合には、割賦購入あっせんとほとんど変わらない目的と機能を果たしている。このような場合には、割賦販売法等の適用が可能であると考えられる。消費者取引にリース契約が用いられる場合に対処して、訪問販売法の昭和63年改正は、リースを適用対象としている。

(3) リース料の法的性質

リース契約において担保されるのはリース債権である。リース料は、物件の購入代金、金融費用、管理費用、リース会社の利益のすべてが含まれる（フルペイアウト方式）。このようなファイナンス・リースのリース料の法的性格には議論があるが、賃借料とみるべきではないとするのが有力である。ファイナンス・リースは、賃貸借の形式をとっているが、実体は金融契約の一種であると解する見解によれば、リース契約成立の際にリース料債権は確定債権として発生して、それがリース期間内に分割して支払われていく、消費貸借に近い金

銭債権であるということになる。リース料は賃貸料であるとすると，それは物件使用の対価となり，物件を使用させてはじめて具体化する将来債権ないし条件付債権であることになる。

　実務では，前者の見解がとられ，そのため，リース契約の中途解約ができず，かつリース会社の物件の瑕疵担保責任がない等の構成がとられるのである。

（4）　ファイナンス・リースと担保

　ファイナンス・リースは「物融」の一種であると考えられているので，担保が問題となる。

　リース債権は，指名債権としてリース料の譲渡担保権か質権のいずれかにより担保に取得されることが多い。どちらでも効力にあまり差はないが，取得手続き，実行手続きの簡単な譲渡担保が多く用いられている。対抗要件は，467条の通知または承諾であるが，現実には省略されている場合が多い。

　リース物件そのものも動産として担保にとることができる。

事項索引

あ

悪意者排除説……………………56
悪意占有…………………………78
悪意の占有者……………………87
悪意の第三者……………………55

い

遺産分割…………………………49
意思主義…………………………30
遺失物拾得…………………80, 104
異時配当………………………238
意思表示…………………………32
囲障設置権……………………100
一物一権主義……………………4, 9
一不動産一用紙主義……………36
一括競売………………………224
一般債権者………………………55
違約金…………………………204
入会権…………………………147
　——の解体……………………118
　——の近代化…………………149
　——の取得・喪失……………151
　——の消滅……………………152
　——の総有形態………………148
引水地役権……………………140

う

受戻権…………………………255

え

永小作権…………………135, 137
　——と賃借権との違い………135
　——の譲渡・賃貸……………137

　——の消滅……………………139
　——の対抗要件………………137

か

解除後の第三者…………………46
確定期日………………………243
　——の変更……………………244
加　工…………………………109
果実収取権…………………21, 171
家畜外動物の取得権……………89
割賦購入あっせん……………272
割賦販売…………………268, 272
株式の質権設定………………195
仮登記……………………………38
仮登記担保……………………161, 250
　——の効力……………………252
　——の私的実行………………253
　——の消滅……………………257
　——の被担保債権……………251
　——の目的物…………………251
仮登記担保権……………………8
仮登記担保設定契約…………251
間隔保存義務…………………99
慣習法上の物権…………………7
間接効果説………………………46
元　本…………………………203

き

企業担保………………………199
期限の利益の喪失……………229
偽造文書による登記……………61
客観主義…………………………75
客観的要件………………………75
境界標設置権……………………98

共同相続……………………………48
共同抵当……………………………237
　——の実行………………………237
共同根抵当…………………………248
共　　有……………………………111
共有者の権利………………………115
共有物の管理………………………116
共有物の使用収益…………………115
共有物の分割………………………120
共有持分……………………………114
　——の放棄………………………118
極度額………………………………243
　——の変更………………………244
虚有権（空虚な所有権）……………92

く

区分所有権……………………………11
区分地上権…………………………134
組合財産……………………………112
クーリング・オフ…………………272

け

形式主義………………………………30
形式的審査権…………………………27
競売権………………………………172
競売手続……………………………252
　——の開始………………………256
権　　原………………………………77
現物分割……………………………121
権利質………………………………192
権利濫用の法理………………………93

こ

行為請求権説…………………………19
公示制度の動揺………………………26
公示の原則………………25, 35, 197
　——と対抗関係……………………26

公示方法……………………………252
　——としての登記…………………35
後順位担保権者……………………255
公信の原則……………………27, 197
公信力…………………………………28
公信力説………………………………41
合　　有……………………………112
公有地入会権………………………150
国有地入会権………………………151
小作問題……………………………136
小作料………………………………138
公用徴収………………………………71
古物商…………………………………68
互　　有……………………………100
混同による物権消滅…………………71
混　　和……………………………109

さ

債権契約………………………………31
債権行為………………………………29
債権質………………………………192
債権者…………………………………3
債権的効果説…………………………40
債権に対する優先的効力……………13
財団抵当……………………………198
債務者…………………………………3
債務不履行……………………………4
先取特権………………………159, 174
　——の効力………………………181
　——の順位………………………179
　——の消滅………………………184
　——の性質………………………174
　——の特別の効力………………183
　——の目的物……………………174
　一般の——………………………175
　動産の——………………………176
　不動産の——……………………179

事項索引　277

差押債権者　54
指図による占有移転　82

し

敷地の留置　168
時効取得　50
自己占有の消滅　89
自己のためにする意思　77
自主占有　77
質権　159, 185, 188
　　——の作用　185
支配権　1, 9
収益的効力　162
集合物　12
集合物譲渡担保　265
主観主義　75
主観的要件　75
取得時効　78
受忍請求権説　19
順位確定の原則　197
順位昇進の原則　197
準共有　123
純粋共同根抵当　248
準占有　90
承役地　140, 141
　　——の所有者　145
商事留置権　160
承諾転質　189
承諾転抵当　231
譲渡担保　161, 258
　　——と売渡担保　260
　　——の消滅　260
　　——の有効性　259
消滅時効　70
処分権限　67
所有権　8, 91
　　——の移転　33, 34
　　——の自由　93
　　——の取得原因　103
　　——の性質　91
所有権移転請求権　38
所有権移転登記　33, 39
所有権留保　160, 267
所有者抵当　197
自力救済の禁止　74
申請手続　39
人的担保　158

す

随伴性　163, 186, 199

せ

請求権競合説　22
請求権非競合説　23
制限説　47, 53
制限物権　7, 8, 71
清算期間　254
清算金請求権　255
清算金の供託　255
制度新設の経緯　217
責任転質　189
責任転抵当　231
善意悪意不問説　56
善意占有　78
善意の占有者　21, 87
占有　73, 75
　　——の推定力　84
　　——の喪失　173
占有回収の訴え　16, 86
占有権　8, 73, 74
　　——の効力　84
　　——の取得　80
　　——の承継取得　81
　　——の譲渡　81

——の消滅 …………………… 89
　　　——の相続 …………………… 82
　占有権承継の効果 ………………… 83
　占有権制度 ………………………… 73
　占有訴権 ……………………… 85, 87
　占有尊重説 ………………………… 52
　占有物の滅失損傷 ………………… 87
　占有保持の訴え ……………… 16, 85
　占有保全の訴え ……………… 16, 86

そ

　造作の留置 ………………………… 168
　相　　続 …………………………… 47
　相続放棄 …………………………… 49
　相対的無因説 ……………………… 32
　相対的無効説 ……………………… 40
　総　　有 ………………………… 112
　相隣関係 ……………………… 94, 95
　即時取得 …………………… 66, 270
　即時取得制度 ……………………… 66
　村落所有地入会権 ……………… 150

た

　代位の目的物 …………………… 207
　代価弁済 ………………………… 225
　対抗問題限定説 …………………… 52
　対抗要件 ………………… 6, 15, 200
　対抗要件主義 ……………………… 26
　対抗力 …………………………… 131
　　　——の発生と存続 …………… 41
　第三者主張説 ……………………… 41
　第三者の範囲 ………………… 53, 65
　代理占有 …………………………… 79
　他主占有 ……………………… 77, 78
　　　——の消滅 …………………… 89
　他主占有事情 ……………………… 78
　建物明渡猶予 …………………… 217

　建物区分所有者間 ……………… 101
　建物の留置 ……………………… 168
　他人所有地入会権 ……………… 150
　短期賃借権 ……………………… 257
　短期賃貸権 ……………………… 204
　　　——の保護 ………………… 204
　担保物権 ………………………… 157
　担保不動産競売 ………………… 211
　担保不動産競売手続 …………… 212

ち

　地役権 …………………………… 140
　　　——の効力 ………………… 143
　　　——の時効取得 …………… 142
　　　——の種類 ………………… 141
　　　——の消滅 ………………… 145
　　　——の存続期間 …………… 143
　　　——の対抗要件 …………… 143
　　　——の不可分性 …………… 144
　　　——の附従性 ……………… 144
　遅延損害金 ……………………… 204
　竹木切除権 ……………………… 99
　地上権 …………………………… 125
　　　——と賃借権との違い …… 126
　　　——の効力 ………………… 131
　　　——の消滅 ………………… 130
　　　——の処分 ………………… 133
　　　——の存続期間 …………… 131
　　　——の放棄 ………………… 130
　　　——の法律的性質 ………… 126
　地上権設定契約 ………………… 129
　　　——の解除 ………………… 130
　地　　代 ………………………… 132
　中間省略登記 …………………… 58
　眺望地役権 ……………………… 140
　直接効果説 ……………………… 46
　賃借人 …………………………… 54

事項索引　279

つ

通行地役権 …………………… *140*

て

定期金 ………………………… *203*
抵当権 …………………… *159, 196*
　――と物上代位 …………… *206*
　――にもとづく物権的請求権 … *228*
　――の機能 ………………… *196*
　――の効力 …………… *202, 204*
　――の作用 ………………… *196*
　――の時効消滅 …………… *234*
　――の実行 ………………… *211*
　――の順位 ………………… *233*
　――の譲渡 ………………… *232*
　――の消滅 ………………… *234*
　――の被担保債権 ………… *201*
　――の放棄 ………………… *232*
　――の目的 ………………… *200*
　――の優先弁済的効力 …… *210*
抵当権侵害 …………………… *227*
　――に対する損害賠償請求 … *229*
抵当権順位の譲渡・放棄 …… *233*
抵当権順位の変更 …………… *234*
抵当権消滅請求 ……………… *225*
抵当権設定契約 ……………… *199*
抵当権設定登記 ………………… *39*
抵当証券 ……………………… *199*
抵当不動産の第三取得者の地位 … *224*
典型担保 ……………………… *159*
転　質 ………………………… *188*
転抵当 ………………………… *230*
添　付 ………………………… *106*

と

登　記 ………………… *47, 49, 200*

　――すべき物権変動 ………… *42*
　――できる権利 ……………… *37*
　――の種類・申請手続 ……… *37*
　――の存続 …………………… *41*
　――の流用 ………………… *200*
登記官の過誤 …………………… *41*
登記尊重説 ……………………… *52*
登記不要説 ………………… *46, 52*
動産質 ………………………… *186*
動産質権 ……………………… *186*
　――の効力 ………………… *187*
　――の消滅 ………………… *190*
　――の設定 ………………… *186*
動産譲渡担保 ………………… *263*
動産抵当 ……………………… *198*
動産物権変動 ……………… *28, 64*
　――の公示方法 ……………… *28*
　――の対抗要件 ……………… *64*
動産の付合 …………………… *108*
同時配当 ……………………… *237*
同時履行の抗弁権 …………… *165*
盗品・遺失物 …………………… *68*
特定の原則 …………………… *197*
特定物 …………………………… *9*
独立の原則 …………………… *198*
土地所有権 ……………………… *94*
取消後の第三者 ………………… *44*
取消前の第三者 ………………… *44*

な

流抵当の特約 ………………… *212*

に

二重譲渡 ………………………… *48*

ね

根抵当 ………………………… *240*

根抵当権
　——の一部譲渡 ……………………245
　——の確定 ………………………247
　——の処分 ………………………244
　——の設定 ………………………242
　——の全部譲渡 …………………244
　——の相続・合併 ………………246
　——の対抗要件 …………………243
　——の転抵当 ……………………244
　——の分割譲渡 …………………245
　——の変更 ………………………243

は

背信的悪意者 ……………………55, 56, 57
背信的悪意者排除説 …………………56
排水権 …………………………………97
排他性 ………………………………5, 14
排他的支配権 …………………………9
売買は賃貸借を破る …………………14

ひ

被担保債権 ………………202, 243, 252
非典型担保 ………………158, 160, 258
表見相続人 ……………………………48
費用償還請求権 ……………………171
屏風山事件 …………………………151

ふ

ファイナンス・リース …………267, 269
付加物 ………………………………204
不可分性 …………………163, 186, 199
不完全物権変動説 ……………………40
袋地 ……………………………………96
付合 …………………………………106
附従性 ……………………163, 186, 199
物権 …………………………………3, 8
　——と債権の違い …………………4

　——の一般的効力 …………………13
　——の客体 …………………………9
　——の効力 …………………………17
　——の取得・変更・喪失 …………24
　——の消滅原因 ……………………70
　——の設定 …………………………34
　——の発生・変更・消滅 …………24
　——の優先的効力 …………………13
物権契約 ……………………………31
物権行為 ……………………………29
　——の独自性・無因性 ……………31
物権取得者 …………………………54
物権相互間の優先的効力 ……………14
物権的請求権 ……………………15, 22
　——の拡張 …………………………23
物権取引の安全 ……………………25
物件の瑕疵担保責任 ………………272
物権変動 ……………………………24
物権法定主義 …………………………6
物上代位権行使 ……………………208
物上代位性 ………………163, 186, 199
物的担保 ……………………………158
物的編成主義 …………………………35
不動産 ………………………………35
　——の権利関係 ……………………35
　——の時効取得 ……………………50
　——の売買契約 ……………………33
不動産質 ……………………………190
不動産質権 …………………………190
　——の効力 ………………………191
　——の消滅 ………………………192
　——の設定 ………………………190
不動産譲渡担保 ……………………261
不動産賃借権 ………………………26
不動産登記簿 ………………………36
不動産物権変動 ……………………34
　——と対抗要件 ……………………39

事項索引　281

不動産利用権 …………………… *194*
不法行為者 ……………………… *55*
不法占拠者 ……………………… *55*
フルペイアウト方式 …………… *272*
分　割 …………………………… *121*
　　――の効果 ………………… *122*

へ

返還請求権 ……………………… *17*
返還請求権者 …………………… *21*
返還請求の内容 ………………… *18*

ほ

妨害排除請求 …………………… *6*
妨害排除請求権 ………………… *19*
妨害予防請求権 ………………… *20*
包括根抵当 ……………………… *242*
放　棄 …………………………… *71*
法条競合説 ……………………… *23*
法定借地権 ……………………… *256*
法定担保物権 …………………… *159*
法定地上権 ……………… *129, 220*
　　――の成立要件 …………… *220*
　　――の内容と対抗要件 …… *224*
法的性質 ………………………… *17*
法律行為 ………………………… *43*
　　――に基づく物権変動 …… *43*
　　――の解除 ………………… *46*
　　――の取消し ……………… *43*
法律的支配権 …………………… *73*

ま

埋蔵物発見 ……………………… *105*
増担保請求 ……………………… *230*

み

民法以外の法律上の物権 ……… *8*

む

無差別説 ………………………… *56*
無主物先占 ……………… *80, 104*
無制限説 ………………… *47, 53*
無体財産権 ……………………… *195*

め

明認方法 ………………………… *69*
　　――の公示方法 …………… *69*
　　――の対抗力 ……………… *70*
目隠設置義務 …………………… *101*
滅失建物の登記 ………………… *60*

も

目的物の使用収益権 …………… *171*
目的物の範囲 …………………… *253*
持分権 …………………………… *118*
物の集合物 ……………………… *12*
物の所持 ………………………… *76*

や

約定消滅事由 …………………… *130*
約定担保物権 …………………… *159*

ゆ

優先的効力 ……………………… *13*
優先的効力説 …………………… *40*
優先弁済権 ……………………… *39*
優先弁済的効力 ………………… *162*
優先弁済の順位 ………………… *256*
ユーザー ………………………… *270*

よ

用益権 …………………………… *236*
要役地 …………………………… *140*
用益物権 ………………………… *8*

り

リース契約 …………………………*272*
リース料 ……………………………*272*
利　息 ………………………………*203*
流質契約の禁止 ……………*188, 194*
流水使用権……………………………*98*
留置権 ………………………*159, 165*
　　──の消滅 …………………*172*
　　──の成立要件 ……………*167*
留置権者の義務・権利 ……………*170*

留置的効力 …………………*162, 170*
立木抵当 ……………………………*198*
立木・未分離の果実…………………*11*
隣地通行権……………………*97, 140*

る

累積共同根抵当 ……………………*248*

ろ

ローン提携販売 ……………………*268*

判 例 索 引

大判明治31年5月20日民録4輯59頁……41
大判明治33年10月31日民録6輯9巻111頁
　………………………………………16, 17
大判明治36年2月20日刑録9輯232頁…109
大判明治36年6月19日民録9輯759頁…151
大判明治36年11月13日民録9輯1221頁
　……………………………………………206
大判明治36年11月16日民録9輯1244頁
　……………………………………………131
大判明治36年12月23日民録9輯1472頁
　……………………………………………133
大判明治37年4月29日民録10輯583頁…118
大判明治38年10月11日民録11輯1326頁…7
大判明治38年12月11日民録11輯1736頁
　………………………………………42, 47
大判明治39年2月5日民録12輯165頁…151
大判明治39年10月5日民録12輯1172頁
　……………………………………………161
大判明治39年12月24日民録12輯1721頁…84
大判明治40年12月6日民録13輯1174頁…53
大判明治41年5月11日民録14輯677頁　220
大判明治41年9月25日民録14輯935頁…121
大連判明治41年12月15日民録14輯1276頁
　………………………………………53, 54
大連判明治41年12月15日民録14輯1301頁
　………………………………………42, 47
大判明治44年4月26日民録17輯234頁　…71
大判明治44年5月4日民録17輯260頁　…59
大判明治44年12月22日民録17輯877頁　…60
大判明治45年2月2日民録18輯97頁……62
大判明治45年6月1日民録18輯569頁　…56
大判明治45年7月8日民録18輯691頁　259
大判大正2年10月25日民録19輯857頁
　………………………………………32, 33

大判大正3年3月10日民録20輯150頁…121
大判大正3年7月4日民録20輯587頁…177
大判大正3年8月10日新聞967号31頁　…96
大判大正3年11月2日民録20輯865頁
　………………………………………161, 259
大判大正3年12月26日民録20輯1208頁
　……………………………………………107
大判大正4年3月16日民録21輯328頁…151
大判大正4年6月2日刑録21輯721頁…109
大判大正4年7月1日民録21輯1313頁
　……………………………………………221
大判大正4年9月15日民録21輯1469頁
　……………………………………………203
大判大正4年10月23日民録21輯1755頁
　……………………………………………200
大判大正4年12月8日民録21輯2028頁…69
大判大正5年3月11日民録22輯739頁　…11
大判大正5年5月31日民録22輯1083頁
　……………………………………………206
大判大正5年6月13日民録22輯1200頁
　……………………………………………119
大判大正5年6月23日民録22輯1161頁…16
大判大正5年6月23日民録22輯1164頁…17
大判大正5年6月28日民録22輯1281頁
　………………………………………11, 236
大判大正5年7月22日民録22輯1585頁…85
大判大正5年9月12日民録22輯1702頁…59
大判大正5年9月20日民録22輯1440頁…69
大判大正5年9月20日民録22輯1813頁
　……………………………………………161
大判大正5年11月29日民録22輯2333頁
　……………………………………………107
大判大正5年12月25日民録22輯2509頁
　……………………………………………192

大判大正 6 年 2 月 6 日民録23輯202頁 …*94*
大判大正 6 年 2 月10日民録23輯138頁……*7*
大判大正 6 年 2 月28日民録23輯322頁…*118*
大判大正 6 年 3 月23日民録23輯560頁 …*17*
大判大正 6 年 6 月13日刑録23輯637頁…*110*
大判大正 6 年 6 月28日刑録23輯737頁…*109*
大判大正 6 年 7 月26日民録23輯1203頁
　　……………………………………*182*
大判大正 6 年10月27日民録23輯1860頁…*61*
大判大正 6 年11月 8 日民録23輯1772頁…*83*
大判大正 7 年 3 月 2 日民録24輯423頁 …*50*
大判大正 7 年 3 月 9 日民録24輯434頁…*152*
大判大正 7 年 4 月 4 日民録24輯465頁…*260*
大判大正 7 年 4 月19日民録24輯731頁…*118*
大判大正 7 年 4 月20日新聞3407号15頁
　　……………………………………*206*
大判大正 7 年12月 6 日民録24輯2302頁
　　……………………………………*221*
大連判大正 8 年 3 月15日民録25輯473頁
　　……………………………………*205*
大判大正 8 年 4 月 2 日民録25輯613頁…*118*
大判大正 8 年 5 月16日民録25輯776頁 …*60*
大判大正 8 年 5 月31日民録25輯946頁…*119*
大判大正 8 年 9 月27日民録25輯1664頁
　　……………………………………*118*
大判大正 8 年10月13日民録25輯1863頁…*78*
大判大正 8 年10月16日民録25輯1824頁…*65*
大判大正 8 年11月 3 日民録25輯1944頁
　　………………………………*114, 118*
大判大正 8 年11月26日民録25輯2114頁
　　……………………………………*109*
大判大正 9 年 5 月 5 日民録26輯622頁 …*69*
大判大正 9 年 5 月 5 日民録26輯1005頁
　　……………………………………*224*
大判大正 9 年 5 月14日民録26輯704頁 …*21*
大連判大正 9 年 6 月26日民録26輯933頁
　　……………………………………*147*
大判大正 9 年 9 月25日民録26輯1389頁
　　……………………………………*262*
大判大正 9 年12月16日新聞1826号20頁
　　……………………………………*107*
大判大正 9 年12月27日民録26輯2087頁…*81*
大判大正10年 1 月24日民録27輯221頁…*143*
大決大正10年 3 月 4 日民録27輯404頁 …*71*
大判大正10年 3 月23日民録27輯586頁…*143*
大判大正10年 4 月14日民録27輯732頁 …*69*
大判大正10年 5 月17日民録27輯929頁 …*46*
大判大正10年 6 月 1 日民録27輯1032頁
　　……………………………………*106*
大判大正10年 6 月13日民録27輯1155頁
　　………………………………*116, 119*
大判大正10年 6 月22日民録22輯1223頁
　　…………………………………*18, 19*
大判大正10年 7 月11日民録27輯1378頁
　　……………………………………*127*
大判大正10年 7 月18日民録27輯1392頁
　　………………………………*116, 118*
大判大正10年10月27日民録27輯2040頁
　　……………………………………*118*
大判大正10年11月28日民録27輯2045頁
　　…………………………………*37, 151*
大判大正11年 2 月20日民集 1 巻56頁
　　………………………………*118, 124*
大判大正11年 3 月25日民集 1 巻130頁 …*60*
大判大正11年 6 月 3 日民集 1 巻280頁…*176*
大判大正11年 7 月10日民集 1 巻386頁…*119*
大判大正11年 8 月21日民集 1 巻493頁 …*22*
大判大正11年 8 月21日民集 1 巻498頁…*168*
大判大正11年11月24日民集 1 巻737頁…*236*
大連判大正12年 4 月 7 日民集 2 巻209頁
　　……………………………*164, 208, 209*
大判大正12年 4 月16日民集 2 巻243頁
　　………………………………*116, 119*
大連判大正12年 7 月 7 日民集 2 巻448頁

....*41*
大判大正12年7月27日民集2巻572頁…*124*
大連判大正12年12月14日民集2巻676頁
　..*222*
大判大正12年12月17日民集2巻687頁…*121*
大判大正13年1月30日刑集3巻38頁…*109*
大連判大正13年10月7日民集3巻476頁
　..*10*
大連判大正13年10月7日民集3巻509頁
　..*10*
大判大正13年10月29日新聞2331号21頁…*51*
大連判大正13年12月24日民集3巻555頁
　..*259*
大判大正14年6月9日刑集4巻378頁…*81*
大連判大正14年7月8日民集4巻412頁
　..*51*
大連決大正14年7月14日刑集4巻484頁
　..*189*
大判大正14年7月18日新聞2463号14頁
　..*236*
大判大正14年10月26日民集4巻517頁…*11*
大判大正15年2月22日民集5巻99頁……*11*
大連判大正15年4月8日民集5巻575頁
　..*239*
大判昭和2年2月21日新聞2680号8頁…*55*
大判昭和2年4月22日民集6巻260頁…*48*
大判昭和2年6月6日新聞2719号10頁
　..*117*
大判昭和2年6月29日新聞2730号6頁
　..*165*
大判昭和2年10月19日新聞2761号5頁…*81*
大判昭和3年8月1日新聞2904号12頁…*69*
大判昭和3年11月8日民集7巻975頁…*17*
大判昭和3年12月17日民集7巻1095頁
　..*118*
大判昭和4年1月30日新聞2945号12頁
　..*240*

判例索引　285

大判昭和4年2月20日民集8巻59頁……*44*
大判昭和4年2月27日新聞2957号9頁…*67*
大判昭和4年12月16日民集8巻944頁…*23*
大判昭和5年4月26日評論19巻民1313頁
　..*88*
大判昭和5年5月6日新聞3126号16頁…*76*
大判昭和5年9月23日新聞3193号13頁
　..*239*
大判昭和5年10月31日民集9巻1009頁
　..*18, 20*
大判昭和5年11月19日裁判例集(4)民111頁
　..*202*
大判昭和5年12月18日民集9巻1147頁
　..*204*
大判昭和6年2月27日新聞3246号13頁
　..*202*
大判昭和6年4月2日新聞3262号15頁…*55*
大判昭和6年7月22日民集10巻593頁…*69*
大判昭和6年8月7日民集10巻875頁…*200*
大判昭和6年10月30日民集10巻982頁…*106*
大判昭和6年12月9日民集10巻1210頁…*18*
大判昭和7年2月16日民集11巻138頁
　..*89, 105*
大判昭和7年4月20日新聞3407号15頁
　..*228*
大判昭和7年5月27日民集11巻1289頁
　..*229*
大判昭和7年6月1日新聞3445号16頁
　..*202*
大判昭和7年6月7日新聞3447号11頁…*61*
大決昭和7年8月29日民集11巻1729頁
　..*231*
大判昭和7年11月9日民集11巻2277頁
　..*18, 21*
大判昭和7年12月9日裁判例集(6)民334頁
　..*88*
大判昭和8年3月18日民集12巻987頁…*72*

大判昭和8年5月9日民集12巻1123頁…*54*
大判昭和8年11月7日民集12巻2691頁
　……………………………………………*200*
大判昭和8年11月22日判決全集3巻40頁
　……………………………………………*124*
大判昭和8年11月30日民集12巻2781頁
　………………………………………………*54*
大判昭和9年6月30日民集13巻1247頁
　……………………………………………*168*
大判昭和9年7月19日刑集13巻1043頁
　……………………………………………*267*
大判昭和9年9月29日法律評論24巻民法
　150頁……………………………………*43*
大判昭和9年10月19日民集13巻1940頁…*85*
大判昭和9年11月6日民集13巻2122頁…*19*
大判昭和10年4月4日民集14巻437頁…*41*
大判昭和10年4月23日民集14巻601頁…*238*
大判昭和10年5月13日民集14巻876頁…*171*
大判昭和10年8月10日民集14巻1549頁
　……………………………………………*221*
大判昭和10年10月1日民集14巻1671頁…*11*
大判昭和10年10月5日民集14巻1965頁
　………………………………………*20, 93*
大判昭和10年10月12日新聞3904号11頁
　……………………………………………*107*
大判昭和11年1月14日民集15巻89頁 …*200*
大判昭和11年3月13日民集15巻471頁 …*20*
大判昭和11年4月13日民集15巻630頁…*229*
大判昭和11年5月26日民集15巻998頁…*172*
大判昭和11年7月10日民集15巻1481頁…*20*
大判昭和11年8月4日民集15巻1616頁…*43*
大判昭和11年12月9日民集15巻2172頁
　……………………………………………*240*
大判昭和12年3月10日民集16巻255頁…*142*
大判昭和12年7月10日民集16巻1177頁…*22*
大判昭和12年7月23日判決全集4巻17号
　3頁………………………………………*108*

大判昭和12年11月19日民集16巻1881頁…*21*
大判昭和13年1月28日民集17巻1頁
　…………………………………………*17, 18, 19*
大判昭和13年6月7日民集17巻1331頁…*96*
大判昭和13年6月28日新聞4301号12頁…*94*
大判昭和13年8月3日刑集17巻624頁…*109*
大判昭和13年9月28日民集17巻1879頁…*43*
大判昭和13年9月28日民集17巻1927頁…*69*
大判昭和13年10月26日民集17巻2057頁…*93*
大判昭和13年12月17日新聞4377号14頁
　……………………………………………*171*
大判昭和13年12月26日民集17巻2835頁…*86*
大判昭和14年7月19日民集18巻856頁…*143*
大判昭和14年7月26日民集18巻772頁…*223*
大判昭和14年8月24日民集18巻889頁
　………………………………………*166, 168*
大判昭和14年12月19日民集18巻1583頁
　……………………………………………*223*
大判昭和15年5月14日民集19巻840頁
　………………………………………*123, 228*
大判昭和15年6月26日民集19巻1033頁
　……………………………………………*131*
大判昭和15年8月12日民集19巻1338頁
　……………………………………………*236*
大判昭和15年9月18日民集19巻1611頁 …*7*
大判昭和15年11月26日民集19巻2100頁
　……………………………………………*235*
大判昭和16年6月18日新聞4711号25頁
　……………………………………………*182*
大判昭和17年2月24日民集21巻151頁…*108*
大判昭和17年4月24日民集21巻447頁…*123*
大判昭和17年9月30日民集21巻911頁 …*45*
大判昭和18年2月18日民集22巻91頁 …*168*
大判昭和18年3月6日民集22巻147頁…*182*
大判昭和18年5月25日民集22巻411頁…*108*
東京高判昭和24年7月14日高民集2巻2
　号124頁…………………………………*166*

判例索引　287

最判昭和24年10月20日刑集 3 巻10号1660
　　頁……………………………………109
最判昭和25年11月30日民集 4 巻11号607
　　頁……………………………………54
最判昭和25年12月19日民集 4 巻12号660
　　頁……………………………………55
最判昭和27年11月20日民集 6 巻10号1015
　　頁……………………………………249
最判昭和28年 1 月23日民集 7 巻 1 号78頁
　　………………………………………107
最判昭和28年 2 月18日民集 7 巻12号1515
　　頁……………………………………127
最判昭和28年 7 月 3 日裁判集民 9 号631
　　頁……………………………………82
最判昭和28年12月18日民集 7 巻12号1515
　　頁……………………………………23
最判昭和29年 1 月14日民集 8 巻 1 号16頁
　　………………………………………168
最判昭和29年 3 月12日民集 8 巻 3 号696
　　頁……………………………………117
最判昭和29年 6 月25日民集 8 巻 6 号1311
　　頁……………………………………63
最判昭和29年 7 月20日民集 8 巻 7 号1408
　　頁……………………………………23
最判昭和29年 7 月22日民集 8 巻 7 号1425
　　頁……………………………………168
最判昭和29年 8 月31日民集 8 巻 8 号1567
　　頁……………………………………65
最判昭和29年12月23日民集 8 巻12号2235
　　頁……………………………………117, 222
最判昭和30年 3 月 4 日民集 9 巻 3 号229
　　頁……………………………………171
最判昭和30年 4 月 5 日民集 9 巻 4 号431
　　頁……………………………………23
最判昭和30年 5 月31日民集 9 巻 6 号793
　　頁……………………………………112
最判昭和30年 6 月 2 日民集 9 巻 7 号855
　　頁……………………………………65, 82, 264
最判昭和30年 6 月24日民集 9 巻 7 号919
　　頁……………………………………10
最判昭和30年10月 4 日民集 9 巻11号1521
　　頁……………………………………10
最判昭和30年12月26日民集 9 巻14号2097
　　頁……………………………………142
最判昭和31年 5 月10日民集10巻 5 号487
　　頁……………………………………119
最判昭和31年10月 7 日民集10巻 8 号1615
　　頁……………………………………77
東京高判昭和31年10月30日高民集 9 巻10
　　号626頁………………………………86
最判昭和31年12月28日民集10巻12号1639
　　頁……………………………………99
東京地判昭和32年 3 月19日下民集 8 巻 3
　　号512頁………………………………12
最判昭和32年 6 月11日裁判集民26号859
　　頁……………………………………57
佐賀地判昭和32年 7 月29日下民集 8 巻 7
　　号1355頁………………………………86
最判昭和32年 9 月13日民集11巻 9 号1518
　　頁……………………………………148
最判昭和32年12月27日民集11巻14号2485
　　頁……………………………………68
最判昭和33年 1 月17日民集12巻 1 号55頁
　　………………………………………171
最判昭和33年 2 月14日民集12巻 2 号268
　　頁……………………………………142
最判昭和33年 3 月13日民集12巻 3 号524
　　頁……………………………………166, 168
最判昭和33年 3 月14日民集12巻 4 号570
　　頁……………………………………66
最判昭和33年 6 月14日民集12巻 9 号1449
　　頁……………………………………43, 46
最判昭和33年 6 月20日民集12巻10号1585
　　頁……………………………………33

最判昭和33年7月22日民集12巻12号1805頁 …………………………… *112*
最判昭和34年1月8日民集13巻1号1頁 …………………………… *84*
最判昭和34年2月12日判時180号35頁 … *55*
最判昭和34年4月15日訟務月報5巻6号733頁 …………………………… *76*
最判昭和34年7月14日民集13巻7号1005頁 …………………………… *63*
最判昭和34年7月24日民集13巻8号1196頁 …………………………… *41*
最判昭和35年2月11日民集14巻2号168頁 …………………………… *68*
最判昭和35年3月1日民集14巻3号307頁 …………………………… *70, 108*
最判昭和35年3月22日民集14巻4号501頁 …………………………… *33*
最判昭和35年4月7日民集14巻5号751頁 …………………………… *76*
最判昭和35年6月17日民集14巻8号1396頁 …………………………… *18*
最判昭和35年7月27日民集14巻10号1871頁 …………………………… *52*
最判昭和35年9月20日民集14巻11号2227頁 …………………………… *172*
最判昭和35年11月29日民集14巻13号2869頁 …………………………… *47*
最判昭和35年12月15日民集14巻14号3060頁 …………………………… *262*
最判昭和36年2月10日民集15巻2号219頁 …………………………… *221*
東京地判昭和36年3月24日判時255号27頁 …………………………… *76*
最判昭和36年4月27日民集15巻4号901頁 …………………………… *57*
最判昭和36年7月20日民集15巻7号1903頁 …………………………… *52*

最判昭和36年9月15日民集15巻8号2172頁 …………………………… *67*
最判昭和37年3月15日民集16巻3号556頁 …………………………… *97*
最判昭和37年9月4日民集16巻9号1854頁 …………………………… *223*
最判昭和37年10月30日民集16巻10号2182頁 …………………………… *97*
最判昭和38年2月22日民集17巻1号235頁 …………………………… *48, 112, 118*
最判昭和38年5月31日民集17巻4号570頁 …………………………… *172*
最判昭和38年10月29日民集17巻9号1236頁 …………………………… *108*
最大判昭和38年10月30日民集17巻9号1252頁 …………………………… *173*
最判昭和38年12月13日民集17巻12号1696頁 …………………………… *11*
最判昭和39年1月24日判時365号26頁 … *67*
最判昭和39年2月25日民集18巻2号329頁 …………………………… *117*
最判昭和39年3月6日民集18巻3号437頁 …………………………… *43*
最判昭和39年5月26日民集18巻4号667頁 …………………………… *82*
最判昭和40年3月4日民集19巻2号197頁 …………………………… *87*
最判昭和40年3月9日民集19巻2号233頁 …………………………… *93*
最判昭和40年5月4日民集19巻4号797頁 …………………………… *61*
最判昭和40年5月20日民集19巻4号822頁 …………………………… *148*
最判昭和40年7月15日民集19巻5号1275頁 …………………………… *172*
最判昭和41年3月3日民集20巻3号368頁 …………………………… *169*

最判昭和41年3月31日判時443号32頁…*119*
最判昭和41年5月19日民集20巻5号947
　頁………………………………*116, 117*
最判昭和41年6月9日民集20巻5号1011
　頁…………………………………*68*
最判昭和41年11月18日民集20巻9号1827
　頁…………………………………*64*
最判昭和41年11月22日民集20巻7号1091
　頁…………………………………*51*
最判昭和41年11月25日民集20巻9号1921
　頁…………………………………*120*
最判昭和42年1月20日民集21巻1号16頁
　……………………………………*50*
最判昭和42年5月30日民集21巻4号1011
　頁…………………………………*67*
最判昭和42年7月21日民集21巻6号1653
　頁…………………………………*51*
最判昭和42年9月29日民集21巻7号2043
　頁…………………………………*199*
最判昭和42年11月16日民集21巻9号2430
　頁…………………………………*250*
最判昭和42年12月26日民集21巻10号2627
　頁…………………………………*99*
最判昭和43年3月1日民集22巻3号491
　頁…………………………………*79*
大阪地判昭和43年6月26日判タ226号173
　頁…………………………………*11*
最判昭和43年8月2日民集22巻8号1571
　頁…………………………………*57*
最判昭和43年11月15日民集22巻12号2671
　頁…………………………………*56*
最判昭和43年11月21日民集22巻12号2765
　頁…………………………………*169*
最判昭和43年12月24日民集22巻13号3366
　頁………………………………*236*
東京高判昭和44年1月24日判時547号10
　頁…………………………………*268*

最判昭和44年2月14日民集23巻2号357
　頁…………………………………*222*
最判昭和44年3月28日民集23巻3号699
　頁…………………………………*205*
最判昭和44年5月30日判時561号43頁…*108*
最判昭和44年7月3日民集23巻8号1297
　頁…………………………………*240*
最判昭和44年7月4日民集23巻8号1347
　頁…………………………………*202*
最判昭和44年7月25日民集23巻8号1627
　頁…………………………………*107*
最判昭和44年10月30日民集23巻10号1881
　頁…………………………………*82*
最決昭和45年4月8日判時590号91頁…*110*
最判昭和45年5月28日判時596号41頁…*130*
最判昭和45年9月22日民集24巻10号1424
　頁…………………………………*36*
最判昭和45年12月4日民集24巻13号1987
　頁………………………………*67, 68*
最判昭和46年1月26日民集25巻1号90頁
　……………………………………*49*
最判昭和46年3月25日民集25巻2号208
　頁…………………………………*263*
最判昭和46年7月16日民集25巻5号749
　頁…………………………………*169*
最判昭和46年10月7日民集25巻7号885
　頁…………………………………*120*
最判昭和46年10月14日民集25巻7号933
　頁…………………………………*72*
最判昭和46年10月21日民集25巻7号969
　頁…………………………………*176*
最判昭和46年11月26日判時654号53頁…*130*
最判昭和46年11月30日民集25巻8号1437
　頁…………………………………*83*
最判昭和46年12月9日民集25巻9号1457
　頁…………………………………*120*
最判昭和46年12月21日民集25巻9号1610

最判昭和47年4月14日民集26巻3号483頁……………………………………96
最判昭和47年11月16日民集26巻9号1619頁……………………………167, 169
最判昭和48年3月13日民集27巻2号271頁……………………………151, 153
最判昭和48年9月18日民集27巻8号1066頁……………………………………223
最判昭和48年10月4日判時723号42頁…243
最判昭和48年10月5日判時735号60頁…169
最判昭和49年3月19日民集28巻2号325頁……………………………………54
最判昭和49年7月18日民集28巻5号743頁……………………………268, 269
最判昭和49年9月26日民集28巻6号1213頁……………………………………44
最大判昭和49年10月23日民集28巻7号1473頁……………………………250, 263
最判昭和49年12月24日民集28巻10号2117頁……………………………………200
最判昭和50年2月13日民集29巻2号83頁……………………………………………37
最判昭和50年2月28日民集29巻2号193頁……………………………………270
東京高判昭和51年4月28日判タ340号172頁……………………………………21
最判昭和51年6月17日民集30巻6号616頁……………………………………169, 170
最判昭和51年9月7日判時831号35頁…119
最判昭和51年10月8日判時834号57頁…222
最判昭和53年7月4日民集32巻5号785頁……………………………………240
最判昭和53年9月29日民集32巻6号1210頁……………………………………223
最判昭和54年1月25日民集33巻1号26頁……………………………………110
最判昭和54年2月15日民集33巻1号51頁……………………………………266
最判昭和54年7月31日裁判集民127号317頁……………………………………78
大阪高判昭和54年8月16日金融商事判例600号34頁……………………………270
最判昭和56年3月19日民集35巻2号171頁……………………………………86
最判昭和56年7月16日民集35巻5号950頁……………………………………257
最判昭和56年12月17日民集35巻9号1328頁……………………………………264
最判昭和57年7月1日民集36巻6号891頁……………………………………150
最判昭和57年9月7日民集36巻8号1527頁……………………………………68
最判昭和57年9月7日民集36巻8号1528頁……………………………………82
最判昭和57年10月19日別冊NBL11号188頁……………………………………272
最判昭和57年12月17日判タ491号56頁…270
東京高判昭和58年3月17日判タ497号117頁……………………………………21
最判昭和58年3月24日民集37巻2号131頁……………………………………78
最判昭和58年3月31日民集37巻2号152頁……………………………………254
最判昭和59年1月27日判時1113号63頁…76
最判昭和59年2月2日民集38巻3号431頁……………………………………175
最判昭和60年5月23日民集39巻4号940頁……………………………………240
最判昭和60年7月19日民集39巻5号1326頁……………………………………175
東京地判昭和60年8月26日判時1191号93頁……………………………………256
最判昭和60年11月26日民集39巻7号1701

最判昭和61年4月11日民集40巻3号584頁 …………………………………………255
最判昭和62年2月12日民集41巻1号67頁 …………………………………………263
最判昭和62年4月2日判時1248号61頁 …………………………………………175
最大判昭和62年4月22日民集41巻3号408頁 ……………………………………122
最判昭和62年4月24日判時1243号24頁 ……………………………………67, 270
最判昭和62年7月9日民集41巻5号1145頁 ……………………………………61
最判昭和62年11月10日民集41巻8号1559頁 ………………………12, 182, 266
最判平成元年9月19日民集43巻8号955頁 ………………………………………99
最判平成元年10月27日民集43巻9号1070頁 ……………………………………207
最判平成元年11月24日民集43巻10号1220頁 ……………………………………118
最判平成2年1月22日民集44巻1号314頁 ……………………………………223
最判平成2年4月19日判時1354号80頁 …………………………………………205
最判平成2年11月20日民集44巻8号1037頁 ……………………………………97
札幌地判平成3年5月10日判時1403号94頁 ……………………………………23
最判平成3年7月16日民集45巻6号1101頁 …………………………………167, 173
最判平成4年1月24日判時1424号54頁 …………………………………………122
最判平成4年3月19日民集46巻3号222頁 ……………………………………257
最判平成4年11月6日民集46巻8号2625頁 ……………………………………240

最判平成5年1月19日民集47巻1号41頁 …………………………………………242
最判平成5年2月25日民集47巻2号643頁 ………………………………………85
最判平成5年2月25日判時1456号53頁…85
最判平成5年3月30日民集47巻4号3300頁 ……………………………………175
最判平成5年12月17日判時1480号69頁…97
最判平成6年2月8日民集48巻2号373頁 …………………………………………18
最判平成6年5月31日民集48巻4号1065頁 ……………………………………152
最判平成6年9月8日判時1511号71頁 ……………………………………………260
最判平成6年9月13日判時1513号99頁…78
最判平成6年12月16日判時1521号37頁 …………………………………………142
最判平成6年12月20日民集48巻8号1470頁 ……………………………………223
最判平成7年3月7日民集49巻3号1044頁 ……………………………………120
最判平成8年10月29日民集50巻9号2506頁 ……………………………………57
最判平成8年10月31日民集50巻9号2563頁 ……………………………………122
最判平成8年11月22日判時1592号61頁 …………………………………………263
最判平成9年2月14日民集51巻2号375頁 ……………………………………221
最判平成9年6月5日民集51巻5号2116頁 ……………………………………222
最判平成9年7月3日民集51巻6号2500頁 ……………………………………172
最判平成9年12月18日民集51巻10号4210頁 …………………………………182
最判平成10年1月30日民集52巻1号1頁 ……………………………………164, 209

最判平成10年2月10日判時1628号3頁
　……………………………………164, 209
最判平成10年2月26日民集52巻1号255
　頁 ……………………………………116
最判平成10年3月24日判時1641号81頁
　……………………………………117
最判平成10年3月26日民集52巻2号483
　頁 ……………………………………209
最決平成10年12月18日民集52巻9号2024
　頁 ……………………………………175
最大判平成11年11月24日民集53巻8号
　1899頁 ………………………………228
最判平成11年11月30日民集53巻8号1965
　頁 ……………………………………207

最決平成12年4月14日民集54巻4号1552
　頁 ……………………………………208
最判平成12年4月21日民集54巻4号1562
　頁 ……………………………………266
最判平成13年3月13日民集55巻2号363
　頁 ……………………………………210
最判平成13年10月25日民集55巻6号975
　頁 ……………………………………209
最判平成13年11月22日民集55巻6号1033
　頁 ……………………………………267
最判平成14年3月12日民集56巻3号555
　頁 ……………………………………209
最判平成17年3月10日判時1893号24頁
　……………………………………228, 229

講説 物権法〔第2版〕

2004年4月5日　第1版第1刷発行
2005年9月5日　第2版第1刷発行

© 著者　小　野　憲　昭
　　　　加　藤　輝　夫
　　　　後　藤　泰　一
　　　　庄　　　菊　博
　　　　野　口　昌　宏
　　　　山　口　康　夫

発行　不　磨　書　房
〒113-0033 東京都文京区本郷6-2-9-302
TEL 03(3813)7199／FAX 03(3813)7104

発売　㈱信　山　社
〒113-0033 東京都文京区本郷6-2-9-102
TEL 03(3818)1019／FAX 03(3818)0344

制作：編集工房INABA　　　印刷・製本／松澤印刷
2005　Printed in Japan

ISBN4-7972-9135-4 C3332

講説 シリーズ

◆講説民法シリーズ（全5巻）◆

講説 民法総則
9081-1　■ 2,800 円（税別）

久々湊晴夫（北海学園大学）／木幡文徳（専修大学）／高橋敏（国士舘大学）／田口文夫（専修大学）
野口昌宏（大東文化大学）／山口康夫（国士舘大学）／江口幸治（埼玉大学）

講説 物権法【第2版】
9135-4　■ 2,800 円（税別）

野口昌宏（大東文化大学）／庄菊博（専修大学）／小野憲昭（北九州市立大学）
山口康夫（国士舘大学）／後藤泰一（信州大学）／加藤輝夫（日本文化大学）

講説 親族法・相続法
9132-X　■ 3,000 円（税別）

落合福司（新潟経営大学）／小野憲昭（北九州市立大学）／久々湊晴夫（北海学園大学）
木幡文徳（専修大学）／桜井弘晃（九州国際大学）／椎名規子（茨城女子短期大学）
高橋敏（国士舘大学）／宗村和広（信州大学）

講説 民法（債権総論）
9210-5　■ 2,600 円（税別）

吉川日出男（札幌学院大学）／野口昌宏（大東文化大学）／木幡文徳（専修大学）／山口康夫（国士舘大学）
後藤泰一（信州大学）／庄菊博（専修大学）／田口文夫（専修大学）／久々湊晴夫（北海学園大学）

講説 民法（債権各論）
9208-3　■ 3,600 円（税別）

山口康夫（国士舘大学）／野口昌宏（大東文化大学）／加藤輝夫（日本文化大学）
菅原静夫（帝京大学）／後藤泰一（信州大学）／吉川日出男（札幌学院大学）／田口文夫（専修大学）

講説 民事訴訟法【第3版】
9098-3　■ 3,400 円（税別）

遠藤功（日本大学）＝**文字浩**（神戸海星女子学院大学）編著
安達栄司（成城大学）／荒木隆男（亜細亜大学）／大内義三（亜細亜大学）／角森正雄（神戸学院大学）
片山克行（拓殖大学）／金子宏直（東京工業大学）／小松良正（国士舘大学）／佐野裕志（鹿児島大学）
高地茂世（明治大学）／田中ひとみ（成城大学）／野村秀敏（横浜国立大学）
松本幸一（日本大学）／元永和彦（筑波大学）

講説 商法（総則・商行為法）
9250-4　■ 2,400 円（税別）

加藤徹（関西学院大学）／吉本健一（大阪大学）／金田充広（奈良産業大学）／清弘正子（和歌山大学）

不磨書房